स्त्री कथा-साहित्य और हिन्दी नवजागरण
(1877-1930)

स्त्री कथा-साहित्य और हिन्दी नवजागरण

(1877-1930)

डॉ. नैया

वाणी प्रकाशन

वाणी प्रकाशन
4695, 21-ए, दरियागंज, नयी दिल्ली 110 002
फ़ोन : +91 11 23273167 फ़ैक्स : +91 11 23275710
शाखाएँ
अशोक राजपथ, पटना 800 004, बिहार
कॉफ़ी हाउस कैम्पस, महात्मा गांधी मार्ग, इलाहाबाद 211 001, उत्तर प्रदेश
महात्मा गांधी अन्तरराष्ट्रीय हिन्दी विश्वविद्यालय, वर्धा 442 001, महाराष्ट्र
सुल्तानिया रोड, मोतिया पार्क, भोपाल 462 001, मध्य प्रदेश

www.vaniprakashan.com
marketing@vaniprakashan.in
sales@vaniprakashan.in

Stri Katha-Sahitya Aur Hindi Navjagaran (1877-1930)
by Dr. Naiya

ISBN : 978-93-5518-068-1
Criticism

प्रथम संस्करण 2022

मूल्य : ₹ 595

आर. टेक ऑफ़सेट प्रिंटर्स, दिल्ली-110 032 में मुद्रित

वाणी प्रकाशन का लोगो मक़बूल फ़िदा हुसेन की कूची से

भूमिका

यह एक तथ्य है कि हिन्दी नवजागरण की मुख्य पहचान उसके राष्ट्रीय चरित्र, विशेषकर राष्ट्रीय नवजागरण के रूप में ख्यात थी। नवजागरण का यह रूप भारतीय स्वाधीनता आन्दोलन जिसे राष्ट्रीय आन्दोलन कहना भी असंगत न होगा बल्कि कहिए राष्ट्रीय आन्दोलन से अधिक प्रभावित और जुड़ा हुआ था। सम्भवतः 'राष्ट्रवाद' की भावना से विशेष ओतप्रोत और प्रेरित होने के कारण ही हिन्दी नवजागरण से बहुत से सामाजिक प्रश्न और महत्त्वपूर्ण मुद्दे या तो अनदेखे रह गये या फिर पीछे छूट गये।

आज जब हम पीछे मुड़कर देखते हैं तो हिन्दी नवजागरण अपनी पुरुष मानसिकता और सदियों से चली आ रही पितृसत्तात्मक व्यवस्था से प्रेरित और पोषित नज़र आता है। वह अपने अनेक अन्तर्विरोधों और विरोधाभासों से भरा दिखता है। ये अन्तर्विरोध और विरोधाभास स्त्री सम्बन्धी प्रश्नों को लेकर अधिक स्पष्ट हैं। हिन्दी नवजागरण काल के स्त्री लेखन का हिन्दी साहित्य में उल्लेख नहीं होने के पीछे इन अन्तर्विरोधों की बड़ी भूमिका रही है। इस समय का स्त्री लेखन प्रायः अब तक अलक्षित और उपेक्षित रहा है। सबसे बड़ा प्रश्न तो इस सन्दर्भ में यह उठता है कि जब पूरे हिन्दी प्रदेश में ब्रिटिश शासन और पश्चिमी बयार का प्रभाव था, तब इससे स्त्री–लेखन कैसे उपेक्षित रहा? यदि स्त्री–लेखन और स्त्री–प्रश्नों को पूरी उदारता से नवजागरणकालीन हिन्दी साहित्य में जगह दी गयी होती, तो हिन्दी साहित्य का स्वरूप कहीं अधिक सन्तुलित होता। यहाँ यह प्रश्न भी उठना स्वाभाविक है कि जहाँ ईसा पूर्व काल के बौद्ध धर्म के प्राचीन थेर सम्प्रदाय की स्त्रियों, जिनमें सभी वर्ण की स्त्रियाँ शामिल थीं द्वारा रचित *थेरीगाथा* में इनकी भावाभिव्यक्तियों का विशद उल्लेख और वर्णन मिलता है, तो नवजागरणकालीन हिन्दी साहित्य में स्त्री–लेखन को क्यों विस्मृत कर दिया गया? जबकि इसी दौर में 'एक अज्ञात हिन्दू औरत'

की आत्मकथा *सीमन्तनी उपदेश* (1882), पण्डिता रमाबाई की *द हाई कास्ट हिन्दू वीमेन* (1886) तथा ताराबाई शिन्दे की *स्त्री–पुरुष तुलना* (1882) नामक पुस्तकों द्वारा अपने–अपने तरीके से स्त्री चेतना और भावाभिव्यक्तियों की अलख जगनी शुरू हो गयी थी। यह स्थिति हिन्दी नवजागरण अर्थात भारतेन्दु युग के बाद लगभग 1930 तक बनी रही, जबकि इसके विपरीत *अबलाओं का इन्साफ़* (1927) जैसी भारतीय स्त्री की स्थितियों का बौद्धिक विश्लेषण करने वाली स्त्री आत्मकथा, तथा हिन्दी जगत की प्रथम उपन्यास लेखिका तेजरानी दीक्षित के प्रथम मौलिक उपन्यास *हृदय का काँटा* (1928) का प्रकाशन हो चुका था, मगर इनका कहीं उल्लेख नहीं मिलता है।

भारतीय समाज में स्त्रियों की दुर्दशा तथा अलग–अलग क्षेत्रों, वर्गों, सम्प्रदायों (विशेषकर हिन्दू समाज) में स्त्री दमन के लोमहर्षक आख्यानों और विवरणों से हमारे पुस्तकालय अटे पड़े हैं। 18–19वीं शताब्दी का समय, वह समय था जब स्त्रियों ने अपने अस्तित्त्व को पहचानकर अपनी व्यथा एवं अनुभवों को शब्दों में दर्ज करना शुरू कर दिया था। यह सही है कि 1890 से पहले स्त्रियों द्वारा लिखा गया गद्य, ख़ासकर कथा–साहित्य न के बराबर था, और जो था वह इतना अपरिपक्व और अनगढ़ था कि उसे साहित्य की कोटि में रखने या न रखने को लेकर अनेक मत थे। साध्वी सती पतिप्राणा अबला का उपन्यास *सुहासिनी* (1890), सरस्वती गुप्ता का *राजकुमार* (1898), प्रियम्वदा देवी का *लक्ष्मी,* कुंती देवी का *पार्वती* (1909) तथा एक अनाम दलित लेखिका श्रीमती मोहिनी चमारिन की कहानी *छोट के चोर* (1915) को प्रमाण के रूप में देखा जा सकता है।

स्त्री–लेखन के प्रकाश में न आने का एक बड़ा कारण उस दौर की अनेक सामाजिक कुरीतियों और रूढ़ियों के अलावा प्रकाशन की समस्या भी रहा है। एक शोधार्थी के रूप में मैंने जब हिन्दी नवजागरण काल के स्त्री–लेखन, विशेषकर कथा–साहित्य की खोज शुरू की, तब जल्द ही मुझे पता चल गया कि यह कितना चुनौती भरा और दुष्कर साबित होने वाला है। मगर बौद्धकाल की महत्त्वपूर्ण पुस्तक *थेरीगाथा ने* मेरे लिए प्रेरणा का काम किया। जब बौद्धकाल की सदियों पुरानी थेरीगाथाएँ उपलब्ध हो सकती हैं, तब नवजागरण काल का स्त्री कथा–साहित्य क्यों नहीं उपलब्ध हो सकता।

इसी विश्वास के साथ मैंने नवजागरण काल के स्त्री कथा–साहित्य की खोज शुरू की। इस खोज के दौरान जिन और जितनी कठिनाइयों और व्यवधानों का सामना करना पड़ा, उसका वर्णन करना यहाँ ज़रूरी नहीं है। लेकिन यह बताना चाहती हूँ कि इस शोध–यात्रा में नवजागरण काल की अनेक लेखिकाओं की अनुपलब्ध–अल्पज्ञात–अज्ञात रचनाओं को खोज निकालने में मैं सफल हुई। कथा–साहित्य के अलावा दूसरी विधाओं की भी अनेक रचनाएँ मैंने ढूँढ़ निकालीं। वर्ष 2013 में राधाकृष्ण प्रकाशन, नयी दिल्ली द्वारा मेरे सम्पादन में आधुनिक हिन्दी की प्रथम स्त्री–आत्मकता *अबलाओं का इन्साफ़* का पुनःप्रकाशन इसका एक उदाहरण है।

आरम्भिक स्त्री कथा–साहित्य और हिन्दी नवजागरण शोध तथा *अबलाओं का इन्साफ़* प्रकाशित होने के बाद न सिर्फ़ उस पर लोगों ने ध्यान दिया, बल्कि बहुतों ने मेरा उत्साहवर्धन भी किया। कई लोगों ने कहा कि मुझे नवजागरण कालीन स्त्री साहित्य के सम्बन्ध में अपने शोध को भी प्रकाशित कराना चाहिए। *आरम्भिक स्त्री कथा–साहित्य और हिन्दी नवजागरण* ऐसे पाठकों की अपेक्षा किसी हद तक पूरी कर सकेगी। साथ ही यह पुस्तक हिन्दी साहित्य में प्रचलित अवधारणाओं और विमर्शों से आगे जाकर स्त्री लेखन और साहित्य को समृद्ध करेगी–ऐसा मेरा विश्वास है।

-नैया

अनुक्रम

प्रथम अध्याय

आरम्भिक स्त्री कथा-साहित्य और हिन्दी नवजागरण : आधार

हिन्दी नवजागरण की अवधारणा

उन्नीसवीं शताब्दी के पूर्वार्द्ध में जब भारतीय समाज के बौद्धिक, सामाजिक, राजनीतिक और सांस्कृतिक जीवन में बदलाव और नवीकरण की प्रक्रिया ने एक नयी सोच को जागृत किया, जिसे नवजागरण कहा गया। इसकी परिणति सन् 1947 में स्वाधीनता की प्राप्ति में हुई। नवजागरण को पुनरूत्थान, पुनर्जागरण, सुधारवाद आदि अनेक नामों से बुलाया जाता है। *'महावीर प्रसाद द्विवेदी और हिन्दी नवजागरण'* (1977) पुस्तक में डॉ. रामविलास शर्मा द्वारा दिया गया *नवजागरण* शब्द सबसे अधिक प्रचलित हुआ। सामान्य रूप से उन्नीसवीं शताब्दी में भारत के रूपान्तरणों को पश्चिम के दार्शनिक–सामाजिक प्रपत्तिकों की सहायता से व्याख्यायित करने की कोशिश की जाती है।

इसमें कोई सन्देह नहीं कि आधुनिक चिन्तन को प्रेरित करने वाला प्रभाव पश्चिम से भी आया। वस्तुतः भारत में नवजागरण की प्रक्रिया का आरम्भ जिस पृष्ठभूमि में हुआ, उसे औपनिवेशिक ब्रिटेश शासन और भारतीय समाज की अपनी समस्याएँ, दोनों शामिल थे। इसलिए नवजागरण को पश्चिम के *रिनेसां* की संगति में देखने की एक लोकप्रिय धारणा विकसित हुई। लेकिन डॉ. नामवर सिंह भारतीय नवजागरण को यूरोपीय पुनर्जागरण अर्थात् *'रिनेसां'* से जोड़ने की धारणा में कुछ कठिनाई का उल्लेख करते हैं– *"उन्नीसवीं शताब्दी के भारतीय नवजागरण को रिनेसां कहने में एक कठिनाई तो यही है कि*

इस युग के भारतीय विचारकों और साहित्यकारों के प्रेरणास्रोत यूरोप के पन्द्रहवीं शताब्दी के चिन्तक और साहित्यकार नहीं थे। बल्कि इसके विपरीत प्रेरणास्रोत के रूप में अधिकांश विचारक उस काल के थे जिसे यूरोप के एनलाइटमेंट (प्रबोधन) का काल तथा उसके बाद का काल कहा जाता है।"[1] यूरोपीय रिनेसां तथा एनलाइटमेंट से भिन्न भारतीय नवजागरण उस औपनिवेशिक सन्दर्भ में विकसित हुआ, जिसका रूप एशिया, अफ्रीका जैसी तीसरी दुनिया की ऐतिहासिक परम्परा से ज़्यादा निकट है, यूरोपीय सन्दर्भ या परम्परा से कम।

बंगाल के प्रभावशाली लेखक बंकिमचन्द्र चट्टोपाध्याय ने 'आधुनिक भारत के जनक' राजा राममोहन राय के इस मत को नहीं माना कि भारतीय नवजागरण का सम्बन्ध यूरोपीय 'रिनेसां' से है। बंकिम ने उसे भक्ति आन्दोलन से जोड़कर देखा। यद्यपि भक्ति आन्दोलन तथा भारतीय नवजागरण के बीच कुछ समानताएँ दिखाई देती हैं, फिर भी कुछ कारणों से भक्ति आन्दोलन को भारतीय नवजागरण के सन्दर्भ में या उसके पुनर्जागरण के रूप में देखना उचित नहीं माना जा सकता। पहला, पन्द्रहवीं शताब्दी के भक्ति आन्दोलन तथा उन्नीसवीं शताब्दी के नवजागरण के बीच ऐतिहासिक पृष्ठभूमि और अन्तर्वस्तु की स्पष्ट भिन्नता है। भक्ति आन्दोलन से भिन्न भारतीय नवजागरण अंग्रेज़ी साम्राज्यवाद के अन्तर्गत आधुनिक उपनिवेशवादी दौर की उपज है। दूसरा, नवजागरण काल के लेखक और विचारक भक्ति आन्दोलन के कवियों की तरह सामान्य लोक के बीच से नहीं आये, जिससे लोक जीवन के साथ घुलमिल पाने में वे सफल न हो सके। नामवर सिंह कहते हैं कि भारत के उन्नीसवीं शताब्दी का नवजागरण यूरोप के 'एनलाइटमेंट' अथवा 'ज्ञानोदय' की चेतना से अधिक निकट प्रतीत होता है और पन्द्रहवीं शताब्दी का नवजागरण रिनेसां के तुल्य।*

भारतीय नवजागरण के सम्बन्ध में जो कुछ कहा गया उससे उन्नीसवीं शताब्दी के नवजागरण को तो परिभाषित किया जा सकता है लेकिन प्रश्न यह उठता है कि भारतीय नवजागरण की प्रक्रिया में भारतेन्दु युग के हिन्दी नवजागरण को प्रेरणा के स्रोत कहाँ से मिले? अंग्रेज़ों का सबसे अधिक प्रभाव बंगाल पर था इसलिए स्वाभाविक रूप से भारतीय

* प्रो. नामवर सिंह, आलोचना, अंक–79

नवजागरण के सिलसिले में इस जागृति की चेतना बंगाल में ही सर्वप्रथम उभरी। बंगाल में अंग्रेज़ी शिक्षा तथा संस्कृति के सम्पर्क में आने से नये बुद्धिजीवी वर्ग का उदय हो रहा था–जैसे राजा राममोहन राय, बंकिम चन्द्र, ईश्वर चन्द्र, विद्यासागर, रंगलाल बन्दोपाध्याय, माईकेल मधुसूदन दत्त, नवीनचन्द्र सेन आदि। ये लोग उन्नीसवीं शताब्दी के नवजागरण के विचारक थे तथा नये शिक्षित उच्च मध्यवर्गीय परिवारों से आये थे, इन लोगों के लिए बांग्ला में *'भद्रलोक'* की संज्ञा दी गयी।

केवल बंगाल में ही नहीं बल्कि मराठी भाषी क्षेत्र में भी हिन्दी क्षेत्र के पहले नवजागरण की चेतना उभरी। भारतेन्दु और उनके मण्डल के लगभग सभी लेखक बांग्ला के अलावा मराठी भी जानते थे और दोनों भाषाओं की रचनाओं का हिन्दी अनुवाद भी करते थे। इसलिए हिन्दी नवजागरण सम्बन्धी उनके चिन्तन में बंगला तथा मराठी नवजागरण की भूमिका को नकारा नहीं जा सकता। बांग्ला नवजागरण तथा भारतेन्दु के अन्तःसम्बन्ध के बारे में डॉ. नामवर सिंह ने स्पष्ट रूप से कहा है कि 'यह न भूलना चाहिए कि भारतेन्दु का सीधा सम्बन्ध ईश्वर चन्द्र विद्यासागर, केशवचन्द्र सेन, बंकिम चन्द्र, राजेन्द्रलाल मित्र और सुरेन्द्रनाथ बैनर्जी से था।

भारतेन्दु एक ऐसे समय की उपज थे जब भारत के राजनीतिक, सामाजिक तथा सांस्कृतिक जीवन काफ़ी अस्थिर था। वह वस्तुतः भारतीय मानस की चेतना को मध्यकाल से आधुनिक काल की ओर जोड़ने वाला संकल्पन–काल था। भारतेन्दु ने अंग्रेज़ी साम्राज्यवाद के औपनिवेशिक शासन के ख़िलाफ़ आवाज उठाई। भारतेन्दु का युग अंग्रेज़ी उपनिवेशवादी शासन के अन्तर्गत भारत के अपने अतीत, वर्तमान तथा भविष्य को आँकने, पहचानने तथा उनके सन्दर्भ में सही परिप्रेक्ष्य के साथ क्रियाशील होने का युग था और इस क्रियाशीलता के मूल में थी स्वत्व की रक्षा।

यदि भारतीय नवजागरण की परम्परा में हिन्दी नवजागरण की अहमियत का एक आधार हम भारतेन्दु के समय की जटिल पृष्ठभूमि में देख सकते हैं, तो अहमियत का दूसरा आधार स्वयं भारतेन्दु के व्यक्तित्व में है। भारतेन्दु का युग स्थिर शान्ति का नहीं था, बल्कि अन्तर्विरोधों से भरा हुआ था। इसलिए भारतेन्दु के व्यक्तित्व तथा साहित्य में कई जगहों पर विरोधाभास भी दिखाई देता है। भारतेन्दु आधुनिकीकरण के समर्थक थे इसलिए उन्होंने साहित्य को रीतिकालीन आध्यात्मिकता और विलास से हटकर,

समाज की स्थितियों से, सामाजिक परिवर्तन और उसकी हलचलों से जोड़ा। पर आधुनिक होते हुए भी वे अपने गौरवपूर्ण इतिहास तथा परम्परा का आदर करने वाले परम्परावादी विचारक भी थे।

रामविलास शर्मा ने उन्नीसवीं शताब्दी में भारतेन्दु के यहाँ नवजागरण का सीधा सम्बन्ध सन् सत्तावन के राजनीतिक स्वाधीनता–संग्राम से जोड़ते हुए अपनी पुस्तक में इस संग्राम की छह विशेषताएँ बतायीं। पहली यह कि यह संग्राम सारे देश की एकता को ध्यान में रखकर चलाया गया था। राष्ट्रीय एकता का यह उद्देश्य भारतीय सेना के नेताओं ने अपने सामने रखा था, सामन्तों ने नहीं। दूसरी, राज्य सत्ता की मूल समस्या सामन्तों के हित में नहीं, जनता के हित में हल की गयी थी। तीसरी, अंग्रेज़ों ने ज़मींदारों और साहूकारों को जहाँ भी नये अधिकार दिये थे, जहाँ भी किसानों के विरुद्ध इन शोषकों के पक्ष में उन्होंने फ़ैसले किये थे, वहाँ इस स्वाधीनता–संग्राम के दौरान भारतीय सेना का प्रभुत्व कायम होते ही, अथवा अंग्रेज़ों का प्रभुत्व खत्म होते ही, जनता ने अंग्रेज़ों की कायम की हुई व्यवस्था पलट दी, जिससे स्वाधीनता संग्राम का सामन्त विरोधी पक्ष और पुष्ट होता गया। चौथी, इस संग्राम का नेतृत्व उन किसानों ने किया जो फौज में सिपाहियों और सूबेदारों के रूप में काम कर रहे थे। धर्म और वर्ण की सीमाएँ तोड़कर लाखों किसान इस लड़ाई में शामिल हुए, जिसका असर उनकी संस्कृति पर पड़ा। यह असर उनके लोकगीतों में दिखाई देता है। पाँचवीं विशेषता यह थी कि इसका राष्ट्रीय रूप गैर साम्प्रदायिक था। सन् सत्तावन का स्वाधीनता संग्राम अंग्रेज़ों द्वारा प्रेरित सम्प्रदायवाद की सबसे बड़ी पराजय थी, और छठी विशेषता यह थी कि यह संग्राम हिन्दी भाषा–भाषी प्रदेश में चलाया गया।

ध्यान देने की बात यह है कि इस संग्राम की उपर्युक्त विशेषताओं में सबसे प्रमुख विशेषता राष्ट्रीय स्वीधनता के उद्देश्य से उत्पन्न राष्ट्रीय एकता थी। पर सामान्यतः भारतीय तथा भारतेन्दुयुगीन हिन्दी नवजागरण के साहित्यकारों में इस क्रान्ति के बारे में निरे उल्लेख के अलावा कुछ नहीं मिलता। आमतौर पर भारतीय नवजागरण के दौर के साहित्यकारों में सबसे प्रमुख विरोधाभास यही माना जाता है कि उन्होंने अपनी जागृत चेतना के बावजूद देश की स्वाधीनता तथा सत्तावन के स्वाधीनता–संग्राम के बारे में अपने साहित्य में या तो कुछ नहीं लिखा, या लिखा भी तो वह उल्लेख मात्र से आगे नहीं बढ़ सका।

उन्नीसवीं शताब्दी में नये शिक्षित मध्य उच्चवर्ग के बुद्धिजीवी प्रारम्भ में आम जनता की मानसिकता से दूर थे। इस कारण नवजागरण की भावना को सारे देश में फैलाने में उन्हें अपेक्षित सफलता नहीं मिली। यह बुद्धिजीवी समुदाय इस समय तक पर्याप्त रूप में प्रौढ़ हो चुका था, लेकिन सामान्य–लोक के बीच न आने के कारण वह अपने आपको अपनी मध्य उच्चवर्गीय नीति से विचलित नहीं होने देना चाहता था। यद्यपि अंग्रेज़ों के प्रति तत्कालीन बुद्धिजीवियों तथा स्वयं भारतेन्दु का यह वर्गीय आधार हिन्दी नवजागरण की अनेक सीमाओं में से एक माना जाता है, फिर भी तत्कालीन युग के सन्दर्भ में उन लोगों की अंग्रेज़ों के प्रति यह प्रतिक्रिया स्वाभाविक भी कही जाती है।

डॉ. शम्भुनाथ ने भारतीय नवजागरण और हिन्दी नवजागरण की तुलना करने के क्रम में भारतेन्दु युगीन नवजागरण की विशेषता बताते हुए लिखा है, *"भारतीय नवजागरण की एक धारा अगर भारतीय परम्परा पर साम्राज्यवादी परम्पराओं से टकराहट की है, तो दूसरी धारा भारतीय परम्परा की साम्राज्यवादी परम्पराओं से टकराहट की हैं एक को हम एकांगी नवजागरण तथा दूसरे को समग्र नवजागरण कहेंगे।"*[2] अर्थात् उन्होंने राजा राममोहन राय के नवजागरण को साम्राज्यवाद की ओर झुका हुआ एकांगी नवजागरण तथा भारतेन्दु के नवजागरण को साम्राज्यवाद विरोधी समग्र नवजागरण माना है। उनकी इस धारणा के अनुसार राजा राममोहन राय वाले एकांगी नवजागरण की धारा के मूल सामाजिक आधार में तो विशिष्ट वर्ग के लोग थे, जबकि समग्र नवजागरण की धारा में भारतेन्दु ने साधारण मध्य वर्ग और किसानों जैसी साधारण जनता से स्वयं सम्बद्ध न होते हुए भी उसे अपना समर्थन देने का प्रयत्न किया। भारतेन्दु ने सत्तावन की क्रान्ति के बारे में मौन रहते हुए भी अंग्रेज़ी शासन के विरुद्ध हिन्दी नवजागरण की चेतना को संकीर्णता से मुक्त करके आम जनता की चिन्ताओं को कम करके उसे एक समग्र रूप प्रदान किया। हिन्दी साहित्य को अपने लोक से जोड़ने की यह कोशिश भारतेन्दु युग की अपनी मौलिकता है।

हिन्दी नवजागरण तथा सत्तावन की क्रान्ति दोनों, सारे देश की एकता को ध्यान में रखकर चलाये गये थे। फिर भी हिन्दी नवजागरण की यह समग्रता सत्तावन के राष्ट्रीय विद्रोह में मौजूद एकता की भावना जैसी समग्रता से भिन्न है, जो राजनीतिक स्तर पर राष्ट्रीय स्वाधीनता

के उद्देश्य से प्रेरित भावना थी। देश–उन्नति की भावना के प्रसंग में भारतेन्दु की समग्रतावादी चेतना के सुधार के बारे में उनके इस कथन से जाना जा सकता है–

"सुधार भी ऐसा होना चाहिए कि सब बात में उन्नति हो। धर्म में, घर के काम में, बाहर काम में, रोज़गार में, शिष्टाचार में, चाल–चलन में, शरीर के बल में, मन के बल में, समाज में, बालक में, युवा में, वृद्ध में, स्त्री में, पुरुष में, अमीर में, ग़रीब में, भारतवर्ष की सब अवस्था, सब जाति, सब देश में उन्नति करो।"[3]

सभी स्तरों में सुधार होने से भारत की *'उन्नति'*–यह भारतीय नवजागरण की एक नयी अवधारणा थी तथा इस दृष्टि से हम भारतेन्दु की व्यापक राष्ट्र भक्ति का रूप भी देख सकते हैं।

भारतेन्दु के लिए भारतीय अस्मिता भारतीय निजीपन की पहचान थी अर्थात् *'भारतीयता'*। इसके मूल में भारतीयों की अपनी जातीय चेतना थी जिससे उनकी और भारत की अपनी अलग पहचान बनती थी, न कि केवल अंग्रेज़ी राज की गुलामी के प्रति स्वीकार प्रकट होता था। यह 'भारतीयता' सिर्फ़ अंग्रेज़ी राज्य से युक्त होने की आकांक्षा का प्रकटन ही नहीं था, वरन् भारत जैसे विशाल तथा जटिल देश को स्थूल रूप में एक राष्ट्र का रूप प्रदान करने का वास्तविकतागत पर्याय भी था। यही चीज़ भारतीय नवजागरण के सिलसिले में भारतेन्दु युगीन हिन्दी नवजागरण की सबसे बड़ी विशेषता है। भारतीय नवजागरण की चेतना में भारतेन्दु ने इस सांस्कृतिक–वैचारिक एकता की भावना को व्यापक रूप में बढ़ाकर देश–उन्नति तथा इससे अधिक राष्ट्रीयता जैसी नवीन चेतना से जोड़ दिया।

डॉ. रामविलास शर्मा की धारणा के अनुसार हिन्दी नवजागरण का सीधा सम्बन्ध सन् सत्तावन के राजनीतिक स्वाधीनता–संग्राम से है पर इसमें देश की एकता जैसी भावना का ही सम्बन्ध है। अंग्रेज़ी उपनिवेशवाद की एक उपज अगर सन् सत्तावन का राजनीतिक स्वाधीनता संग्राम है, तो दूसरी अधिक महत्त्वपूर्ण उपज है उन्नीसवीं शताब्दी का सांस्कृतिक नवजागरण। इस सांस्कृतिक नवजागरण में उपनिवेशवादी शासन से स्वतन्त्रता प्राप्ति की भावना निहित थी। इसमें अपनी स्वत्व रक्षा की आकांक्षा तथा अपनी अस्मिता की पहचान का तीव्रतर बोध उपस्थित था। भारतीय सांस्कृतिक नवजागरण के सिलसिले में अस्मिता बोध के सन्दर्भ में राष्ट्रीय एकीकरण की आकांक्षा सन् सत्तावन के संग्राम के दौरान

देशभक्ति के रूप में प्रकट हुई थी। इस क्रान्ति की असफलता के बाद हिन्दी भाषी क्षेत्र में यह अस्मिताबोध अधिक व्यापक होकर भारतेन्दु के यहाँ देश–उन्नति तथा उससे आगे नयी राष्ट्रीयता के रूप में विकसित हुआ।

इस तरह हिन्दी नवजागरण तथा सत्तावन की क्रान्ति के बीच अंग्रेज़ो विरोध तथा सारे देश की एकता जैसी समान भावना दिखाई देती है। भारतेन्दुयुगीन हिन्दी नवजागरण के दौरान सांस्कृतिक जागृति की चेतना से उत्पन्न राष्ट्रीय एकता का सबसे बड़ा विरोधाभास यह था कि भारतेन्दु युग में हिन्दी प्रदेश में हिन्दू–मुसलमान के बीच साम्प्रदायिक विचारधारा का विकास हो रहा था। इस सन्दर्भ में महत्त्वपूर्ण प्रश्न यह है कि सन् सत्तावन के स्वाधीनता संग्राम में जो हिन्दू–मुसलमान एकजुट होकर अंग्रेज़ों के ख़िलाफ़ लड़े थे, वे भारतेन्दु युग में क्यों और कैसे विभक्त हो गये? हिन्दी प्रदेश का नवजागरण धर्म, इतिहास, भाषा आदि अनेक स्तरों पर बँट गया। स्वत्व–रक्षा के प्रयास भी धर्म तथा सम्प्रदाय के आधार पर हुए।

भारतेन्दु युगीन हिन्दी नवजागरण के दौर की इस साम्प्रदायिकता के सन्दर्भ में विचार करते समय रामविलास शर्मा का यह कथन स्मरणीय है, जो उन्होंने सत्तावन की क्रान्ति की विशेषता बताते हुए लिखा था–

इस क्रान्ति का असम्प्रदायिक राष्ट्रीय रूप *सन् सत्तावन का स्वाधीनता संग्राम* अंग्रेज़ों द्वारा प्रेरित सम्प्रदायवाद की सबसे बड़ी पराजय थी। फिर भी ध्यान देने वाली बात यह है कि उस समय यह सम्प्रदायवाद राजनीतिक स्तर पर अंग्रेज़ी शासकों के अलावा धार्मिक स्तर पर ईसाई मिशनों से भी प्रेरित हुआ था। उन्नीसवीं शताब्दी में भारतीय 'राष्ट्रीयता' पर बाधा डालने वाली जटिल धार्मिक समस्याओं पर ईसाई धर्म ने जो भूमिका निभायी, उसको अनदेखा नहीं किया जा सकता। ईसाई मिशनों ने भारतीय समाज में शिक्षा के प्रसार, सामाजिक और धार्मिक रूढ़ियों में सुधार का काम किया। ईसाई मिशन ब्रिटिश राज्य की स्थापना के पहले, दक्षिण भारत में सिर्फ़ धर्म फैलाने आये थे। लेकिन धीरे–धीरे अंग्रेजी शासकों ने इनकी सहायता करते हुए ईसाई धर्म–प्रचार को जाने–अनजाने राजनीतिक स्तर पर उपनिवेशवादी शासन का स्रोत बना दिया।

ईसाईयों के प्रचार कार्य का प्रभाव हिन्दुओं की जनसंख्या पर अधिक पड़ रहा था। ईसाई उपदेशक अधिकतर हिन्दू धर्म की स्थूल और बाहरी बातों को लेकर अपने खण्डन–मण्डन चलाते आ रहे थे। अतः हिन्दुओं के शिक्षित वर्ग के बीच स्व–धर्म रक्षा की आकुलता तेज़ी से दिखाई देने लगी। स्व–धर्म रक्षा की बड़ी ज़बरदस्त, प्रतिक्रिया ख़ासकर बंगाली बुद्धिजीवियों

में हिन्दूवाद के तेज़ स्वर में अधिक मिलती थी। बंगाल के राजा राममोहन राय उपनिषद् और वेदान्त का ब्रह्म ज्ञान लेकर उसका प्रचार करने खड़े हुए। 'ब्रह्म समाज' की स्थापना उन्होंने सन् 1828 में की, जिसकी प्रेरणा से महाराष्ट्र में 'प्रार्थना समाज' (1867) की स्थापना हुई।

हिन्दूवाद को पुकारने वाले ऐसे बंगाली बुद्धिजीवियों का प्रभाव सिर्फ़ बंगाल में ही नहीं, बल्कि ब्रिटिश साम्राज्यवाद के फैलाव के साथ हिन्दी भाषी क्षेत्र में, धर्म के अलावा समाज तथा राजनीति आदि के स्तर पर भी प्रबल रूप में पड़ा। हिन्दी क्षेत्र में स्वामी दयानन्द ने सन् 1875 ई. में 'आर्य समाज' की नींव डाली। उनके नेतृत्व में आर्य समाज ने रूढ़िवादी सनातनियों से, हिन्दू धर्म पर आक्रमण करने वाले ईसाइयों से और देश में फैले अनेक धार्मिक सम्प्रदायों से एक साथ लोहा लिया। इन तीनों समाजों ने भारतीय समाज पर बहुत हद तक सकारात्मक प्रभाव डाला, फिर भी हिन्दूवाद का स्वर उठाकर इन्होंने हिन्दू–मुसलमान के बीच साम्प्रदायिकता की भावना को बढ़ाया जिसने भारतीय समाज पर कुछ नकारात्मक प्रभाव भी डाले जो परवर्ती दौर में जटिल से जटिलतर रूप में सामने आये।

उन्नीसवीं शताब्दी में भारत की राष्ट्रीयता के बारे में इतिहासकार ज्ञानेन्द्र पाण्डेय ने लिखा है–

"उन्नीसवीं शताब्दी के जिन चिन्तकों और प्रचारकों को हिन्दू राष्ट्रवाद के आन्दोलन का संस्थापक बताया जा रहा है उनके जीवन काल में राष्ट्र और राष्ट्र–राज्य को लोगों के एकमात्र उपयुक्त और स्वाभाविक राजनीतिक अस्तित्व के रूप में देखने का लोकप्रिय वैचारिक आग्रह पैदा ही नहीं हुआ। यह बात न सिर्फ़ 19वीं सदी के पूर्वार्द्ध में सक्रिय रहे राजा राममोहन राय के बारे में सही है। बल्कि सदी के उत्तरार्द्ध में संभावित भारतीय राष्ट्रवाद में 'हम' की अवधारणा को लेकर संघर्ष कर रहे लेखकों और चिन्तकों के बारे में भी सही है। उन्नीसवीं सदी के अन्त में जाकर इस बात पर थोड़ी–बहुत सहमति हो पायी थी कि 'हम' का तात्पर्य उन लोगों से है जो इस इंडिया (भारतवर्ष) नाम के भू–भाग पर रहते हैं।"[4]

भारतीय सांस्कृतिक नवजागरण से अलग भारतीय एकीकरण अर्थात् 'भारतीयता' को भारतेन्दु–युग में अपेक्षाकृत अधिक प्रखर राष्ट्रीयता का रूप प्राप्त हुआ। आमतौर पर 'हिन्दू' शब्द का तात्पर्य एक विशेष धार्मिक परम्परा या परम्पराओं के समूह से सम्बन्धित समुदाय से लिया जाता था। पर भारतेन्दु के कथन में 'हिन्दू' शब्द का प्रयोग केवल हिन्दू धर्म के

लोगों के लिए ही नहीं वरन् सारे हिन्दुस्तान में रहने वालों के लिए हुआ है। भारतेन्दु के लिए 'हिन्दू' का अर्थ केवल हिन्दू जाति सीमित नहीं था। उनके लिए 'हिन्दू' एक व्यापक अर्थ रखता था, जिसमें हिन्दुस्तान में रहने वाले सभी जातियाँ, सभी धर्म, सभी वर्ग के लोगों के लिए स्थान था। मगर भारत के भौगोलिक स्वरूप पर आधारित भारतेन्दु की इस राष्ट्रीयता को आगे चलकर हिन्दू और मुसलमान राष्ट्रवादियों ने अपनी अलग–अलग चुनौतियों के रूप में ग्रहण किया। भारतेन्दु के 'हिन्दू' शब्द की उनके द्वारा प्रयुक्त अर्थ में नहीं, वरन् कई अन्य अर्थों में व्याख्या की जाने लगी। 'हिन्दू' शब्द के अर्थ को लेकर भ्रम की स्थिति के अलावा, इसके संकीर्ण अर्थ की व्याख्या करके हिन्दुओं के बीच 'हिन्दू–संगठन' की आवाज अधिक तीव्रता से उठने लगी थी। मुसलमानों की ओर से सैयद अहमद खाँ जैसे नेता शुरू में भारतेन्दु की तरह सारे हिन्दुस्तान–निवासियों की एकता के लिए चिन्तित थे। लेकिन परवर्ती दौर में उनके चिन्तन और विचारों में भी बदलाव आया। भ्रमित दृष्टि से राष्ट्रीयता की व्याख्या करने तथा संकीर्ण अर्थों में भारतीय राष्ट्रीयता की तलाश करने वाले इन प्रयत्नों से भारतेन्दुयुगीन हिन्दी नवजागरण में न केवल राष्ट्रीयता का प्रौढ़ रूप मिल पाया, बल्कि हिन्दू–मुसलमान के बीच विषम साम्प्रदायिक भावना बढ़ती गयी जिसकी चरम परिणति देश के विभाजन में हुई।

भारतेन्दु के साहित्य में अपने समय के मुसलमानों के अलावा समाज के निम्न वर्गों, स्त्रियों तथा अन्य दलित वर्गों की चिन्ता कम दिखाई देती है। यद्यपि भारतेन्दु अपनी *'नीलदेवी'* की भूमिका में स्त्री–शिक्षा और भारतीय राष्ट्रीयता में स्त्रियों के महत्त्व के बारे में बताते हैं–

और बातों में जिस भाँति अंग्रेज़ी स्त्रियाँ सावधान होती हैं, पढ़ी–लिखी होती हैं, घर का कामकाज सम्भालती हैं अपने सन्तानगण को शिक्षा देती हैं, अपना स्वत्व पहचनाती हैं, अपनी जाति और देश की सम्पत्ति–विपत्ति को समझती हैं उसमें सहायता देती हैं और इतने समुन्नत मनुष्य जीवन को गृह दास्तान और क़लह ही में नहीं खोती...।

अर्थात् स्त्री को घर की दास्तान तथा कलह से मुक्त करके सामाजिक और राष्ट्रीय कर्मी बनाने की परिकल्पना भारतेन्दुयुगीन नवजागरण में अनुपस्थित था, फिर भी हिन्दी नवजागरण के दौरान साहित्यकारों के लेखन में अपने समाज के दुखित निम्न वर्ग, दलित वर्ग तथा अछूत लोगों की चिन्ता लगभग नहीं मिलती है।

सांस्कृतिक–नवजागरण के अन्तर्गत अस्मिता की तलाश में सबसे बुनियादी शर्त थी निज भाषा। इसलिए स्वत्व–रक्षा के संघर्ष में उन्नीसवीं शताब्दी के नवजागरण का सबसे निर्णायक क़दम भी भाषा के क्षेत्र से उठा। भारतेन्दु युग में हिन्दी नवजागरण के दौरान स्वत्व–रक्षा की समस्या सबसे अधिक भाषा के सम्बन्ध में दिखाई पड़ती है। भारतेन्दु युग में खड़ी बोली, उर्दू तथा अंग्रेज़ी को लेकर बहुत से मतभेद सामने आये। भारतेन्दु के समय तक खड़ी बोली हिन्दी साहित्य का समर्थ माध्यम नहीं बन सकी थी। उस समय खड़ी बोली हिन्दी के प्रचार में मुख्यतः दो बाधाएँ थीं। एक तरफ उर्दू के समर्थक हिन्दी को उर्दू के प्रचार–प्रसार में बहुत बड़ी बाधा समझते थे, तो दूसरी तरफ हिन्दी के कुछ पुराने साहित्यकार (पुरानी काव्य–परम्पराओं से चिपके होने के कारण) खड़ी बोली हिन्दी के विकास के प्रति बिल्कुल उदासीन थे।

हिन्दी नवजागरण के दौरान खड़ी बोली हिन्दी को सबसे अधिक उर्दू से लड़ना था, जो उस समय सरकारी कामकाज की भाषा थी। भारतेन्दु युग में बहुत से लेखक और स्वयं भारतेन्दु भी खड़ी बोली हिन्दी से अधिक उर्दू जानते थे, तथा उर्दू के प्रचलित होने से उर्दू में रचनाएँ भी करते थे, पर उर्दू के बारे में भारतेन्दु का विचार था कि विशाल हिन्दी प्रदेश का विकास उर्दू के माध्यम से सम्भव नहीं, वरन् भारतीय जनता की भाषा खड़ी बोली से ही सम्भव है। भारतेन्दु की भाषा चेतना लोक–मानस में प्रचलित भाषा चेतना के अनुरूप थी, उनकी दृष्टि मुख्यतः भाषा के व्यवहार–पक्ष की ओर थी। हिन्दी नवजागरण के समय जब हिन्दी भाषा की प्रतिष्ठा चरम पर थी तब 19वीं शताब्दी के उत्तरार्द्ध में हिन्दी प्रचार का आन्दोलन अधिक संगठित और निखरे रूप में प्रकट हुआ। इस प्रक्रिया में 'हरिश्चन्द्र मैगजीन' (1873) जिसका नाम बाद में 'हरिश्चन्द्र चन्द्रिका' हो गया था, के बारे में 'काल चक्र' नामक पुस्तक में भारतेन्दु ने सन् 1873 ई. में लिखा–*हिन्दी नयी चाल में ढली।*

भाषा के क्षेत्र में हिन्दी नवजागरण ने अस्मिताबोध के लिए जो संघर्ष किया, उसका सबसे महत्त्वपूर्ण पहलू था प्रत्येक जातीय भाषा के विकास के साथ–साथ आपसी आदान–प्रदान के लिए एक अखिल भारतीय भाषा का विकास। हिन्दू जातीयता तथा उससे आगे भारतीय राष्ट्रीयता ने अपनी जागृति, संगठन और विकास के लिए खड़ी बोली हिन्दी के द्वारा अपना मार्ग प्रशस्त किया। इस तरह इस नयी चाल में ढली खड़ी बोली ने न केवल

हिन्दी प्रदेश, बल्कि सम्पूर्ण भारत की जनता में अँग्रेज़ी साम्राज्यवाद के ख़िलाफ़ राष्ट्रीय एकता की भावना को उभारने में महत्त्वपूर्ण भूमिका निभायी।

भारतेन्दु–युग में हिन्दू–मुसलमान के बीच साम्प्रदायिक भावना का विकास जिन ठोस मुद्दों पर हो रहा था, उनमें से एक जटिल मुद्दा सरकारी काम–काज की भाषा या लिपि को लेकर था। सवाल यह था कि इस काम के लिए किस भाषा को मान्यता दी जाये–हिदी नागरी लिपि को अथवा उर्दू भाषा को। ध्यान देने योग्य बात यह है कि भारतेन्दु–युग में तथा उससे पहले हिन्दी–उर्दू विवाद केवल राजनीतिक स्तर पर था। सत्तावन की क्रान्ति के बाद यह विवाद अन्य स्तरों पर भी अधिक गम्भीर रूप लेने लगा।

सत्तावन की क्रान्ति के बाद हिन्दी प्रदेश में हिन्दी का प्रचार अधिक तेज़ी से होने लगा। हिन्दी–उर्दू की यह समस्या भारतीय अस्मिताबोध के लिए सिर्फ़ भारतेन्दु युग में ही मुश्किल पैदा करने वाली साबित नहीं हुई, बल्कि आगे चलकर हिन्दू और मुसलमान राष्ट्रवादियों ने अपनी–अपनी राष्ट्रीय अस्मिता के लिए चुनौती के रूप में इस मुद्दे को ग्रहण करना शुरू कर दिया। उर्दू के प्रति उन्नीसवीं शताब्दी के उत्तरार्द्ध में भारतेन्दु तथा उनकी मण्डली का दृष्टिकोण क्या था? यद्यपि भारतेन्दु ने अपने अनेक लेखों में उर्दू भाषा का प्रबल विरोध प्रकट किया, फिर भी वे न केवल उर्दू को भारतीय भाषा मानते थे बल्कि हिन्दी–उर्दू को दो अलग भाषाओं की बजाय एक ही भाषा के रूप में देखते थे। हिन्दी–उर्दू के साहित्य में जहाँ सचमुच अलगाव था, वहाँ भारतेन्दु इन्हें दो भाषाओं और दो साहित्यों के रूप में नहीं वरन् एक भाषा तथा एक ही साहित्य की दो धाराओं के रूप में मानते थे।

भारतेन्दु की यह भाषिक चेतना अपने जमाने में अंग्रेज़ी भाषा के प्रति भी दिखाई देती है। उन्नीसवीं शताब्दी में अंग्रेज़ों के अलावा कुछ भारतीयों का भी तर्क था कि हिन्दी और उर्दू आधुनिक शिक्षा के लिए उपयुक्त नहीं हैं। तथा इनके माध्यम से नयी शिक्षा का प्रसार असम्भव है। भारतेन्दु स्वयं भी अंग्रेज़ी राज को एक वरदान मानते थे। वह आधुनिक वैज्ञानिक शिक्षा के लिए अपनी भाषा की सीमाओं को भी पहचानते थे। फिर भी उन्होंने अंग्रेज़ी भाषा का विरोध करने या उसको अपनाने के स्थान पर उसके हिन्दी में अनुवाद की आवश्यकता पर बल दिया। उन्होंने स्वयं भी इस दिशा में प्रयत्न किया था।

भारतेन्दु भाषा के प्रति यदि जनतान्त्रिक थे तथा लोक मानस में प्रचलित भाषा चेतना के अनुरूप भाषा के व्यवहार पक्ष को मानते थे तो फिर उनकी 'निज भाषा' क्या थी? अपने निबन्ध 'हिन्दी भाषा' में ग्यारह प्रकार की लेखन प्रवृत्तियों का परिचय देते हुए उन्होंने अपनी राय जाहिर की–

'हम इस स्थान पर वाद नहीं चाहते कि कौन भाषा उत्तम है और वही, लिखनी चाहिए। पर हाँ मुझसे कोई अनुमति पूछे तो मैं कहूँगा कि नम्बर 2 और 3 लिखने के योग्य है।'[5]

नम्बर 2 से भारतेन्दु का मतलब था कि वे अल्पमात्रा में संस्कृत शब्दों से युक्त और विशुद्ध हिन्दी के प्रयोग को ही उचित मानते हैं, जिसमें आधिक्य रूप में न संस्कृत, न फ़ारसी, न अंग्रेज़ी का मेल हो, न बनारस का देशीपन, न दक्षिण का या बंगाल का पूर्वीपन हो।

समग्र रूप से देखा जाये तो उन्नीसवीं शताब्दी के उत्तरार्द्ध में हिन्दी नवजागारण ने बंगला नवजागरण, यूरोपीय पुनरुत्थान तथा भक्ति आन्दोलन से भी भिन्न होकर अपना मार्ग प्रस्तुत किया। भारतेन्दु ने सांस्कृतिक वैचारिक एकीकरण को अधिक व्यापक स्तर पर जनता–चरित्र से जोड़ा। उन्होंने इसे नवीन राष्ट्रीयता का रूप देने की कोशिश की और 'भारतीय अस्मिता' की तलाश के लिए संघर्ष किया। यद्यपि भारतेन्दु के हिन्दी नवजागरण तथा सन् सत्तावन के राजनीतिक स्वाधीनता संग्राम के प्रति विचार प्रकट चेतना में घुले–मिले नहीं, फिर भी इससे आगे सांस्कृतिक नवजागरण के अन्दर भारतीय स्वत्व–रक्षा के लिए उन्होंने अपना जो मार्ग चुना, वह न केवल अंग्रेज़ी साम्राज्यवाद के राजनीतिक उपनिवेशवादी शासन के ख़िलाफ़ था, बल्कि सांस्कृतिक, धार्मिक और साहित्यिक स्तरों पर भी अंग्रेज़ी उपनिवेशवाद के विरोध का मार्ग था। यह भारतीय परम्परा में मौजूद सांस्कृतिक–वैचारिक एकता को आगे बढ़ाकर भारत जैसे विशाल तथा बहुभाषिक सांस्कृतिक, धार्मिक जातीय देश को एक राष्ट्र का रूप प्रदान करने वाली आधुनिक भारतीय राष्ट्रीयता की ओर जाने का मार्ग था।

भारतीय नवजागरण की अत्यन्त जटिल तथा संश्लिष्ट प्रक्रिया में हिन्दी नवजागरण के वाहक भारतेन्दु ने भारत की सांस्कृतिक स्वत्व रक्षा के उद्देश्य से भारतीय राष्ट्रीयता की जो संकल्पना की, वह न केवल उनके अपने युग में, वरन् राजनीतिक स्वाधीनता के बाद भी सांस्कृतिक

उपनिवेशवाद से मुक्त नहीं हो पायी। हिन्दी नवजागरण तथा भारतेन्दु युग में कुछ ऐसी प्रवृत्तियाँ थीं जिन्होंने तत्कालीन समय को किसी न किसी रूप में अवश्य प्रभावित किया था।

(क) मानववाद

यह कहना ग़लत होगा कि नवजागरण काल का अधिकांश चिन्तन यदि धर्म और ईश्वर से जुड़ा हुआ था तो जीवन–जगत् में रहने वाले मनुष्य से उसका कोई सरोकार नहीं था। इसके विपरीत उसके चिन्तन के केन्द्र में यह संसार और इस संसार का मनुष्य है। इस काल के विचारकों ने धर्म या अध्यात्म को स्वीकार करते हुए जीवन की सार्थकता को महत्त्व देने वाले मानव–मूल्यों को व्यक्त किया। अतीत के आदर्शवादी दर्शनों की व्याख्या भी जीवन में क्रियाशीलता और लोकमंगल के मार्ग को प्रशस्त करने के लिए की गयी। नवजागरणकालीन चिन्तन का विकास साम्राज्य–विरोधी संघर्ष की इसी प्रक्रिया में हुआ, जिसमें निराशावाद, निष्क्रियतावाद अथवा व्यक्तिवाद के लिए कोई स्थान न था।

मानववाद पर विचार करते हुए हेनरी, एस. लुकाच ने लिखा है कि : "नवजागरण के नये सम्प्रत्ययों का यह 'प्रधान' था प्रधान होने का अर्थ यह है कि। नवजागरण का वह मूल सम्प्रत्यय है जिसके आधार पर और नये सम्प्रत्यय खड़े किये गये हैं, या फिर कुछ नये सम्प्रत्यय इसके सहायक बन कर आये हैं, या इसी के अंग हैं। यह अकारण नहीं है कि मानववाद, इस सांस्कृतिक साहित्यिक आन्दोलन का पर्याय बन गया जो चौदहवीं शती के उत्तरार्द्ध में इटली में शुरू हुआ था और आगे चलकर यूरोपीय देशों में फैल गया। मानववाद आधुनिक संस्कृति का एक आवश्यक तत्त्व बन गया।"[6]

'मानववाद' शब्द का प्रचलन 15वीं सदी में पश्चिमी नवजागरण और 14वीं सदी में इटली के जागृत बुद्धिजीवियों द्वारा प्रेरित शैक्षणिक आदर्शों को रूपायित करने के लिए किया गया था। दार्शनिक चिन्तन की परम्परा के आरम्भ से ही पार्थिव–जीवन को महत्त्व देने वाले मनीषी, जिन्होंने मानवीय सुख–समृद्धि को ही जीवन का लक्ष्य घोषित किया, पूर्व और पश्चिम, दोनों ओर सदा ही रहे हैं। लम्बे अरसे तक मानव केन्द्रित यह चिन्तन इतिहास में एक साधारण वैचारिक घटक रहा, किन्तु यूरोपीय पुनर्जागरण काल से इसका महत्त्व बढ़ा, और धीरे–धीरे यह मानवीय कल्याण के सम्पूर्ण प्रयासों का प्रेरणास्रोत बन गया। ल्यू मैनिज शब्द की

व्युत्पति लैंटिन होमो शब्द से है जिसका अर्थ होता है—मानव। मानववादी दर्शन मनुष्य को सृष्टि का केन्द्र मानता है।

सामान्यतः यह समझा जाता है कि पाश्चात्य चिन्तन मानव इतिहास की गति को यथार्थ मानता है। इसके बरअक्स भारत केवल स्वप्न—द्रष्टाओं द्वारा रहस्य साधकों का ही देश नहीं रहा है, दार्शनिक परम्परा के आरम्भ के साथ ही पार्थिव जीवन को उपभोग्य बताने वाले चिंतक भी यहाँ रहे हैं। एक मानववादी के लिए भारत की दार्शनिक—सांस्कृतिक विरासत गौरवपूर्ण है, लेकिन इसलिए नहीं कि उसमें 'दुःखमय जगत' से निवृत्ति के विचार मिलते हैं, बल्कि इसलिए कि उसमें जो महत्त्वपूर्ण इहलोक—परायण चिन्तन उपलब्ध है, वह आधुनिक मानववादी दृष्टिकोण के ग्रहण और विकास की प्रेरणा देता है।

लोकमान्य तिलक अद्वैतवाद के अनुयायी थे। उन्होंने अद्वैतदर्शन के सक्रिय पक्ष को विकसित करने का प्रयास किया। वे शंकराचार्य की तरह संसार को मिथ्या नहीं मानते थे। वह गीता की तमाम शिक्षाओं का सारतत्त्व कर्मयोग में निहित मानते थे। उनका कहना था कि वेदांत जीवन से भागकर सक्रिय जीवन से अलग हो जाने व अन्तःदर्शन की शरण लेने का रास्ता नहीं दिखलाता, बल्कि वह मनुष्य को सुदृढ़ क्रियाशील जीवन की ओर अग्रसर करता है। उन्होंने लिखा है:

"ईश्वर की यही इच्छा है कि आत्मा की उन्नति स्वयं उसके अपने प्रयत्नों से हो। सब कुछ आपके हाथों में है। कर्मयोग इस संसार को शून्य नहीं मानता। वह तो सिर्फ़ यह कहता है कि आपके उद्देश्य स्वार्थपरकता और आसक्ति से रहित हों। यही व्यावहारिक वेदांत के प्रति सच्चा दृष्टिकोण है, जिसकी कुंजी प्रायः ही कुतर्क में खो जाती है।"[7]

तिलक मानते थे कि अद्वैतवाद या नियतिवाद का कोई सम्बन्ध नहीं हैं। वे आत्मा की समरूपता पर बल देते हैं। उनके इस सिद्धान्त का अर्थ था कि मनुष्य को बुरे कर्म करने वालों के आधिपत्य को रोकने और निर्बलों के उत्पीड़न को खत्म करने के उद्देश्य से कार्य करना चाहिए।

'यदि मनुष्य अपने देवता से एकत्व चाहता है तो उसे संसार के हितों में भी एकत्व स्थापित करने का प्रयत्न करना चाहिए। यदि ऐसा नहीं करता तो एकत्व पूर्ण नहीं होगा, क्योंकि ऐसी दशा में तीन तत्त्वों में से केवल दो तत्त्वों का ही एकत्व होगा (मनुष्य और देवता) और

तीसरा तत्त्व (यह संसार) छूट जायेगा। इस तरह मैंने अपने लिए समस्या का समाधान ढूँढ़ लिया है। मैं यह मानता हूँ कि संसार की सेवा करना और इस प्रकार ईश्वर की इच्छा को पूरा करना ही मोक्ष का सर्वश्रेष्ठ मार्ग है। इस संसार में रहते हुए ही इस मार्ग पर चला जा सकता है। इसके लिए संसार से भागने की ज़रूरत नहीं।"[8]

महात्मा गाँधी का जीवनदर्शन धर्म–केन्द्रित था। उन्होंने भी इसी वस्तुनिष्ठ आदर्शवाद को स्वीकार किया। उनकी धर्म–साधना केवल उपासना या व्यक्तिगत मोक्षलाभ की वस्तु नहीं थी। गाँधी जी ने लौकिक जीवन से इंकार नहीं किया, बल्कि ईश्वर को मानते हुए जगत के यथार्थ को माना। लोगों को हर प्रकार के अन्याय से मुक्त करना और उनमें सत्य को खोजना उनका लक्ष्य था। उनका यह दृष्टिकोण उन्हें ऐसा एक मानवतावादी बनाता है, जो मनुष्य की मौलिक सद्वृत्ति के प्रति आस्थाशील है। विलास–बाहुल्य या लोभ–लालसा में डूबे जीवन से जनता या मानवता की सेवा नहीं की जा सकती। उन्होंने स्पष्ट शब्दों में कहा :

मोक्ष का रास्ता मानवता के प्रेम से होकर जाता है। मैं अपनी जनता की जो सेवा करता हूँ वह उस अनुशासन का एक हिस्सा है, जिसके ज़रिए मैं आत्मा को शारीरिक बन्धनों से मुक्त करने का प्रयास करता हूँ। मेरे लिए मोक्ष का रास्ता मानवता के प्रेम से होकर है। मैं हर उस चीज़ से अपना तादात्म्य स्थापित करता हूँ जो जीवनमय हों।"[9]

विवेकानन्द और कवीन्द्र रवीन्द्रनाथ ठाकुर ने भी ईश्वर की नयी मानवपरक व्याख्या की, जिसके अनुसार ईश्वर उनके लिए संसार से परे, अलौकिक, अतिमानवीय सत्ता, जो मनुष्य की पहुँच से परे हो, नहीं था। विवेकानन्द अद्वैत वेदांत के समर्थक अवश्य थे किन्तु संसार को ही एकमात्र सत्य मानते थे। इहलोक की चिन्ता करते हुए उन्होंने कहा

"इसकी किसे परवाह है? कोई अपरिवर्तनशील सत्ता है या नहीं इसके बारे में किसे व्यग्रता है? हमारे सामने यह संसार है और यह संसार दुःख और पीड़ाओं से भरा हुआ है। इस संसार में उतरो जैसे बुद्ध उतरे थे, और इन दुःख और पीड़ाओं को कम करने के लिए संघर्ष करो या प्रयत्न करते हुए मर जाओ।"[10]

कविवर रवीन्द्र के लिए ईश्वर मनुष्य के ही सर्वोच्च गुणों का प्रतिरूप था और उनका धर्म मनुष्य–धर्म था। उनका यह दर्शन जिसका

केन्द्र–बिन्दु मनुष्य था वह मानव की पूर्णता, मानव–व्यक्ति के विकास के लिए प्रयत्नशील थे। समाज से पृथक होकर व्यक्ति का व्यक्तित्व या पूर्णता को उपलब्ध करने का उनके लिए कोई अर्थ न था। इसी कारण उन्होंने निवृत्ति मार्ग का खण्डन किया तथा स्वतन्त्र सृजनशील व्यक्तित्व में आस्था व्यक्त की।

'अल्लामा इकबाल भी क्रियाशीलता को ही जीवन मानते थे। निष्क्रियता को इकबाल ने भी रवीन्द्र की ही तरह मनुय की गरिमा को महत्त्व दिया। स्वतन्त्र सृजनशील व्यक्तित्व में गहरी आस्था को रवीन्द्र और इकबाल दोनों ने व्यक्त किया। इस आस्था को इकबाल ने कुरान का और रवीन्द्र ने उपनिषदों का अध्ययन करके प्राप्त किया। इकबाल के दर्शन का केन्द्र बिन्दु मनुष्य का व्यक्तित्व है। इस जीवन की व्यक्ति के रूप में व्याख्या करना, ईश्वर को मनुष्य की आकृति में ढालना नहीं है। वह तो केवल अनुभव के इस सीधे तथ्य को स्वीकार करता है कि जीवन कोई निराकार द्रव्य नहीं, वरन् एकता का संगठनकारी तत्त्व है, जो जीवित अवयवी की विभिन्न अस्त–व्यस्त प्रवृत्तियों को एक सर्जनात्मक उद्‌देश्य से एकत्र और संकेन्द्रित करती है।'[11]

इकबाल का कहना है कि मनुष्य ईश्वर को भी चुनौती दे सकता है लेकिन इसके लिए उसे अपने व्यक्तित्व का विकास करके मनुष्य के स्तर से ऊँचा उठना होगा। जहाँ वह अनन्त सत्ता की भी बराबरी कर सकता है। मनुष्य शुरुआत से ही प्रकृति और बाह्य परिवेश से संघर्ष करता आया है जिससे सभ्यता और संस्कृति का विकास हुआ, वरन् स्वतन्त्रता भी अर्जित की। इकबाल व्यक्तित्व के विकास के पक्ष में कुरान की शिक्षा को भी उद्धृत करते हैं

'कुरान मानव अहं की स्वतन्त्रता की शिक्षा देता है, आदिम प्रवृत्ति क्षुधा के स्तर से स्वतन्त्र आत्मा की सचेत प्राप्ति के स्तर तक मानव के पतन की नीति कथा...चुनाव के लिए स्वतन्त्र सचेत अहं को सूचित करता है। ईश्वर का यह खतरा मोल लेना उसकी मनुष्य में अत्यधिक आस्था का सूचक है। अब इस आस्था के अनुरूप सिद्ध होना मनुष्य के ऊपर है। ईश्वर का यह खतरा उठाना निरी साहसिकता के कारण नहीं है। इकबाल का विश्वास है किः

"ईश्वर के मूलभूत स्वरूप की परिपूर्णता के लिए ही मानव–व्यक्तित्व की रचना आवश्यक है–तामीरे खुदी में है खुदाई।"[12]

इस तरह इकबाल ईश्वर को मानते हुए भी मनुष्य और उसके व्यक्तित्व को अपने चिन्तन के केन्द्र में रखते हैं। प्रत्येक व्यक्ति का अस्तित्व उसके ज्ञान पर निर्भर करता है। मनुष्य के बिना किसी का कोई अस्तित्व नहीं है।

नवजागरण काल ऐसा काल था जिसके चिंतकों ने मनुष्य को अपने चिन्तन के केन्द्र में स्थान दिया, और जन–साधारण, उत्पीड़ित मनुष्य को अपने विचारों और भावनाओं में जगह प्रदान की। नवजागरणकालीन मानववादी चिन्तन का एक महत्त्वपूर्ण तत्त्व है उत्पीड़ित मनुष्यता के प्रति सहानुभूति। उन्होंने सम्पूर्ण मनुष्यता का गुणगान न करते हुए अपने देशकाल की परिस्थिति में साधारण मनुष्य की पीड़ा का अनुभव किया। विवेकानन्द ने भी कहा :

'मैं समझता हूँ कि जनसाधारण की उपेक्षा एक महान राष्ट्रीय पाप है और वह हमारे पतन के कारणों में से एक है। अगर हम भारत का उद्धार चाहते हैं तो हमें उनके लिए कार्य करना होगा, 'हमारे ऐश्वर्यशाली पूर्वज देश के साधारण जन को पाँव तले इतने दिनों से रौंदते चले आ रहे हैं कि वह निरूपाय हो गया है, अत्याचार सहते–सहते निःस्व दरिद्र मानो भूल ही गया है कि वह भी मनुष्य है।'[13]

विवेकानन्द ने जिस मानववाद का पक्ष लिया वह उत्पीड़ित मानवता का है जिसमें पीड़ित मनुष्यता के समक्ष धर्म और ईश्वर का कोई मूल्य नहीं था। मनुष्यता की सेवा ही सच्चा धर्म है, वेदान्तपाठ और चिन्तन–मनन इसमें शामिल नहीं है। जिस दृष्टिकोण को लेकर विवेकानन्द चले वही दृष्टिकोण आगे चलकर रवीन्द्र में व्यक्त हुआ। ईश्वर के प्रति प्रेम इनके यहाँ मानव–प्रेम में रूपान्तरित हो जाता है। रवीन्द्र उस मनुष्य के पक्ष में थे जो श्रमरत है न कि ईश्वर के भजन–पूजन में लिप्त। वह ध्यान और आराधना को त्यागकर श्रम पर बल देते हैं। रवीन्द्र ने श्रमरत मनुष्य के साथ तादात्म्य के साथ अन्याय के विरुद्ध जागृति पर भी ज़ोर दिया। वर्तमान युग के कवि को सचेत करते हुए रवीन्द्र ने कहा :

'इन्हीं सब श्रांत शुष्क भरन वक्ष स्थल में आशा का संचार करना होगा। उन्हें पुकारकर कहना होगा, तुम खड़े तो हो जाओ एक बार सिर उठाकर जिसके भय से तुम डर रहे हो, वह अन्यायी तुमसे अधिक कमज़ोर है।'

नवजागरणकाल के चिंतकों ने समाज, धर्म, जीवन, शास्त्र सबके प्रति अपना दृष्टिकोण अपनाया। ऐसे चिंतकों ने भी जो अतीत में धर्म से पूर्णतया मुक्त नहीं थे, उन्होंने भी रूढ़िवाद, अन्धविश्वास, सड़े–गले पुराने रीति–रिवाज, धार्मिक कर्मकाण्ड और रूढ़ मान्यताओं इन सबकी आलोचना की तथा तर्क और मुक्ति का समर्थन किया।

(ख) समाज–सुधार

पश्चिमी सभ्यता के साथ सम्पर्क में आने के कारण सबसे पहले पश्चिमी बंगाल में एक नये विचारों का प्रादुर्भाव देखने को मिला। भारतीय समाज में फैली रूढ़िवादिता, संकीर्णता, अन्धविश्वासी चेतना को पश्चिमी ज्ञान ने झकझोर कर जगाने का काम किया। इस प्रयास में राजा राममोहन राय, ईश्वरचन्द्र विद्यासागर, केशवचन्द्र सेन, देवेन्द्रनाथ ठाकुर, रामकृष्ण परमहंस, स्वामी विवेकानन्द सरीखे विद्वानों ने अपना भरपूर सहयोग दिया। इससे पहले अठारहवीं सदी के पूर्वार्द्ध में मुगल साम्राज्य सिर्फ़ दिल्ली व आसपास के क्षेत्रों तक ही सीमित रह गया था। सन् 1803 ई. में दिल्ली पर भी ब्रिटिश फौजों का अधिकार हो गया और यहीं से भारतीय इतिहास महान् मुगल साम्राज्य व मुगलों को भूलने लगा था। अब मुगलों की जगह देश में सर्वथा विशिष्ट प्रकृति की शक्ति अंग्रेज़ी सेवा के रूप में स्थापित हुई। इस शक्ति ने अपने हितों को नियोजित करने के क्रम में पारंपरिक भारतीय अर्थव्यवस्था को हटाकर औपनिवेशिक प्रारूप प्रस्तुत किया। इस नवीन ढाँचे ने परोक्ष रूप से भारतीय समाज की जड़ता को तोड़ने और परिवर्तन में गतिशील भूमिका का निर्वाह करने वाली शक्तियों को बल प्रदान किया।

1828 में बंगाल में ब्रह्म समाज की स्थापना हो चुकी थी। बाल–विवाह पर रोक, नारी–शिक्षा पर ज़ोर, विधवा पुनर्विवाह, अन्धविश्वासों का नकार आदि के स्वर यहाँ गूँजने लगे थे। स्पष्टतः ये स्वर एक नवीन सामाजिक क्रान्ति के वाहक थे। पराधीनता ने केवल अपमानित नहीं किया था, बल्कि इसके साथ ही अपनी कमज़ोरियों पर विचार करने के लिए बाध्य भी किया था।

'यहाँ–वहाँ जीर्ण–शीर्ण चिथड़ों में युवा लोगों तथा वृद्धों की कृशकाय आकृतियाँ घूमती हुई दिखाई पड़ती हैं। जिनके चेहरों पर, सैकड़ों वर्षों की दरिद्रता और निराशा की गहरी झुर्रियाँ पड़ी हैं, गाय, बैल, भैंस हर

जगह समान रूप से हैं—हाँ, उनकी आँखों में वही विषादमय दृष्टि, वही दुर्बल शरीर, रास्तों के किनारे, कूड़ाकरकट और गन्दगी—यही है हमारा वर्तमान भारत। महलों के बिल्कुल बराबर में टूटी—फूटी झोंपड़ियाँ, मंदिरों के बिल्कुल करीब कूड़ों का ढेर, भड़कीले वस्त्रों से सज्जित लोगों के साथ चलते हुए लंगोटधारी संन्यासी, यही है हमारा अपना देश। भयंकर प्लेग और हैजे की विनाशलीला, राष्ट्र के मर्म—स्थान को कुतरता हुआ मलेरिया, जीवन के अभिन्न अंग के रूप में भुखमरी और अर्द्ध—भुखमरी, बहुधा ताण्डव करता, मृत्युवत् अकाल...केवल रंग—रूप में ही मनुष्य दिखने वाले तीस करोड़ जीवों का समूह अपने ही लोगों तथा बाहरी राष्ट्रों द्वारा कुचलकर निर्जीव बनाये गये—आशाविहीन, अतीतविहीन गुलाम जैसे विद्वेषपूर्ण स्वभाव वाले, जिनके लिए अपने संगी लोगों की सम्पत्ति असहनीय है....ताक़तवर लोगों के पैरों की धूल चाटने के बावजूद जो कमज़ोर हैं, उन पर सांघतिक प्रहार करने वाले, ऐसे कुत्सित, क्रूर अन्धविश्वासों से भरे हुए हैं जो कमज़ोर तथा भविष्य के प्रति निराश हैं। चरित्र बल के रूप में बिना कोई मानदण्ड वाले बीस करोड़ जीव भारत के शरीर पर इस प्रकार झूम रहे हैं जैसे किसी जानवर की सड़ी लाश पर कीड़े हों।'[14]

स्वामी विवेकानन्द की उपरोक्त उद्धृत पंक्तियाँ तत्कालीन भारत की यथार्थ छवि प्रस्तुत करती हैं। इन पंक्तियों में कहीं से भी कुछ छिपाने की कोशिश नहीं की गयी है। भारतीय जड़ता के लिए सर्वाधिक ज़िम्मेदार कोई कारक था, तो वह धर्म था। इसी के चारों तरफ समूची भारतीय व्यवस्था घूमती थी। सारी बुराइयाँ इसी मूल से जन्मीं थीं और उन्हें पोषण भी इसी मूल से प्राप्त हुआ था। राजनीति, अर्थ, सामाजिक संस्थाएँ और बाकी दूसरी चीज़ें धर्म से ही निर्देशित होती थीं। इसीलिए भारतीय बौद्धिक क्रियाशीलता ने स्वाभाविक ही सर्वप्रथम धर्म से अपने लक्ष्य प्राप्ति की दिशा में अपने को गतिमान किया। धार्मिक सुधारों से शेष पक्ष अपने आप सुधारों के लिए आधार प्राप्त करते गये। उल्लेखनीय है कि आरम्भ में इस क्रियाशीलता ने कोई बहुत बड़ा अन्तर उत्पन्न नहीं किया, लेकिन समय के साथ यह अन्तर बढ़ता और मजबूत होता गया।

यदि तत्कालीन भारतीय समाज पर नज़र डालें तो यह देखना कठिन नहीं है कि वह राजनीतिक घटनाओं के प्रति प्रायः उदासीन रहा। देश के कोने—काने में फैला हुआ ग्रामीण समुदाय पहले की भाँति अपने आप में

सिमटा लगभग एकाकी जीवन बिताता रहा। सामाजिक जीवन अधिकाधिक जड़ और निष्क्रिय गया। सामाजिक व्यवस्थाओं, परम्पराओं और प्रभावों ने कठोर तथा ठोस रूप धारण करना शुरू कर दिया। सामाजिक कठोरता और जड़ता 18वीं शताब्दी के भारत की एक सामान्य विशेषता बन थी। 15–16वीं शताब्दी में अनेक धर्म सुधारकों, सन्तों, उपदेशकों और दृष्टाओं ने मध्य युग के धर्मों को तर्कसंगत बनाने में महत्त्वपूर्ण भूमिका निभायी थी। लेकिन 18वीं सदी में यह प्रक्रिया रुक–सी गयी थी।

18वीं शताब्दी में कोई भी धार्मिक, आध्यात्मिक या नैतिक उपदेशक नहीं था, जो अज्ञानियों को ज्ञान का मार्ग दिखाता। उन्नीसवीं शताब्दी में धार्मिक क्रियाओं को तर्कसंगत बनाने और जातपांत के ढाँचे को उदार बनाने के लिए सुधार आन्दोलन आरम्भ हुए। 18वीं शताब्दी में जातपांत की प्रणाली सबसे कठोर थी और 19वीं शताब्दी में जब तक सुधार आन्दोलन शुरू नहीं हुए तब तक यह हिन्दू समाज पर हावी रही।

19वीं सदी के भारतीय नवजागरण में आर्यसमाज सबसे प्रभावशाली और व्यापक संगठन था। इसमें दयानन्द सरस्वती सबसे प्रमुख थे। उन्हें हिन्दू धर्म का मार्टिन लूथर भी कहा जाता है। उन्होंने रूढ़िवाद, भ्रष्टाचार और पाखण्ड को धर्म से उखाड़ने का प्रयास किया। वे शिक्षित भद्रवर्ग को एक नयी धार्मिक और सांस्कृतिक पहचान देना चाहते थे ताकि वे इन सब विषयों पर आधुनिकता के नजरिये से सोच सकें। स्वामी दयानन्द ने सबसे ज़्यादा पश्चिम के प्रान्तों में प्रचार किया। आर्य समाज ने अत्यन्त प्रचंड स्वर में अपना मत प्रस्तुत किया। उसका बेलागपन निश्चित ही सहज सह्य नहीं था।

'वह सनातन और पौराणिक धर्मों पर आधारित जीवन के हर पक्ष की मूर्तिपूजा, श्राद्ध ,मुंडन, तीर्थयात्रा, गोदान, गृह–नक्षत्रों के असर, समुद्रपार यात्रा की मनाही, व्रत, ब्राह्मणों को दान–दक्षिणा, लीला–अवतार, होली जैसे त्यौहार और गंगास्नान जैसे पुण्यकर्म–सबकी कड़ी आलोचना करता था और इनमें किसी भी तरह के धार्मिक मूल्य को अस्वीकार करता था। वह मथुरा, वृंदावन और अयोध्या को केन्द्र बनाकर फैली वैष्णव भक्तिधारा को भावुकता मानता था, उसे पुरुषार्थपूर्ण धर्म से विचलन समझता था। बल्लभाचार्य के पुष्टि सम्प्रदाय को बेलाग शब्दों में भगंदर और दूसरे यौन रोग फैलाने वाला *'कुष्ठी सम्प्रदाय'* कहता था।'[15]

ऐसी विचारधारा एवं प्रचार से सबसे ज़्यादा चोट साहित्य से जुड़े लोगों को लगी।

'धार्मिक सुधारों की बात तो दूर रही हिन्दी नवजागरण के लेखकों के लिए आर्य समाज के सामाजिक सुधारों को भी गले उतारना आसान नहीं था। ख़ासकर ब्राह्मणों के वर्चस्व का विरोध करने, जाति–पांति छोड़कर सभी आर्यों के साथ भोजन करने, शूद्रों–दलितों को संस्कृत समेत सभी तरह की विद्या और वेदपाठ का अधिकारी मानने और विधवा विवाह का समर्थन करने से सम्बन्धित विचार उन्हें काफ़ी परेशानी में डालते थे।'[16]

आर्यसमाज ने जहाँ एक ओर रूढ़ियों, अन्धविश्वासों और बाह्य आडम्बरों का विरोध किया, वहीं दूसरी ओर निराकार ईश्वर का जो कि अजन्मा, अनादि सर्वेश्वर और सर्वव्यापक है, का समर्थन भी किया।

'धर्म–परिवर्तन को वे स्वीकार करते थे और इसलिए उन्होंने बुद्धि आन्दोलन भी चलाया था, किन्तु राष्ट्रीयता से वे कभी विमुख नहीं हुए। उन्होंने जाति और वर्ण का भेद अपने सिद्धान्त के अनुसार प्रतिष्ठित किया। चारों वर्णों की महिमा उन्होंने मानी किन्तु जातिभेद के वे कट्टर विरोधी थे। जन्म नहीं किन्तु कर्म और गुण के आधार पर वे वर्ण व्यवस्था के समर्थक थे।'[17]

राजा राममोहन द्वारा किये जा रहे सुधारोन्मुख परिवर्तन ने प्रारम्भ में एक छोटे जन–समूह को ही प्रभावित किया। किन्तु धीरे–धीरे उनके विचार अधिकाधिक लोगों तक फैल गये तथा अन्त में उनका प्रभाव कम या अधिक मात्रा में जनता तक पहुँच गया। प्रबल विरोध के बावजूद आधुनिक विज्ञान, मानवतावाद और विवेकशीलता का प्रचार बढ़ता ही गया। देश में ब्रह्मसमाज और आर्यसमाज की अपनी भूमिका थी, लेकिन एक बहुत बड़ा वर्ग इनसे प्रभावित नहीं था, जिन्हें विवेकानन्द, ने धार्मिक परम्पराओं में आस्था और विश्वास करना सिखाया। सन् 1888 से 1892 तक उन्होंने देश दर्शन किया, सर्वधर्म सम्मेलन किये। सन् 1893 में वे अमेरिका गये जहाँ उन्होंने भारत का जीवनदर्शन और सिद्धान्त संसार के समक्ष रखे, हिन्दू धर्म की मानववादिता तथा विश्व में उसकी आध्यात्मिक श्रेष्ठता की स्थापना की।

आधुनिक भारत के प्रायः सभी इतिहासकारों ने एक स्वर से स्वीकार किया है कि बंगाल में राजा राममोहन राय के अवसान के बाद उनकी जगह भरने वाला एक महान् व्यक्तित्व उभर कर सामने आया और वह था ईश्वरचन्द्र विद्यासागर।

'उनकी धारणाओं, कार्य तथा उनके चिन्तन और व्यवहार के बीच कोई खाई नहीं थी। उनका पहनावा सादा, आदतें स्वाभाविक और व्यवहार सीधा था। वे एक महान् मानवतावादी थे। उनमें ग़रीबी, अभागों और उत्पीड़ितों के लिए अपार सहानुभूति थी।'[18]

नये राष्ट्रीय और अन्तर्राष्ट्रीय प्रभावों के परिणामस्वरूप जन्मे धार्मिक आन्दोलनों में एक आन्दोलन थियोसोफ़ी भी था, उसकी शुरुआत मैडम ब्लाउवस्की और कर्नल आल्कार ने 1879 में की थी। भारत में इसकी सफलता का श्रेय श्रीमती एनी बेसंट को जाता है। भारत के नवोन्मेष में इस संस्था ने सामाजिक, सांस्कृतिक, आध्यात्मिक और राजनीतिक भूमिका अपने ढंग से निभायी। ब्राह्मों या आर्य समाजियों के आन्दोलन में सामाजिक और धार्मिक सुधार मुख्य रूप से जुड़े हुए थे। इस आन्दोलन में केवल बालविवाह, स्त्रीशिक्षा या विधवा विवाह का ही सवाल नहीं था बल्कि धार्मिक उपासना पर भी बल दिया गया था। साथ ही साथ उसे बदलने की भी कोशिश की गयी। कुछ संस्थाएँ इसमें अपना सहयोग भी दे रही थीं तो इसके बरअक्स कुछ इसके सख्त ख़िलाफ़ थीं।

'भारतेन्दु एक अपवाद थे जिन्होंने आर्यों और ब्राह्मों की देखादेखी वैष्णवधर्म के सुधार में थोड़ी दिलचस्पी दिखाई, पर वे भी इससे ज़्यादा दूर जाने के लिए तैयार नहीं हुए। सामाजिक सुधारों के मामले में ये संस्थाएँ कुछएक सुधारों के पक्ष में थीं और कुछ एक के ख़िलाफ़। पर किसी भी सुधार के मामले में इनका उत्साह ब्राह्मों या आर्यों जैसा बिल्कुल नहीं था।'[19]

भारतीय सदा से ही परम्परा में बहुत आस्था रखते आये हैं। अतः जिन बुद्धिजीवियों ने परम्परा–विरोध के उग्र मार्ग को अपनाया, साधारण जनता सामान्य तौर से उनसे विच्छिन्न हो गयी। 19वीं शताब्दी के पूर्वार्द्ध में तथाकथित एक बहुत ही निम्न जाति के व्यक्ति बलराम ने एक सम्प्रदाय की स्थापना की, जो उनके नाम से बलरामी सम्प्रदाय बन गया। निम्न जाति के होने के बावजूद उनकी धार्मिक प्रवृत्ति और अनन्य भक्ति के कारण बहुत से लोग उनके शिष्य बनकर उन्हें देवतुल्य मानने लगे। हालाँकि यह प्रवृत्ति बड़ी हास्यास्पद और पाखण्डपूर्ण थी, फिर भी बलराम और उनके अनुयायियों ने मूर्ति पूजा और जातपांत की प्रणाली को छोड़कर समतामूलक प्रवृत्ति अपनायी।

भारतेन्दु–मण्डल में सबसे पहले भारतेन्दु ने ही समग्र नवजागरण की धारा का सूत्रपात किया, उन्होंने सभी क्षेत्रों में सुधार और मुक्ति का सवाल उठाया था। 'उनसे सम्बन्धित अपने महत्त्वपूर्ण अध्ययन में वसुधा डालमिया ने उनके धार्मिक चिन्तन के विकास की तीन मंजिलें बतलाईं। 1. अपने वल्लभ सम्प्रदाय तक सीमित, 2. अपने सम्प्रदाय में रहते हुए विभिन्न वैष्णव सम्प्रदायों के बीच एकता का प्रयत्न करने वाले, और 3. हिन्दुओं के विभिन्न धार्मिक सम्प्रदायों के बीच समझौता कर एक राष्ट्रीय आर्य धर्म की योजना बनाने वाले भारतेन्दु।'[20]

18वीं शताब्दी में हिन्दू समाज में कुछ घृणास्पद सामाजिक, धार्मिक प्रथाएँ प्रवेश कर चुकी थीं। इन भयंकर प्रथाओं का शिकार मुख्य रूप से हिन्दू स्त्रियाँ हुईं। बहु–विवाह, विधवाओं से जबरन ब्रह्मचर्य का पालन कराना अर्थात् विधवा–विवाह को वर्जित करना ऐसी ही प्रथाएँ थीं किन्तु इनमें सबसे भयानक प्रथा थी पति की मृत्यु होने पर उसके शव के साथ पत्नी को जीवित ही जला देना। यह प्रथा सती प्रथा के नाम से कुख्यात थी। 18वीं शताब्दी में ये प्रथाएँ चलती रहीं लेकिन 19वीं शताब्दी में कानून और सुधार आन्दोलनों के ज़रिए इन्हें चुनौती दी गयी।

भारतेन्दु यह मानते थे कि देश की ऐसी दुर्दशा का कारण जनता की रूढ़िवादिता, धर्मांधता और सामाजिक रूढ़ियाँ हैं। इसलिए उन्होंने देश की उन्नति के लिए सब कुछ भूलकर ऊँच–नीच, जाति छोड़कर एक होने की प्रेरणा दी। अपने छोटे से जीवन में उन्होंने देश के विभिन्न भागों की अनेक यात्राएँ कीं। बंगाल की यात्रा से उन्होंने समाज–सुधार की ओर प्रगति का मार्ग प्रशस्त किया। नारी के प्रति उनका दृष्टिकोण बंगाल के नवजागरण से काफ़ी प्रभावित था। वे नारी के पक्षधर थे, स्त्रीपयोगी पत्रिका 'बालाबोधिनी' का प्रकाशन भी शुरू किया, जिसके मुखपृष्ठ पर लिखा रहता था–

जो हरि सोई राधिका जो शिव सोई शक्ति।
जो नारी सोई पुरुष यामैं कछु न विभक्ति।।[21]

उन्नीसवीं सदी के अन्य लेखकों और सुधारकों की तरह भारतेन्दु भी स्त्री–पुरुष सम्बन्धों और स्त्रियों की सामाजिक–राजनीतिक दशा पर विचार करने के लिए इतिहास को एक सन्दर्भ की तरह प्रयोग करते थे।

'वे समाज के पितृसत्तात्मक ढाँचे में कोई सुधार किये बग़ैर, औरतों पर अपना परम्परागत नियन्त्रण ढीला किये बिना, अपनी स्त्रियों को एक ख़ास क्षेत्र में घरों के अन्दर आदर्श रूप में ढालने की कोशिश करने लगे।'[22]

भारतेन्दु विद्यासागर के भी सम्पर्क में आये थे जिन्होंने विधवा–विवाह के पक्ष में पौराणिक ग्रन्थों से बहुत सुबूत जुटाये थे। *'वैदिकी हिंसा हिंसा न भवति'* में लिखा यह श्लोक विद्यासागर से ही प्रेरित था–

नष्टे मृते प्रवजिते क्लीवे च पतिते पतौ।
पंच स्वायत्यु नारीणां पतिरूयो विधीयते।।

(पति के नष्ट हो जाने पर, मर जाने, लापता हो जाने, नपुंसक हो जाने और पतित हो जाने पर, इन पाँच प्रकार की विपत्तियों में पड़ी स्त्रियों के लिए दूसरे पति का विधान है।)

भारतेन्दु ने नवजागरण के दौरान ही समाज की रूढ़िवादिता का विरोध करते हुए हिन्दी भाषा के प्रति व्याप्त आम उदासीनता और शिक्षा के प्रति चिन्ता व्यक्त की थी। वे जनता में अंग्रेज़ी शिक्षा का प्रचार करना चाहते थे जिससे वह प्रशासन में सहयोग दे सके। मिशनरियों द्वारा स्थापित स्कूल, लॉर्ड बेटिंग, मैटकाफ, राजा राममोहन राय आदि के समर्थन के बाद 1835 में शिक्षा का माध्यम अंग्रेज़ी बना दिया गया और लगभग दस हज़ार विद्यार्थियों को बंगाल, बम्बई, कलकत्ता में 1852 में अंग्रेजी की शिक्षा दी गयी। भारतेन्दु नवजागरण की इस प्रवृत्ति के पक्षधर थे। वे चाहते थे कि लोग अंग्रेज़ी सीख कर ज्ञान–विज्ञान से परिचित हों। इसीलिए उन्होंने लिखा–

लखहु न अंगरेजन करी उन्नति भाषा माँहि।
सब विद्या के ग्रन्थ अंगरेजन माँह लखहिं।।

मुस्लिम समाज, हिन्दू समाज की तुलना में देर से इसके लिए तैयार हुआ क्योंकि, इसके कुछ स्पष्ट ऐतिहासिक और धार्मिक कारण थे। हिन्दुओं ने पाश्चात्य शिक्षा–प्रणाली की अच्छाइयों को धीरे–धीरे, लेकिन उदारतापूर्वक अपना लिया था। इसी उदार दृष्टि–सम्पन्नता के कारण वे पश्चिमी सभ्यता से लाभ लेने की स्थिति में जल्दी ही आ गये और धार्मिक–सामाजिक आन्दोलन संगठित हो सके। इसके विपरीत मुसलमान, नयी शिक्षा और पाश्चात्य संस्कृति के प्रति उपेक्षात्मक रवैया अपनाए हुए थे। परिणामतः वे धार्मिक–कठमुल्लेपन के अधिकाधिक नज़दीक होते चले गये।

अतः मुस्लिम समुदाय में जो जागृति उन्नीसवीं सदी के प्रारम्भ में ही सम्भव हो सकती थी, वह अन्त में आयी। उन्नीसवीं सदी के अन्त में मुसलमान आधुनिक शिक्षा की ओर मुड़े। धीरे–धीरे उनके बीच शिक्षित आधुनिक बुद्धिजीवी वर्ग का उदय हुआ जिसके कुछ लोगों ने धीरे–धीरे राष्ट्रीय दृष्टिकोण भी अपनाया।

मुस्लिम समाज में नवजागरण ने एक छोटे से भूगोल को ही प्रभावित किया जबकि हिन्दू समाज में इसका प्रभाव अधिक देखने को मिला। सन् 1889 में मिर्जा गुलाम अहमद ने अहमदिया आन्दोलन की नींव रखी। वे अपने आपको मुस्लिम पुनर्जागरण का अग्रदूत कहते थे। अहमदिया आन्दोलन के संस्थापक, पाश्चात्य उदारतावाद, थियोसाफ़ी और हिन्दुओं के धार्मिक–सामाजिक सुधार आन्दोलनों से प्रभावित थे उन्होंने जेहाद' अर्थात् गैर–मुसलमानों के ख़िलाफ़ धर्मयुद्ध के सिद्धान्त का विरोध किया। इसकी सभी राष्ट्रों, सम्प्रदायों के पारस्परिक भ्रातृत्व के सिद्धान्त में आस्था थी। सर सैयद अहमद खाँ ने अलीगढ़ स्कूल की स्थापना की जिसे नवजागरण काल में बहुत महत्त्वपूर्ण प्रयास माना जाता है। सैयद अहमद खाँ पाश्चात्य चिन्तन व उसकी उपयोगिता से अच्छी तरह परिचित थे। चिराग अली, अल्ताफ हुसैन 'हाली', नजीर अहमद और मौलाना *शिब्ली* नूमानी का सहयोग भी इनको मिला।

मुस्लिम जागरण के कारण भारतीय समाज की तस्वीर में कई बदलाव आये। मुस्लिम महिलाओं ने भी इसमें बहुत से सार्थक क़दम उठाये। बंबई में तैयबजी, उस समय के संयुक्त प्रान्त में शेख अब्दुल हलील *शरर* (1860–1896) ने इस क्षेत्र में काफ़ी कार्य किया। बाल–विवाह, बहु–विवाह जैसी सामाजिक बुराइयाँ, सिर्फ़ हिन्दू समाज का ही अंग नहीं थीं, मुस्लिम समाज में भी इनकी जड़ें गहरी थीं। देर से ही सही पर मुस्लिम समाज में चेतना सक्रिय हुई, जिसने स्वाधीनता आन्दोलन को एक मजबूत आधार प्रदान किया।

सन् 1851 में नौरोजी फोरहोनजी, दादा भाई नौरोजी, एस. एन. बंगाली और अन्य लोगों ने संयुक्त रूप से *'रहनुमाई माज़दायासन'* नाम से एक धार्मिक सुधार परिषद् का गठन किया। इस परिषद् की पारसी समाज की जागृति में विशेष भूमिका थी। अन्य समाजों की ही तरह पारसी समाज भी धार्मिक पिछड़ेपन का शिकार था। लेकिन अन्य समाजों की तुलना में विभिन्न कारणों से इसकी स्थिति अपेक्षाकृत ठीक थी।

फिर नारी–शिक्षा, विवाह, औरतों की स्थिति आदि महत्त्वपूर्ण मुद्दों के लिए परिषद् द्वारा किये गये कार्यों से इसकी स्थिति में और सुधार आया। परिणामस्वरूप पारसी समाज, बाकी समाजों की तुलना में सर्वाधिक खुला और सुधरे रूप में सामने आया।

छुआछूत, अन्धविश्वास, कुरीतियाँ किसी एक समुदाय या समाज की समस्या नहीं थीं। कोई एक ऐसा समाज नहीं था, जिनका उल्लेख स्वस्थ या आदर्श समाज के रूप में किया जा सके। 'धर्म' के नाम पर सिक्ख समाज में भी वैसी ही ख़ामियाँ थीं जैसी कि बाकी समाज में। नवजागरण ने सिक्ख समाज में भी कुछ बदलाव किये। उन्नीसवीं सदी के अन्त में अमृतसर में 'खालसा कॉलेज' की स्थापना के साथ ही 'सिक्ख समाज' सुधार की ओर उन्मुख हुआ। धार्मिक–सामाजिक सुधार आन्दोलनों का दायरा क्रमशः विस्तृत होता गया। आरम्भ में समाज सुधार 'धर्म' से सम्बन्धित था। अन्त तक यह उस पर हावी भी रहा।

'19वीं सदी की हिन्दुस्तानी औरत का सारा जीवन दुखों का एक सिलसिला था। पैदा होने से मरने तक सिवा गम खाने और दिल जलाने के किसी तरह का आराम किसी उम्र में न था।'[23]

अनुभवों का फ़र्क़ जितना बुनियादी था, उतना ही नज़रिए का फ़र्क़।

(ग) पुनरुत्थानवाद

भारत में मोटे तौर पर नवजागरण की लहर 19वीं शताब्दी के शुरुआत में फैली। हिन्दी प्रदेशों में आधुनिक काल के आरम्भ को 1857 के प्रथम स्वाधीनता संग्राम से जोड़ा जाता है। भारतेन्दु युग तक भारत में सामाजिक, सांस्कृतिक और राजनीतिक क्षेत्रों में न केवल सक्रियता थी अपितु इनमें बहुत गहरा पारस्परिक सम्बन्ध भी था। शिवप्रसाद सितारे हिन्द, जो (1824–1895) शिक्षा विभाग में अधिकारी थे, ने *'इतिहासतिमिरनाशक'* में ऐसी स्थापनाएँ प्रस्तुत कीं जिनसे ध्वनित होता है कि अंग्रेज़ों ने ही भारत में न्याय और स्वतन्त्रता कायम की। ज़ाहिर है इससे एक नयी बहस शुरू होनी ही थी। शिवप्रसाद ने जो राजभक्ति दिखाई, उस समय की परिस्थितियों में यह स्वाभाविक था। भारतेन्दु ने भी राजभक्ति दिखाई थी, लेकिन शिवप्रसाद ने अंग्रेज़ी राज के भ्रष्टाचार व उसकी आर्थिक लूट की कभी आलोचना नहीं की जबकि भारतेन्दु ने हमेशा की। वीरभारत तलवार ने *'रस्साकशी'* में लिखा है :

'लेखक (शिवप्रसाद सिंतारे हिन्द) सिक्के का सिर्फ़ एक पहलू दिखाता है। दूसरे पहलू को छिपाकर ईमानदारी नहीं बरतता। उसने मुस्लिम शासन का वर्णन करते हुए अकबर, जहाँगीर और शाहजहाँ में सिर्फ़ बुराइयाँ ही दिखाईं, जबकि उन्होंने अपने समय में अच्छे काम भी किये थे। धार्मिक मामलों में उन्होंने सहिष्णुता का प्रचार किया था, जो उस समय तक सभ्य यूरोप में नहीं थी। लेखक ने मुसलमान शासकों के अत्याचारों का जो वर्णन किया है वह अच्छा है, फिर भी स्कूली पाठ्यक्रम की किताब में इसे नहीं रखना चाहिए था। इससे दो समुदायों के बीच नफरत बढ़ेगी, जबकि उपकारी ब्रिटिश शासन के तहत हम सबको मिलकर उन्नति करनी चाहिए।'[24]

भारतेन्दु हरिश्चन्द्र न केवल शिवप्रसाद पर बल्कि इतिहास दुबारा लिखने वाले राष्ट्रवादियों के इरादों और शिक्षा के सांप्रदायिकरण का भी प्रश्न उठाते हैं। भारतेन्दु ने हिन्दू–मुस्लिम समुदायों की सहिष्णुता और उनकी विकासशीलता को धर्मनिरपेक्ष दृष्टि से समझने के लिए शिवप्रसाद की पुस्तक की समीक्षा की। मातृभूमि प्रेम, स्वदेशी वस्तुओं का व्यवहार, गोरक्षा, बालविवाह–निषेध, शिक्षा–प्रसार का महत्त्व, मद्य–निषेध आदि विषयों पर नये सिरे से विचार किया जाने लगा था। ब्रह्म समाज, प्रार्थना समाज, आर्य समाज, रामकृष्ण परमहंस और विवेकानन्द के विचारों तथा थियॉसॉफिकल सोसाइटी के सिद्धान्तों का भी जन–जीवन पर प्रभाव अधिक पड़ने लगा। तुलसी, केशवदास या पद्माकर इस प्रकार नहीं सोच सकते थे, जैसाकि भारतेन्दु ने सोचा।

पुनरुत्थानवाद की शुरुआत गरमदलीय विचारकों के साम्राज्यवाद विरोधी क्रान्तिकारी दृष्टिकोण के विपरीत हुई। पुनरुत्थानवाद का अर्थ है अतीत को पुनःजीवित करते–करते उसी में जीने लगना व अतीत की रूढ़ियों का भी समर्थन करने लगना। इसे परम्परा के प्रति विवेकसंगत दृष्टिकोण नहीं कहा जा सकता। लेकिन उस समय यही प्रवृत्ति आम थी।

"उग्रवादी, जनता की भावनाओं को उत्तेजित करने के लिए हिन्दू धर्म के विगत गौरव के गीत गाते थे। किन्तु उक्त विचार के कारण, वे परम्परागत रस्म–रिवाजों तथा हिन्दू धर्म के कर्मकाण्डों का अनुसरण करने पर ज़ोर देने से नहीं चूकते थे।"[25]

1857 की क्रान्ति के बाद भारतीय समाज में मध्य वर्ग के नेतृत्व में सामाजिक और धार्मिक सुधार आन्दोलनों की लहर फूटी जिसने

भारतीय संस्कृति और धर्म की तथा अंग्रेज़ों की औपनिवेशिक संस्कृति और विचारधारा में रुचि लेने के कारण उसके पुनर्मूल्यांकन की आवश्यकता महसूस की। ...19वीं शताब्दी के इस सामाजिक–सांस्कृतिक पुनर्जागरण में उपनिवेशवाद के कारण उत्पन्न दबाव की अहम भूमिका रही।

भारत में व्यापक पैमाने पर प्रसारित इन धार्मिक–सामाजिक सुधार आन्दोलनों की कई सीमाएँ थीं, पर ये अपने उद्देश्यों में कट्टरवादी नहीं थे, बल्कि जनतान्त्रिक थे। शिवप्रसाद ने अदालतों में फ़ारसी के बदले नागरी लिपि लागू करने के लिए 1868 में पहल की। आचार्य रामचन्द्र शुक्ल ने लिखा हैः

"राजा शिवप्रसाद सितारे हिन्द शिक्षा विभाग में रहकर हिन्दी की किसी न किसी रूप में रक्षा कर रहे थे।"[26]

वैसे अंग्रेज़ों की शिक्षा नीति को लागू कराने के अलावा शिवप्रसाद का नवजागरण से कोई सम्बन्ध नहीं था लेकिन शिवप्रसाद ने 1868 में जो मेमोरेंडम ज्ञापन सरकार को दिया था, उसके बारे में वीरभारत तलवार ने लिखा है :

"जिसे हिन्दी नवजागरण कहा जाता है, उसकी शुरुआत 1868 के इसी 'मेमोरेंडम' से हुई थी।"

शिवप्रसाद ने पहली बार हिन्दी में प्राचीन काल से लेकर अंग्रेजी शासन तक उत्तर भारत के इतिहास का समग्र ढंग से वर्णन करने का प्रयास किया। इस प्रयास ने एक ओर इतिहास और मिथ–पुराण के बीच सीमित ढंग से ही सही, भेद को उजागर किया, तो दूसरी ओर मध्यकाल के राजनीतिक इतिहास लेखन में नये संकटों और समस्याओं को भी बढ़ाया।

पुनरुत्थानवाद में परम्परा के प्रति विवेकयुक्त दृष्टिकोण का अभाव भी स्पष्ट रूप से मौजूद था। इसका एक नकारात्मक पक्ष भी था, जिसने मुस्लिम पुनरूत्थानवाद को भी उकसाया। *'वेदों की ओर लौटो'* के नारे को *'कुरान की ओर लौटो'* के नारे में बदलने का प्रयास किया गया। 19वीं और 20वीं शताब्दी में जो बहुत से धार्मिक–सामाजिक सुधार आन्दोलन उभरे उनमें मुसलमानों के *'अलीगढ़ आन्दोलन'* ने भी अपनी विशेष भूमिका निभायी। इन आन्दोलनों ने धर्म के क्षेत्र में कई क्रान्तिकारी स्थापनाएँ देने की कोशिश कीं। वहीं दूसरी ओर समाज में कई विषयों को मुद्दा बनाया गया। प्रतिक्रियावादी और पुराने प्रचलित रीति–रिवाजों तथा अन्धविश्वासों को चुनौती दी गयी।

19वीं सदी में जब भारत बदलाव के बहुमुखी दौर से गुजर रहा था, वह समय ब्रिटिश साम्राज्य के अधीन था, लेकिन उसमें इतिहास सम्बन्धी धारणाओं और ऐतिहासिक चेतना में आने वाले बदलावों का भी गहरा असर था। इस कारण पहले के इतिहासकारों द्वारा लिखे गये इतिहास के सम्बन्ध में नये मतों का उद्भव हुआ। इन मतों ने उभरते हुए राष्ट्रवाद और साम्प्रदायिक चेतना पर बड़ा गहरा असर डाला। बेशक उपनिवेशवादी शासन के प्राचीन इतिहास सम्बन्धी शोध को केवल निषेधात्मक दृष्टिकोण की तरह याद किया जाता है, लेकिन पश्चिम से भारत के सम्पर्क के कारण पैदा हुई आधुनिक राष्ट्रवादी चेतना के प्रसंग में भी इस इतिहास बोध की भूमिका उल्लेखनीय रही।

इतिहास लेखन के विकास और राष्ट्रीयता के उभार में उन्नीसवीं सदी के नवजागरण ने महत्त्वपूर्ण भूमिका निभायी। इसकी तुलना 14वीं सदी से 16वीं सदी तक चले यूरोपीय नवजागरण से की जानी चाहिए, क्योंकि यूरोपीय पुनर्जागरण के समय भी 'क्लासिकल लिटरेचर' कहलाने वाले प्राचीन साहित्य का पुनरान्वेषण हुआ। भारत में भी इटली की तरह एक समूह बनाया गया जो पुरानी पाण्डुलिपियों को नष्ट होने से बचा सके। कालिदास और भवभूति की रचनाओं से लेकर जयदेव और मौर्यकालीन उपलब्धियों की खोज के विशद प्रयास किये जाने लगे। अंग्रेज़ अधिकारियों द्वारा प्राचीन कृतियों और ज्ञान–विज्ञान की विभिन्न शाखाओं के विकास के प्रयासों के सूत्रधार बन जाने से भारतीय राष्ट्रवाद का स्वरूप भी यूरोपीय राष्ट्रवाद से अलग हो गया।

19वीं सदी के मध्य में राष्ट्रवाद या हिन्दू राष्ट्रवाद अपने शैशवकाल से गुजर रहा था। अभी वह इतना परिपक्व नहीं हुआ था कि भारतीय हितों का ब्रिटिश साम्राज्यवाद से जो तीखा अन्तर्विरोध था, उसे मुख्य ढंग से व्यक्त कर सके। 1871 में 'नेशनल सोसाइटी' नामक एक संगठन की स्थापना की गयी थी जिसका उद्देश्य हिन्दुओं को उनके पराक्रम, शौर्य और महानता की गौरवपूर्ण अस्मिता का स्मरण कराना और उनमें एकजुटता व राष्ट्रीय भावना का विकास करना था। हिन्दू हितों और भावनाओं को राष्ट्रीयता के लक्ष्य के साथ जोड़ने वाले नवगोपाल के अनुसार :

"राष्ट्रवाद मूलतः एकजुटता पर आधारित होता है। विभिन्न लोगों के मध्य विभिन्न साधनों से जैसे ग्रीक, रोमन और अंग्रेज़ों के बीच स्वतन्त्रता के प्रति प्रेम या यहूदियों में मूसा के कानून से पैदा होती है।

भारत में इस किस्म की राष्ट्रीय एकता का आधार हिन्दू धर्म है। हिन्दू राष्ट्रीयता सभी हिन्दुओं से सम्बद्ध है चाहे उनकी भाषा या प्रान्तीयता कुछ भी हो। हिंदुओं की नियति अपने को एक धार्मिक राष्ट्र के रूप में संगठित कर लेने की है।"[27]

जो राष्ट्रवादी चेतना 19वीं सदी के अन्तिम दशकों में तेज़ी से विकसित हो रही थी, वह अपनी सदी के भौतिक–सामाजिक परिवर्तनों की देन थी। इतिहास इस आत्मबोध की पुनर्रचना के प्रयासों के केन्द्र में था। 19वीं सदी में इतिहास लेखन के सबसे व्यवस्थित प्रयत्न अंग्रेज़ों के माध्यम से हुए लेकिन जल्दी ही अंग्रेज़ी शिक्षा प्राप्त अनेक भारतीय भी इतिहास लेखन के क्षेत्र में उत्तर आये। *इतिहासतिमिरनाशक* 19वीं सदी के सातवें दशक में हिन्दी की पहली ऐसी पुस्तक थी जिस पर प्राच्यविदों और अन्य अंग्रेज़ इतिहासकारों द्वारा अपनायी गयी इतिहास सम्बन्धी शोध की आधुनिक पद्धतियों का सबसे गहरा और स्पष्ट असर था।

शिवप्रसाद ने अपने समय के अन्य हिन्दी लेखकों की तरह मध्यकाल को हिन्दू सभ्यता–संस्कृति के लिए संकट बताया। उनके अनुसार मुस्लिम शासन काल में चारों ओर आतंक और अराजकता फैली हुई थी जिससे भारत की प्रगति का मार्ग अवरुद्ध हो गया था। उन्होंने अकबर के राज और उसके स्वभाव की प्रशंसा करने के बावजूद उस काल को हिन्दुओं के लिए सर्वत्र यातना का काल माना। शिवप्रसाद ने अकबर का मूल्यांकन जिस प्रकार किया उसकी तुलना में भारतेन्दु और उनके सहयोगी लेखक राधाकृष्ण दास और प्रेमधन का मूल्यांकन बेहद नकारात्मक था। भारतेन्दु और राधाकृष्ण दास ने अकबर के चरित्र को खलनायक के साँचे में ढालने की कोशिश की। शिवप्रसाद ने पहली बार हिन्दी में प्राचीन काल से लेकर अंग्रेज़ी शासन तक उत्तर भारत के इतिहास का समग्र ढंग से वर्णन करने का प्रयास किया जिसने इतिहास और मिथ–पुराण के बीच सही भेद को उजागर किया।

19वीं शताब्दी के उत्तरार्द्ध में साम्राज्यवादी लेखकों ने अपने लेखन के द्वारा राष्ट्रवाद के रूप में साम्प्रदायिक भावभूमि को व्यवस्थित करने का प्रयास किया। इसी कारण हेनरी इलियट ने मुस्लिम शासकों के कुकृत्य का बयान करते हुए लिखा :

'हाँ ऐसे शासक को वहाँ हमें देखकर आश्चर्य नहीं करना चाहिए कि न्याय के स्रोतों में अनाचार है। भूमिकर बलप्रयोग के बिना नहीं प्राप्त होता।

गाँव जला दिये जाते हैं, वहाँ के निवासियों के हाथ–पैर काट दिये जाते थे और उन्हें बेचकर दास बना दिया जाता है। रियासत के कर्मचारी रक्षा नहीं करते क्योंकि वे स्वयं लुटेरे हैं और प्रजा का माल हड़प लेते हैं।'[28]

राष्ट्रवादियों द्वारा की गयी आलोचना में जिस 'लूट' शब्द का प्रयोग किया गया उसे समझना ज़रूरी है, हिन्दी के प्रसार पर अपने भाषण में भारतेन्दु ने 'लूट' को विदेशी शासन की बुराई और उसके अस्तित्व को मूल कारण बताया। उन्होंने इसे इस प्रकार व्यक्त किया–

कल के कल खल छलन सों छले इते के लोग।
नित नित धन सों घटत है बढ़त है दुःख सोग।।
मारकीन मलमल बिना चलत कछू नहिं काम।
परदेशी जुलहान के मानहु भये गुलाम।।

(भारतेन्दु समग्र)

अर्थात् पराधीन भारत के स्त्री–पुरुष के जीवन पर आज के साम्राज्यवादी का शक्तियों का गहरा प्रभाव पड़ रहा है। उन्होंने शोषित और शोषक के सम्बन्ध को दो जाने–पहचाने प्रतीकों 'मान्चेस्टर' और लूट के द्वारा स्पष्ट किया। सम्बन्धों की कठोरता को इस 'मुकरी' के रूप में व्यक्त किया–

भीतर भीतर सब रस चुसैं।
हंसि हंसि के तन–मन–धन 'मूसै।।

(भारतेन्दु समग्र)

नवजागरण कालीन लेखकों की इतिहास दृष्टि उनके स्त्री–विषयक दृष्टिकोण के आधार पर विश्लेषित की जा सकती है। उमा चक्रवर्ती ने अपने लेख *'वार एवर हैंप्पड टू वैदिक दासी'* में राजा राममोहन राय, दयानन्द सरस्वती और बंकिमचन्द्र चट्टोपाध्याय के स्त्री विषयक विचारों का अध्ययन एक ओर उभरते हुए राष्ट्रवाद के सन्दर्भ में किया है, तो दूसरी ओर प्राच्यविदों और मिशनरियों द्वारा भारत के सम्बन्ध में प्रचारित धारणाओं के सन्दर्भ में किया है। उनका निष्कर्ष है :

'स्त्रियों से जुड़े मामलों के सन्दर्भ में 19वीं सदी का पूरा ध्यान उच्च जाति की हिन्दू स्त्रियों पर केन्द्रित था, चाहे वह अतीत में उनकी उन्नत दशा को प्रकट करता हो या वर्तमान में उनकी निम्न दशा में सुधार करने की चेतना हो। स्त्री विषयक विचारों के केन्द्र में उसकी आध्यात्मिक शक्ति

व सहधर्मिणी मॉडल केन्द्र में था क्योंकि राष्ट्र के पुनर्निर्माण में उन्हें अन्य भूमिकाओं के निर्वाह के लिए उपयोग किया जा सकता था।'[29]

19वीं सदी के अन्य लेखकों की भाँति भारतेन्दु ने भी स्त्रियों की सामाजिक–राजनीतिक दशा और स्त्री–पुरुष सम्बन्धों पर विचार करने के लिए इतिहास का एक अनिवार्य सन्दर्भ की तरह प्रयोग किया क्योंकि तत्कालीन विमर्श में प्राचीन काल से चले आ रहे स्त्रियों के व्यक्तित्व के पुनर्गठन को रेखांकित करने का प्रयास किया जा रहा था। राष्ट्रीयता और धर्म के मध्य जारी विमर्श का असर भारतेन्दु पर पड़ा। इसी दौर में राष्ट्र को स्त्री रूप में परिकल्पित की धारणा ने दृढ़ रूप धारण किया। राष्ट्र को एक स्त्री के रूप में प्रस्तुत करने से उसके साथ इतिहास में होने वाले अत्याचारों के ख़िलाफ़ भावनाएँ भड़काना आसान हो सकता था। राष्ट्र को एक माँ के रूप में व्यक्त करने से एक नयी विचारधारा का जन्म हुआ। 19वीं सदी में राष्ट्र का हिन्दू आख्यान आगे चलकर आर्य समाजी श्रद्धानन्द, सावरकर और गोलवलकर के द्वारा उग्र रूप में व्यक्त हुआ।

19वीं सदी में प्राचीन आर्य सभ्यता के दावे असंगत नज़र आने लगे थे। हिन्दू वर्णव्यवस्था के प्रश्न भी जटिल रूप में सामने आ रहे थे। इस पृष्ठभूमि में नवजागरण काल की परम्परा और आधुनिकता, धर्म व राष्ट्र, इतिहास और राजनीति के द्वन्द्व और सम्बन्ध को समझने में प्रतापनारायण मिश्र के लेखन ने महत्त्वपूर्ण भूमिका निभायी। 1888 ई. में लिखा गया उनका निबन्ध *'श्री भारत धर्म महामण्डल'* जिसमें नवजागरणकालीन लेखकों द्वारा उठाए गये राष्ट्र, हिन्दुत्व और आर्य के समीकरणों को दिखाया गया है, राष्ट्रीयता के विमर्श की पृष्ठभूमि को समझने में मदद करता है। प्रतापनारायण मिश्र हिन्दू धर्म को संगठित करने के लिए जिन मतवादों का विरोध कर रहे थे उनके बिना हिन्दू धर्म को समझा नहीं जा सकता अथवा उन्हें दूसरे धर्मों के साँचों में नहीं ढाला जा सकता। वस्तुतः 'हिन्दी नवजागरण' के केन्द्र में धार्मिक–सांस्कृतिक प्रश्नों को नये ढंग से उठाना और उन्हें एक नये रूप में अभिव्यक्त करना शामिल था।

प्रतापनारायण मिश्र की इतिहास दृष्टि अपने युग के भारतेन्दु और शिवप्रससाद जैसे लेखकों से भिन्न नहीं थी। वह भी मुसलमानों को हिन्दू धर्म के लिए दुश्मन मानते थे, मुसलमान तो केवल हिन्दू धर्म को नुकसान ही पहुँचा सकते थे। मुसलमानों के बारे में वह लिखते हैं :

'हिन्दुस्तान में मुसलमानों की संख्या थोड़ी, धन थोड़ा, विद्या थोड़ी, फिर क्यों वे गाय मार डालें, हम अपने ठाकुर न निकाल पावें, हमारे देवताओं और ऋषियों को निर्लज्ज गाली बकें, हम उनकी किताबों के अनुसार सीधा जवाब भी न दे सकें।'[30]

प्राच्यवादियों ने हिन्दू ऐतिहासिक गौरव का आख्यान जिस वैदिक सर्वोत्कृष्टता और महानता के आधार पर रचा था उसने 19वीं सदी के अन्त तक राष्ट्रीय चेतना के विकास के उद्देश्य को हिन्दू धार्मिक समुदाय के ऐतिहासिक प्रभुत्व की पुनर्स्थापना से जोड़ दिया, तो दूसरी ओर राष्ट्रीयता के विकास में मदद की। नवजागरणकालीन लगभग सभी लेखकों ने पुराणों का प्रयोग केवल इतिहास की तरह ही किया। बालकृष्ण भट्ट ने हिन्दू धर्म की ऐतिहासिक अवस्था की चर्चा समाज सुधार के साथ–साथ राष्ट्रीयता की व्याख्या और निर्माण के व्यापक उद्देश्यों के आधार पर भी की। वेदों का पक्ष लेते हुए उन्होंने अपने 1910 के निबन्ध *'वेद क्या है?'* में लिखा–

'राष्ट्रीयता का तो वेद आधार है। जब तक हम वैदिक पथ का अनुसरण करते रहे हिन्दू जाति बराबर प्रबल रही। उधर बौद्ध और जैनियों का उमड़ना इधर पुराण और तन्त्रों के प्रचार ने देश में ऐसी मन्द बुद्धि पैदा कर दी कि हम बराबर क्षीण सत्व और क्षीण बल होते गये।'[31]

बालकृष्ण भट्ट के पुराणों की निंदा और वेदों की प्रतिष्ठा पर जो विचार थे, वे अपने समय के समकालीन लेखकों से काफ़ी भिन्न हैं।

19वीं सदी में आर्य का प्रश्न हिन्दू धर्म की अस्मिता से जुड़ा हुआ प्रश्न था। हिन्दी का समूचा नवजागरण कालीन चिन्तन कुरीतियों और आडम्बरों को समाप्त करने की दृष्टि से हिन्दू धर्म की आन्तरिक संरचना में सुधार की बात तो कहता था, लेकिन हिन्दुओं की सांस्कृतिक–धार्मिक अस्मिता का उपयोग किये बग़ैर हिन्दुओं के राजनैतिक पुनरुत्थान को असम्भव मानता था। भक्ति आन्दोलन में धार्मिक संस्थाओं और विचारों से राजनीतिक ढाँचे को नियन्त्रित करने का कोई स्पष्ट सरोकार नहीं मिलता। बालकृष्ण भट्ट ने ब्रिटिश सरकार के अत्याचारों को उजागार करने के लिए विगत गौरव की जिस प्रकार से चर्चा की, वह उनकी राष्ट्रीय भावनाओं की परिचायक है।

पश्चिमोत्तर प्रान्त में हिन्दी नवजागरण के एक और प्रमुख लेखक राधाकृष्ण दास थे। उनका उपन्यास *'निस्सहाय हिन्दू'* (1885) हिन्दू धर्म

के मानने वालों की असहायता और निर्बलता को प्रस्तुत करता है, उसमें मुसलमानों के मध्यकाल से जारी अत्याचारों का वर्णन है। उपन्यास का नायक मदन मोहन एक सभा में भाषण देता हुआ कहता है,

"भारतवर्ष की कैसी दुरावस्था है? हा, यह भारतवर्ष सारे संसार में श्रेष्ठ था। अब सभी इससे घृणा करते हैं। अब वे प्राचीन महात्मा लोग, जिनसे भारतवर्ष की उन्नति थी, कहाँ चल दिये? हे भगवान, श्री रामचन्द्र जी और श्री कृष्ण चन्द्र जी आप लोग कहाँ हैं?"[32]

19वीं सदी में राष्ट्रीयता के उदय और उसमें साम्प्रदायिक चेतना के मेलजोल से जिस मानसिकता का जन्म हुआ, राधाकृष्ण दास की यह कृति इसका अप्रतिम उदाहरण पेश करती है। एक ओर हिन्दू धर्म के संघर्ष को हिन्दू राजा के माध्यम से दिखाया गया है वो वहीं दूसरी ओर उसके विगत गौरव का भी स्मरण किया गया है। मध्यकाल के हिन्दुओं की मुस्लिम सहिष्णुता व उदारता का एक भी प्रतीक उस समय स्वीकार नहीं था। वे मुसलमानों की दुर्भावनाओं को उजागर करना चाहते थे तथा महाराणा प्रताप जैसे राजाओं को उनके अपने सामन्ती आर्थिक–राजनीतिक ढाँचे के परिवेश से काटकर एक राष्ट्रीय चरित्र के रूप में प्रस्तुत करना चाहते थे।

राधाकृष्ण दास के अलावा भारतेन्दु, प्रतापनारायण मिश्र, बालकृष्ण भट्ट आदि लेखकों ने ऐतिहासिक विषयों पर अनेक मौलिक कृतियों की रचना की। इनका उद्देश्य हिन्दू राष्ट्रीयता के पक्ष में ऐतिहासिक आधार निर्मित करना था। उन्होंने इतिहास लेखन के अभाव के बहुत से कारण गिनाए जिनमें जाति–प्रथा, धर्म–विप्लव, लौकिक की अपेक्षा पारलौकिक में रुचि होना आदि अनेक चीज़ें शामिल थीं। लेखन के सामाजिक–राजनीतिक कारणों का विवरण देने के साथ उन्होंने पुरातत्व की आधुनिक पद्धतियों के महत्त्व को भी रेखांकित किया। इसके अतिरिक्त शोध के लिए स्थानीय साहित्य पर भी ज़ोर दिया वस्तुतः अपने अतीत से वे ऐसी चीज़ें निकालकर सामने लाना चाहते थे जो पराधीन देशवासियों को गौरव का बोध कराकर आत्महीनता की भावना से उबार सके।

उन्नीसवीं सदी में बालमुकुन्द गुप्त के भी विचार अन्य समकालीन लेखकों से भिन्न नहीं थे। वे भी हिन्दू समुदाय के हितों को सर्वोपरि मानते थे साथ ही मुसलमानों के द्वारा उस पर हुए अत्याचारों का हवाला देकर हिन्दुओं के प्रति अपनी विशेष सहानुभूति और चिन्ता व्यक्त करते थे।

जिस प्रकार राजपूती शान और हिन्दू राष्ट्रीयता सम्बन्धी प्रतीकों का संस्करण तैयार किया जाता था, उसी प्रकार हिन्दी भाषा से जुड़े मुद्दों पर भी मध्यकाल के हिन्दू–मुस्लिम मेल के बीच मौजूद सांस्कृतिक–धार्मिक दूरी और द्वन्द्व की चर्चा की जाती थी। 'भारत मित्र' के एक अंक में भारत की परिस्थितियों के बारे में गुप्त ने लिखा :

"भारतवासियों ने बहुत कुछ देखा है और देख रहे हैं। इस देश के ऋषि–मुनि जब वनों में जाकर तप करते थे और वहाँ के नरेश उनको आज्ञा से प्रजा पालन करते थे वह समय भी देखा। फिर मुसलमान इस देश के राजा हुए और पुराना क्रम मिट गया, वह भी देखा, अब देख रहे हैं कि सात समुद्रपार से आयी हुई एक जाति के लोग जो पहले बिसाती के रूप में आये थे और छल, बल और कौशल से यहाँ के प्रभु बन गये। यह देश और यहाँ की स्वाधीनता उनकी मुट्ठी की चिड़िया बन गयी और भी न जाने क्या क्या देखना पड़ेगा।"[33]

बालमुकुन्द गुप्त के दृष्टिकोण की सांप्रदायिक सीमाएँ स्पष्ट हैं। लेकिन देश की अवनति पर विचार करने के क्रम में उन्होंने अपनी रचनाओं में रूढ़िवादी मान्यताओं का भी विरोध किया। हालाँकि उन्होंने छुआछूत जैसी कुप्रथा के ख़िलाफ़ लिखा, लेकिन उनका स्वर शिथिल था और उन्होंने हिन्दू धर्म की उस परम्परागत मान्यता के प्रति पक्षधरता बनाये रखी जिसमें नारी को नरक का द्वार और माया का दुर्ग माना गया है। बालमुकुन्द के समय में ऐतिहासिक विश्लेषण प्रायः धार्मिक विशेषताओं के गुणगान की सीमाओं में बँधकर या हिन्दू और मुसलमान के दायरे में बँधकर ही सम्भव हो सकता था। उन्होंने सामाजिक चेतना को राष्ट्रभक्ति के कोण से देखकर उसकी सपाट ढंग से व्याख्या की।

कार्तिक प्रसाद खत्री का साहित्य इस युग के साहित्य के विकास की दृष्टि से काफ़ी महत्त्वपूर्ण है। उनके द्वारा रचित *'अहिल्याबाई का जीवन चरित'* मुस्लिम सत्ता का विरोध करने वाले और उच्च कुलीन क्षत्रिय ब्राह्मण संस्कृति की श्रेष्ठता को साबित करने वाले हिन्दू शासकों की जीवनी है। 19वीं सदी के लेखकों द्वारा लिखी जीवनियों का मकसद था हिन्दू धर्म के लोगों को उनकी वीरता और महानता के बारे में सचेत कर उन्हें संगठित और ताक़तवर बनाना। खत्री ने *'छत्रपति शिवाजी का जीवन चरित्र'* जीवनी की भूमिका में लिखा है :

"कृतज्ञतापूर्वक मैं स्वीकार करता हूँ कि इस पुस्तक को लिखने में मैंने नीचे लिखी पुस्तकों की सहायता ली है। C.M. Marshman's History of India, श्रीयुत् बाबू रजनीकान्त गुप्त की 'वीर महिमा', श्रीयुत् बाबू रमेशचन्द्र दत्त का 'भारतवर्षीय इतिहास', भारतेन्दु बाबू द्वारा लिखित 'महाराष्ट्र देश का इतिहास' तथा भूषणकवि का 'शिवराज भूषण।'[34]

भारतेन्दु युग में नाटकों और कविताओं के माध्यम से वीर, महान और त्यागी हिन्दू चरित्रों को प्रस्तुत किया जा रहा था। हिन्दू चरित्रों के कार्यों का स्मरण दिलाने के लिए उनकी जीवनियाँ भी लिखी जा रही थीं। मोहक और गौरवशाली अतीत के नाम पर जिस आत्मविश्वास और स्वाभिमान को पाने की कोशिश तत्कालीन हिन्दी लेखक कर रहे थे, उसकी अभिव्यक्ति अक्सर हिन्दुओं और मुसलमानों के बीच अनवरत जारी संघर्षों के रूप में की गयी। लेकिन देवी प्रसाद मुंसिफ जैसे हिन्दी नवजागरण के लेखक भी थे जिन्होंने हिन्दू धर्म की व्यवस्थाओं और दार्शनिक चिन्तन से असहमत दिखने वाले इस्लाम की निंदा तो की लेकिन साथ ही हिन्दुओं को राजनीतिक–धार्मिक दृष्टि से कमज़ोर करने वाले बौद्ध–जैन मत की भी निंदा की। वे विभिन्न धर्मों, सम्प्रदायों को मानते तो थे, लेकिन उन्हें हिन्दू धर्म के सामने चुनौती और प्रतिद्वन्द्विता के रूप में भी देखते थे।

बांग्ला साहित्य के प्रमुख साहित्यकार बंकिमचन्द्र के राष्ट्रवाद की अवधारणा का हिन्दुवाद की ओर झुकाव था। बंकिम चन्द्र के 'आनन्दमठ' में मुस्लिम उत्पीड़कों के विरुद्ध जो संघर्ष दिखाया गया उससे विद्वानों में वह घोर वाद–विवाद का विषय बन गया। यह पक्षपात देशभक्तों अथवा राष्ट्रवादी समूहों तक ही सीमित नहीं था बल्कि राष्ट्रवादियों के लगभग सभी वर्गों तक फैला हुआ था। मुस्लिम विरोधी प्रवृत्ति बार–बार उभरी लेकिन फिर भी इस प्रवृत्ति को राष्ट्रवादी विचारधारा के अंग के रूप में जान–बूझकर प्रस्तुत नहीं किया गया। 'आर्थिक राष्ट्रवाद' के प्रवर्तक के रूप में विख्यात आर. सी. दत्त अंग्रेज़ी शासन द्वारा देश के शोषण का शक्तिशाली रूप में पर्दाफाश करने के लिए जाने जाते थे। जोकि अपनी आदतों और विचारों के स्तर पर वह पाश्चात्य रंग में रँगे हुए थे।

भारतीय राष्ट्रवाद एक व्यापक शक्ति थी जिसने लोगों को कई स्तरों पर आकृष्ट किया, उसने लोगों के जीवन के विभिन्न पक्षों को जैसे सामाजिक प्राणी के रूप में उनका अस्तित्व, व्यावसायिक वर्ग अथवा

आर्थिक वर्ग के सदस्यों के रूप में उनकी पहचान, धर्म, जाति अथवा उप–जाति के सदस्य के रूप में उनकी भाषाई पहचान, तथा स्त्री या पुरुष के रूप में उनकी पहचान को प्रभावित किया।

उन्नीसवीं सदी के उत्तरार्द्ध के औपनिवेशिक भारत की परिस्थिति में भारतीय राष्ट्रवाद में ऐसी सम्भावनाएँ निहित थीं, जो राजनीतिक–आर्थिक कारणों से उभरी सांप्रदायिक प्रवृत्तियों को जन्म दे सकती थीं। इस कारण उस समय की प्रवृत्तियों एवं शक्तियों को अभिव्यक्ति देने वाले लेखकों को मात्र एक व्यक्ति के रूप में नहीं, बल्कि प्रतिनिधि व्यक्तियों के रूप में देखना उचित होगा। कहीं–कहीं भारतीय राष्ट्रवाद स्पष्ट रूप से धर्मनिरपेक्ष एवं सांप्रदायिक, आर्थिक और सांस्कृतिक तथा नरम दल एवं गरम दल के बीच विभाजित दिखायी देता है। रवीन्द्रनाथ टैगोर ने धार्मिक समुदायों अथवा राष्ट्रवादी मिथकों की बहुत कम चर्चा की है। राष्ट्र की परिभाषा उन्होंने इस प्रकार दी है :

'यह लोगों का राजनीतिक और आर्थिक संघ है, उस अर्थ में कि जब समस्त जनता किसी यांत्रिक प्रयोजन से संघटित होने की स्वीकृति दे देती है। यहाँ बल संघटन और यांत्रिक स्तर पर दिखता है। पश्चिम का राष्ट्र–राज्य के मामले में समविस्तृत है, यह भौतिक उन्नति में संलग्न जनता का एक यांत्रिक संघटन है, अतएव इसका स्वरूप अनिवार्य रुप से आक्रामक व साम्राज्यवादी होता है।'[35]

टैगोर ने भारतीय इतिहास में राष्ट्रवाद के अभाव को पराजित लोगों की वकालत करने जैसा समझा है। टैगोर की ब्रिटिश राज के कर्मकाण्ड के प्रति छींटाकशी, उनकी निष्पक्षता, अन्ध देशभक्ति का अभाव उन्हें ब्रिटिश प्रशंसकों एवं भारतीय देशभक्तों दोनों में कहीं ऊँचा दरजा प्रदान करती थी–उनकी यही विशेषताएँ राष्ट्रवादी वाग्मिता की तुलना में सत्ता की कहीं अधिक प्रभावशाली आलोचना थी।

गाँधीजी की कई अपीलों के बावजूद टैगोर ने राष्ट्रीय स्वतन्त्रता आन्दोलन के दौरान निषेधात्मक अथवा विध्वंसक कार्रवाई के लिए कभी अपनी स्वीकृति प्रदान नहीं की। टैगोर ने देशवासियों को अपने निजी प्रयासों से न कि विदेशी शासकों से भीख माँगकर, अपने समाज को सुधारने व उसे पुनःर्जीवित करने का आह्वान किया। जाति व धर्म के बन्धनों को तोड़कर कृषि सम्बन्धी सुधार, समाज कल्याण तथा शिक्षा को लागू करने के लिए कहाँ गाँधी ने टैगोर के इस दृष्टिकोण का आदर किया

और उन्हें भारत के अन्तःकरण का पोषक माना। अपने समय के अन्य विचारकों की तुलना में टैगोर की सिविल सोसाइटी की कल्पना पूर्णतया स्पष्ट थी।

वे 'रचनात्मक लाभों द्वारा अपने देश की सेवा करने के पक्ष में थे। उन्हें भारत में विश्वास है–उसकी भावी सम्भावनाओं तथा उसके महान अतीत में भी लेकिन उन्हें राष्ट्रवाद में विश्वास नहीं है। भारत की महानता मानवीय मूल्यों को स्वीकृति देने में है–सामाजिक सभ्यता का सन्देश देने में है। विश्व समस्याओं का एकमात्र स्थायी हल–अन्तर्राष्ट्रीय संघर्षों के सन्दर्भ में–इस तथ्य को स्वीकार करने में है कि समाजीकरण इसका एकमात्र निदान है।[36]

उन्नीसवी सदी के मध्य में राष्ट्रवाद इतना परिपक्व नहीं था जिससे कि वह भारतीय हितों का साम्राज्यवाद से जो अन्तर्विरोध था उसे सही ढंग से व्यक्त कर सके। राष्ट्रवाद एक बहुत बड़ा संकट था जिससे वह अनेक समस्याओं का कारण भी बना। पुराने इतिहासकार, लेखक अपने अन्वेषण के द्वारा भारतीयता के भावबोध से जुड़ी राजनीतिक चेतना को साबित करने का प्रयास कर रहे थे। वह अतीत की विरासत को सम्भालकर राजनीतिक स्वरूप को स्वीकार करने के लिए तैयार हो रहे थे। इन इतिहासकारों एवं लेखकों में राजेन्द्र लाल मित्र और आर. जी. भंडारकर जैसे विद्वान शामिल थे। राष्ट्रवादी भावना को जगाने के मकसद से बंगाल में एक हिन्द मेले का आयोजन 1867 में किया गया जिसमें देशभक्ति गीतों, कविताओं एवं भाषणों के कार्यक्रम हुए। साथ ही देश की आर्थिक–सामाजिक दशा पर भी विचार–विमर्श किया गया। 1871 में एक 'नेशनल सोसायटी' नामक संगठन की स्थापना की गयी जिसका लक्ष्य हिन्दुओं को उनके पराक्रम, शौर्य और महानता की गौरवपूर्ण अस्मिता से अवगत करा उनमें राष्ट्रीय भावना का विकास करना था।

हिन्दू हितों और भावनाओं को राष्ट्रीयता के लक्ष्य के साथ जोड़ने वाले नवगोपाल का कहना था :

"राष्ट्रवाद मूलतः एकजुटता पर आधारित होता है। विभिन्न लोगों के मध्य विभिन्न साधनों से जैसे ग्रीक, रोमन और अंग्रेज़ों के बीच स्वतन्त्रता के प्रति प्रेम या यहूदियों में मूसा के कानून से पैदा होती है। भारत में राष्ट्रीय एकता का आधार हिन्दू धर्म है। हिन्दू राष्ट्रीयता सभी हिन्दुओं से सम्बद्ध है चाहे उनकी भाषा या प्रान्तीयता कुछ भी हो।

हिन्दुओं की नियति अपने को एक धार्मिक राष्ट्र के रूप में संगठित कर लेने की है।"[37]

राष्ट्रवादी चेतना जो 19वीं सदी के अन्तिम दशकों में तेज़ी से विकसित हो रही थी, उसका मूल कारण भौतिक सामाजिक परिवर्तन था। यह चेतना सांस्कृतिक आत्मबोध की पुनर्रचना के बिना नहीं की जा सकती थी और आत्मबोध की पुनर्रचना में इतिहास का केन्द्रीय भूमिका में रहना अनिवार्य था। इसी इतिहास के जरिये एक ओर साम्राज्यवाद, तो दूसरी ओर धर्म विशेष के प्रभुत्व की पुनर्स्थापना के खतरों को जवाहरलाल नेहरू ने बखूबी समझा। उन्होंने राष्ट्रवाद की आलोचना करते हुए जो कुछ भी कहा वह उनके क्रान्तिकारी राजनीतिक दृष्टिकोण का ही परिणाम है। नेहरू ने देश की राजनतिक–साामाजिक स्वाधीनता पर ज़ोर दिया। वे समाजवाद की विचारधारा का कांग्रेस के बीच प्रसार करना चाहते थे। उनके दृष्टिकोण में हिंसा और बल के लिए भी जगह थी। उनका विचार था,

"यह कल्पना मिथ्या है कि प्रभुत्वशाली साम्राज्यवादी ताक़त किसी देश पर अधिकार छोड़ देगी या कोई वर्ग अपने विशेष अधिकार और समाज में ऊँची स्थिति छोड़ देगा। जब तक उस पर ऐसा कारगर दबाव न डाला जायेगा जो दमन के समान होगा।'[38]

नेहरू के अनुसार कांग्रेस का आन्दोलन चूँकि पूँजीवादी था, इसलिए उसका सम्बन्ध राष्ट्रवाद से था। कांग्रेस का मकसद केवल राजनीतिक स्वाधीनता थी समाज–व्यवस्था में परिवर्तन करना नहीं। राजनीतिक स्वाधीनता राष्ट्रवाद का द्योतक है और समाज व्यवस्था में परिवर्तन राष्ट्रवाद से बाहर निकलना है। उन्होंने कहा :

"मेरा दृष्टिकोण अपेक्षाकृत अधिक व्यापक था और मुझे राष्ट्रवाद अपने आप में निश्चित रूप में एक संकीर्ण और अपर्याप्त सिद्धान्त प्रतीत होता था। राजनीतिक स्वतन्त्रता, स्वाधीनता निःसन्देह आवश्यक थे, किन्तु वे सही दिशा में क़दम मात्र थे : सामाजिक स्वतन्त्रता तथा समाज और राज्य की समाजवादी किस्म की संरचना के बिना न तो देश का और न व्यक्ति का पर्याप्त विकास हो सकता था।"[39]

इस प्रकार राष्ट्रवाद का उद्देश्य समाजवादी संरचना स्थापित करना नहीं है, बल्कि शोषित और उत्पीड़ित जनता के अन्दर भाईचारे की भावना तथा वर्गचेतना के आधार पर विकसित होने वाली धारणा को विकसित करना है। नवजागरण में विकसित राष्ट्रवाद एक तो यह रूप था जबकि

दूसरा रूप शोषित जनता के अन्तर्राष्ट्रीय भाईचारे पर बल देता था और समाजवादी लक्ष्य की प्राप्ति को भी ज़रूरी मानता था। नवजागरण के दौरान पायी जाने वाली यह पूँजीवाद विरोधी चेतना और साम्राज्यवादी विरोधी चेतना दोनों ही महत्त्वपूर्ण है। डॉ. रामविलास शर्मा ने नेहरू के इस क्रान्तिकारी दृष्टिकोण की व्याख्या करते हुए लिखा है :

'नेहरू जी के लेखन का ऐतिहासिक महत्त्व यह है कि उसमें सुधारवाद की बहुत अच्छी आलोचना है।'[40]

एक ओर नवजागरण की ये कोशिशें थीं तो दूसरी ओर इसके बरअक्स अंग्रेज़ी शिक्षा के प्रभाव से भारतीय समाज में एक नया शिक्षित भद्रवर्ग पैदा हुआ जिसने विभिन्न क्षेत्रों में भारतीय हितों की वकालत और समर्थन किया। यह शिक्षित भद्रवर्ग प्राच्यवादियों से जुड़ा जिनमें जेम्स, मिल, इलियट, एलफिंस्टन आदि थे। अपनी अवधारणााओं के प्रभाव से राष्ट्रवाद से जुड़ने के बावजूद ये इन प्राच्यवादियों के समर्थन से जुड़ गये। यह प्रवृत्ति नवजागरणकालीन लेखकों भारतेन्दु हरिश्चन्द्र, प्रतापनारायण मिश्र और राधाकृष्ण दास से लेकर बंगाल के लेखकों में भी दिखाई देती है। इन्होंने भारत की दुर्दशा का कारण हिन्दुओं की कायरता और स्वाधीनता के प्रति प्रेम के अभाव को बताया। इन लेखकों ने सबसे अधिक सहारा प्राच्यवादी लेखन से लिया। इतिहास–लेखन का प्रभाव पश्चिम की ओर से खड़ी की जा रही एक सांस्कृतिक चुनौती का सामना करने तक ही सीमित नहीं थीं बल्कि इससे देश के भीतर धर्म के प्रति विभाजन, हिन्दुओं–मुसलमानों के बीच बढ़ती भौतिक–मनोवैज्ञानिक दूरी और साझे राष्ट्रवाद के बीच जन्म लेती दरारों ने भी कई चुनौतियाँ पैदा कीं। भारतीय समाज में कुछ ऐसे समाज–सुधारक भी मौजूद थे जो शिक्षा पर औपनिवेशिक राज्य की पहलों के ख़िलाफ़ भारतीय शिक्षा के समर्थक थे। शिक्षा सम्बन्धी औपनिवेशिक और राष्ट्रवादी विचारों के अपने अध्ययन के सिलसिले में कृष्णकुमार ने इस धारणा को ग़लत बताया है कि रानाडे, विद्यासागर, दयानन्द सरस्वती और बंकिमचन्द्र के शिक्षा सम्बन्धी विचार अपने सामाजिक उद्देश्यों और ब्यौरों में अंग्रेज़ी शासकों के विचार से अलग थे। लेकिन इस आलोचना को पूरी तरह सही नहीं माना जा सकता। यह दरअसल नवजागरण में शिक्षा के निजी प्रयत्नों के महत्त्व को कम करके आँकता है। वे भारतीय समाज सुधारक के प्रश्न पर तीन मुद्दों को

अहमियत देते थे—आधुनिक ज्ञान—विज्ञान की शिक्षा, व्यापक जनता की शिक्षा और देशी भाषाओं के माध्यम से शिक्षा।"[41]

आशीष नन्दी ने लिखा है :

'अंग्रेज़ प्रशासन अतीत की गौरवमयी स्मृतियों को राष्ट्रवादी चेतना के विकास का स्रोत बनने से रोकने का हरसम्भव प्रयास कर रहे थे। हकीकत यह थी कि पश्चिमी सम्पर्क और नागरीय सभ्यता में उच्च शिक्षा प्राप्त बौद्धिकों के लिए चमत्कारपूर्ण मिथक, पराक्रमी हिन्दू शासकों के वृत्तांत और प्राचीन अतीत के आह्वान के बगैर राष्ट्रवाद की कल्पना भी असम्भव हो गयी थी। हिन्दू समाज के एक सुसंगठित इकाई के रूप में मौजूद होने की कल्पना राष्ट्र निर्माण का आधार बनती चली गयी।'[42]

19वीं सदी के राजनीतिक परिदृश्य में प्राचीन अतीत के उद्बोधन के विनम्र प्रयास 20वीं सदी में पहुँचकर दृढ़ प्रतिरोध और खण्डन की भाषा में बदल गये। वस्तुतः सच यह है कि राष्ट्रवाद का उग्र रूप दुनिया के लिए अभिशाप सिद्ध हुआ और उसके कारण राष्ट्रीय एवं अन्तर्राष्ट्रीय हानियाँ हुईं, लेकिन इस तथ्य को भी अस्वीकार नहीं किया जा सकता कि अपने विशुद्ध रूप में ख़ासकर साम्राज्यवाद और उपनिवेशवाद विरोधी संघर्षों के सन्दर्भ में यह वरदान भी साबित हुआ है क्योंकि राष्ट्रीयता अथवा राष्ट्र निर्माण में जिन तत्त्वों का योगदान होता है, प्रायः वे ही तत्त्व राष्ट्रवाद के विकास में सहायक होते हैं।

सन्दर्भ

1. प्रो. नामवर सिंह, *आलोचना,* अंक—79, पृ. 2
2. शम्भुनाथ—*भारतेन्दु और भारतीय नवजागरण,* पृ. 21
3. *भारतेन्दु समग्र,* पृ. 1013
4. ज्ञानेन्द्र पाण्डेय, *'हिन्दुज़ एण्ड अदर्स',* पृ. 244
5. *भारतेन्दु समग्र,* पृ. 1051
6. *दि एन्साइक्लोपीडिया ऑव फिलासफी,* खण्ड—4, पृ. 69
7. तिलक—*गीता रहस्य,* पृ. 27
8. तिलक—*गीता रहस्य,* पृ. 20
9. *नवजागरण और आचार्य रामचन्द्र शुक्ल,* पृ. 45 से उद्धृत
10. *नवजागरण और आचार्य रामचन्द्र शुक्ल,* पृ. 76 से उद्धृत
11. वही, पृ. 47
12. वही, पृ. 48

13. *विवेकानन्द : कम्पलीट वर्क्स*, खण्ड–5, पृ. 192
14. विपिन चन्द्र, *आधुनिक भारत*, पृ. 174–175 पर उद्धृत
15. *रस्साकशी*, वीरभारत तलवार, पृ. 130
16. वही, पृ. 130–131
17. *हिन्दी साहित्य का वृहत् इतिहास*, सुधाकर पाण्डेय (संपा.) नवम् भाग, पृ. 8
18. विपिन चन्द्र, *आधुनिक भारत*, पृ. 105
19. *रस्साकशी*, वीर भारत तलवार, पृ. 142
20. वही, पृ. 150 पर उद्धृत
21. *भारतेन्दु समग्र*, पृ. 311
22. *रस्साकशी*, वीर भारत तलवार, पृ. 221
23. *रस्साकशी*, वीर भारत तलवार, पृ. 202
24. *हिन्दी नवजागरण और संस्कृति*, शम्भुनाथ, पृ. 57 में उद्धृत
25. के. दामोदरन्, *भारतीय चिन्तन परम्परा*, पृ. 426
26. *हिन्दी साहित्य का इतिहास*, आचार्य रामचन्द्र शुक्ल, पृ. 318
27. राजेन्द्रलाल मित्र (150वें एनिविर्सरि लेक्चर), *द एशियाटिक सोसायटी*, पृ. 8
28. *भारत का इतिहास* (मूल सम्पादक : इलियट व डाउसन), शिवलाल अग्रवाल एंड कम्पनी, आगरा, पृ.10
29. सौमित्र मोहन (अनु.) *राष्ट्रवाद*, पृ. 79
30. प्रतापनारायण मिश्र, *प्रतापनारायण ग्रन्थावली* (संपा.) विजयशंकर मल्ल, पृ. 380
31. *बालकृष्ण भट्ट, श्रेष्ठ निबन्ध* (स. सत्यप्रकाश मिश्र), पृ. 48
32. राधाकृष्ण दास, *निस्सहाय हिन्दू*, पृ. 10
33. बालमुकुन्द गुप्त, *बालमुकुंद ग्रन्थावली* (संपा. झाबरमल शर्मा), पृ. 136
34. कार्तिक प्रसाद खत्री, *शिवाजी का जीवन चरित*, भूमिका से
35. सौमित्र मोहन (अनुवाद)–*राष्ट्रवाद रवीन्द्रनाथ टैगोर*, भूमिका से
36. वही, पृ. 6
37. राजेन्द्रलाल मित्र, *द एशियाटिक सोसायटी*, पृ. 8
38. *नवजागरण और आचार्य रामचन्द्र शुक्ल*, पृ. 69 में उद्धृत
39. वही, पृ. 71
40. *भारत में अंग्रेज़ी राज और मार्क्सवाद*, डॉ. रामविलास शर्मा, पृ. 218
41. *रस्साकशी*, वीर भारत तलवार, पृ. 29 में उद्धृत
42. इतिहास और राष्ट्रवाद, वैभव सिंह, पृ. 79 में उद्धृत

द्वितीय अध्याय

आरम्भिक हिन्दी स्त्री कथा-साहित्य : संवेदना

आधुनिक युग के प्रारम्भ होने के साथ अन्य क्षेत्रों में बदलाव के साथ–साथ सामाजिक मूल्य भी बदले तथा स्त्री–लेखन में भी नये विमर्श का समायोजन हुआ। अनेक पुरुष कथाकारों और स्वयं स्त्री कथाकारों ने एक स्त्री के नजरिये से स्त्री को देखने–परखने और उसकी समस्याओं से जूझने की कोशिश की। लेकिन कहीं–न–कहीं इस कोशिश में स्त्री परम्परागत छवि लिए महिमामयी बनकर उभरी।हिन्दी साहित्य के प्रारम्भिक दौर में स्त्रियाँ गीत, कविताओं को ही अपनी अभिव्यक्ति का साधन बना अपने आदर्श, रूप, लज्जा, शील और संयमित व्यवहार का निर्वाह करती थीं। वे पारिवारिक मर्यादा, सामाजिक प्रतिबन्धों और वर्जनाओं के कारण पुरुषों की भाँति स्वंतत्र रूप से अपने भावों को अभिव्यक्त नहीं कर पाती थीं। 19वीं शताब्दी के उत्तरार्द्ध में समाज में व्याप्त रूढ़ियों, मान्यताओं, जाति–व्यवस्था, विवाह आदि सभी में धार्मिक, आस्था का भाव इतना प्रबल हो गया कि भौतिक मूल्यों को आध्यात्मिकता के आवरण के बिना नहीं रखा जा सकता था। राष्ट्रवाद के अतिरेक और दंभी पुरुष मानसिकता के चलते स्त्री–लेखन और स्त्री–प्रश्न हिन्दी नवजागरण से लगभग पूरी तरह गायब कर दिये गये। वरना यह ऐसा दौर था कि यदि गम्भीरतापूर्वक और पूरी ईमानदारी से इन दोनों को जगह दी जाती तो आज हिन्दी नवजागरण का अलग रूप हमारे सामने होता।

तब क्या ऐसा अनायास हुआ या इसके पृष्ठ में कुछ दूसरे कारण थे? तत्कालीन साहित्य से ऐसे साक्ष्य मिलते हैं जिनसे संकेत मिलता है कि ऐसा अनायास नहीं, बल्कि सायास किया गया था। सायास इसलिए कि ये सब पुरुष मानसिकता से संचालित था, जिसका आधार शास्त्रों में वर्णित

सन्तवाणी और लोक में प्रचलित स्त्री–धर्म की वह अवधारणा और मान्यता थी जिसके कारण स्त्री–प्रश्नों को जानबूझ कर अनदेखा किया गया। 'स्त्री–धर्म' अर्थात् स्त्री द्वारा पति की अनैतिक, विवेकहीन आज्ञाओं व निर्देशों का पालन करना। यही कारण है कि इस काल में जितना भी स्त्री सम्बन्धी लेखन हमें नज़र आता है, वह पुरुषों का लिखा नज़र आता है।

पं. गौरी दत्त का उपन्यास *'देवरानी जेठानी की कहानी'* (1870), श्रद्धाराम फिल्लौरी का *'भाग्यवती'* (1887) तथा सर सैय्यद अहमद के सहयोगी डिप्टी नजीर अहमद का *'मिरात–उल–उरुस'* इसके सबसे बड़े उदाहरण हैं। तो क्या यह माना जाये कि इस दौर में स्त्री–लेखन का पूरी तरह अकाल था? क्या कारण थे कि अधिकतर धर्मों के पुरुष लेखकों की सोच एक समान थी? शायद इसकी सबसे बड़ी वजह थी सदियों से चली आ रही पितृसत्तात्मक व्यवस्था और धार्मिक ग्रन्थों के पुरुष रचयिता।

हिन्दी कथा–साहित्य का आरम्भ भारतेन्दु युग में हुआ, किन्तु स्त्री–कथाकारों ने इस क्षेत्र में अपनी प्रतिभा का अपेक्षाकृत विलम्ब से परिचय दिया। कहीं–न–कहीं शिक्षा की कमी और सामाजिक कार्यक्षेत्र के सर्वांगीण अनुभव का अभाव इसका कारण था। समीक्षकों ने भी हिन्दी कथा–साहित्य के विकास को प्रस्तुत करते हुए बंग महिला, उषादेवी मिश्रा, महादेवी वर्मा, सुभद्राकुमारी चौहान आदि लेखिकाओं का तो उल्लेख किया है, परन्तु ऐसी अनेक महिलाएँ और भी हैं जिन्होंने अपनी प्रतिभा से साहित्य को विकासोन्मुख करने में विशेष योगदान दिया। कहना न होगा कि स्त्री साहित्य अनेक रूपों में पुरुष साहित्य से भिन्न था, भले ही ऊपरी तौर पर यह भिन्नता बहुत स्पष्ट नहीं थी। आरम्भिक काल में स्त्री की सबसे बड़ी चुनौती थी पुरुष कथा–लेखन की परम्परा के साथ–साथ बिखरी हुई स्त्री कथा–लेखन परम्परा को समेटकर आगे चलना। हिन्दी की आरम्भिक कहानियों से लेकर नवीनतम कहानियों तक यह संघर्ष बदस्तूर जारी है। पर्दा–प्रथा, बहु–विवाह, वैश्या समस्या, विवाह–विच्छेद नारी स्वातन्त्र्य एवं नारी शिक्षा आदि विषयों को साहित्य में स्थान मिला, जिसका प्रमुख कारण स्त्रियों का कहानियों के केन्द्र में होना था। लेखिकाओं ने इस प्रक्रिया में 'परिवार' को भी नहीं छोड़ा। 'परिवार' को खारिज करने की बजाय उसकी रूढ़ियों के ख़िलाफ़ संघर्ष किया।

इस प्रश्न का उत्तर यह है कि हिन्दी साहित्य में आज जो विशिष्ट स्त्री स्वर अलग से पहचाना जा सकता है, उसका साहित्यिक उत्स कहाँ था?

हिन्दी साहित्य में स्त्री को लेकर एक ओजस्वी धारा बौद्धकालीन *थेरीगाथा* से निकलकर भक्ति आन्दोलन के सन्दर्भ में आलवार भक्तों में, बारहवीं सदी में कर्नाटक की अक्क महादेवी, मराठी की महिला सन्त, मीराबाई, नवजागरण काल में पण्डिता रमाबाई, ताराबाई शिन्दे, सीमन्तनी उपदेश की अज्ञात हिन्दू औरत से होकर वर्तमान स्त्री–मुक्ति आन्दोलन तक अविराम गति से उछलती–मचलती पुरुष सत्ता के चट्टानों से टकराती अपना अलग रास्ता तय करती आयी है। बौद्धकालीन थेरियों ने अपने विचारों की खुली और स्पष्ट अभिव्यक्ति करने का साहस दिखाया। अपने तमाम कर्त्तव्यों को बड़ी दक्षता और होशियारी से वे पूरा करती थीं। ये स्त्री–स्वतन्त्रता की प्रारम्भिक वक्ता थीं। पारिवारिक और सामाजिक जीवन में स्त्री–पुरुष सम्बन्ध के सम्यक् स्वरूप पर बुद्ध ने बल दिया था। आठवीं शताब्दी में आन्दोलन और बारहवीं शताब्दी में अक्क महादेवी की आवाज पुरुषों की भोगासक्ति और पुरुष सत्ता के ख़िलाफ़ उठी। जिसने एक नयी सोच की ओर साहित्य को अग्रसर किया।

आधुनिक दौर में राजा राममोहन राय, ईश्वरचन्द्र विद्यासागर, ज्योतिबा फुले, महर्षि घोंडो केशव कर्वे, केशवचन्द्र सेन, स्वामी दयानन्द सरस्वती, सन्त श्रीनारायण गुरु जैसे नवजागरण के पुरोधाओं ने स्त्री–मुक्ति आन्दोलन की शुरुआत की। अन्धविश्वासों और सामाजिक रीति–रिवाजों में जकड़ी भारतीय स्त्रियों को समुचित और बेहतर ज़िन्दगी देने के उद्देश्य से आवाज उठायी गयी। पितृसत्ता की आलोचना करते हुए सन् 1888 में रमाबाई ने *'द हाई कास्ट हिन्दू विमेन'* लिखी, इसमें उन्होंने समाज में फैली कुप्रथाओं और खतरनाक रिवाजों का भण्डा फोड़ किया 'रमाबाई ने पूरी दृढ़ता से यह मान्यता प्रस्तुत की :

'भारत तब तक तरक्की नहीं कर सकता और संसार के देशों में कोई स्थान नहीं बना सकता जब तक हिन्दू घरों में हिन्दू स्त्रियों की स्थितियाँ नहीं सुधरेंगी और संयुक्त परिवार सुखपूर्वक न रहेंगे।'[1]

वैदिक साहित्य के अध्ययन से यह ज्ञात होता है कि भारतवर्ष के समाज में स्त्रियों को बहुत गौरवपूर्ण स्थान प्राप्त था। प्राचीन काल में स्त्रियों की शिक्षा–दीक्षा की सुन्दर व्यवस्था थी और वे सामाजिक कार्यों में महत्त्वपूर्ण भूमिका निभाती थी। वे अध्ययन–अध्यापन के अतिरिक्त युद्धों में जातीं और अपनी वीरता की अमिट छाप छोड़ती थीं। पूर्व वैदिक समाज में स्त्रियों की स्थिति अच्छी थी बाल–विवाह, दहेज–प्रथा,

पर्दा–प्रथा, सती–प्रथा जैसी कुरीतियों का चलन नहीं था, जबकि पुनर्विवाह, नियोग–प्रथा जैसी प्रथाएँ प्रचलन में थीं। इस काल में स्त्रियाँ सभा आदि संस्थाओं में भाग ले सकती थीं, क्योंकि उन्हें शिक्षा का अधिकार पूर्णतः प्राप्त था।

लेकिन पूर्व वैदिक काल की ये विशेषताएँ उत्तर वैदिक काल में बिल्कुल बदल गयीं और स्त्रियों की स्थिति में काफ़ी परिवर्तन हो गया। अब सभा–विद्ध आदि में उनकी भागीदारी नहीं रही, पर्दा–प्रथा, सती–प्रथा आदि का चलन शुरू हो गया। *मैत्रेयी संहिता* में स्त्री की तुलना सुरा तथा पासा जैसी बुराइयों के साथ की गयी है, ऋग्वेद के एतेरेय ब्राह्मण में स्त्रियों को समस्त दुखों का कारण बताया गया है। मनुस्मृति जिसे मानवधर्म शास्त्र की संज्ञा दी गयी है, इसमें सामाजिक वर्ण–व्यवस्था के साथ–साथ स्त्रियों के सम्बन्ध में भी चर्चा की गयी है, जिसमें कहा गया है कि स्त्रियों को वेदाध्ययन का अधिकार तथा सम्पत्ति का अधिकार नहीं है। इसमें विधवाओं का मुंडन करना अनिवार्य रूप से उल्लिखित किया गया है।

अमाजूरिव पित्रो : सचा सती
समानादा सदसस्तामिये भगम्।
कृधि प्रकेतमुप मास्या भर
दद्धि भागं तन्वो येन मामह

(वेदो में नारी, पृ. 130 पर उद्धृत)

ऐसा नहीं था कि जब स्त्रियों पर अपात्रता थोपी जा रही थी, तब इन भेदभावकारी विचारों और प्रयासों का प्रतिकार करने वाला अथवा उनके बरअक्स तर्कसंगत विचार प्रस्तुत नहीं किया जा रहा था। *मनुस्मृति* के बाद लिखी गयी *याज्ञवल्क्यस्मृति* (100 ई.–300 ई.) में कहा गया कि स्त्रियों का सम्पत्ति में अधिकार है 'स्त्रियों के सम्पत्ति–सम्बन्धी अधिकारों के विषय में *याज्ञवल्क्यस्मृति* में निरूपित मान्यताएँ महत्त्वपूर्ण हैं। उन्होंने पत्नी को भी पति की सम्पत्ति का अधिकार बताया। पुत्र के अभाव में पुरुष की सम्पत्ति पर उसकी पत्नी का सर्वप्रथम अधिकार होगा और उसके बाद उसकी कन्याओं का–यह मंतव्य मनु, आपस्तम्ब आदि के विधानों के सर्वथा प्रतिकूल है। बृहस्पति और नारद ने भी कहा है :

कन्या भी पुत्र के समान सन्तान होती है, अतः पुत्र के अभाव में उसका सम्पत्ति पर अधिकार होना चाहिए।[2]

इस स्मृति पर मिताक्षरा नाम से विज्ञानेश्वर ने टीका लिखी।' जिसमें स्त्रियों के सम्बन्ध में सम्पत्ति के उत्तराधिकार सम्बन्धी नियमों का उल्लेख है, जिसके तहत पिता के जीवित रहते ही सम्पत्ति के बँटवारे की बात है। यह नियम बंगाल, असम, उत्तर पूर्व क्षेत्र को छोड़कर लगभग सम्पूर्ण भारत में लागू है लेकिन, *जिमूतवाहन* के दायभाग नामक रचना में पिता से मृत्यु के बाद ही सम्पत्ति के बँटवारे की बात कही गयी है। जिमूतवाहन का नियम बंगाल, असम, उत्तर–पूर्व आदि क्षेत्रों में लागू है।

कौटिल्य का अर्थशास्त्र जो राजनीतिक विषय सम्बन्धी विशेष जानकारी देता है, उसमें स्त्रियों के सम्बन्ध में भी चर्चा की गयी है, अर्थशास्त्र में लिखा गया है कि सामान्यतः मौर्यकाल में सती–प्रथा नहीं थी। हालाँकि कुछ यूनानी इतिहासकार उत्तर पश्चिम भाग में सैनिकों की पत्नियों द्वारा सती होने का उल्लेख करते हैं। इसके बाद के साहित्य में स्त्रियाँ केवल पन्नों तक ही सीमित रह गयीं। उनके सामाजिक अधिकारों को गौण कर दिया गया। यह गौणता भक्तिकालीन साहित्य में स्पष्ट दिखाई देती है, जैसे कबीर भी कहते हैं–

नारी कुंड नरक का बिरला थामे बाग।
कोई साधु जन उबरे सब जग मुआ लाग।।

एक तरफ कबीर जहाँ स्त्री को नरक का द्वार कहते हैं वहीं कबीर यह भी कहते हैं कि *'हरि मेरा पीऊ मैं हरि की बहुरीआ'*। तुलसी के यहाँ भी स्त्री की स्थिति कुछ ऐसी ही है, एक तरफ वे स्त्री की पराधीनता का पीड़ा का उल्लेख करते हुए कहते हैं–

कतः विधि सृजी नारि जगमाहि पराधीन सपनेहुँ सुख नाहीं।

पर साथ ही वे स्त्री की स्वतन्त्रता को भी खतरनाक समझते हैं–*जिमि स्वतन्त्र भए बिगरहिं नारीं*। इसलिए उसे पुरुष के शासन के अन्दर रखना पसन्द करते हैं। रीतिकाल में स्त्रियाँ पुनः साहित्य के पन्नो में सिमटने के लिए विवश हो गयीं। रीतिकालीन साहित्य जो कि ज़्यादातर राजाओं के मनोरंजन के लिए लिखा गया, उसमें वर्णित नायक, नायिकाएँ, रानियाँ, राजकुमारी नहीं हैं, वरन् साधारण गोपियाँ या साधारण घरों की युवतियाँ हैं, जिन्हें उस युग का मध्यवर्ग कहा जा सकता है। स्त्रियों का इस्तेमाल केवल मनोरंजन के लिए किया गया है।

शास्त्रों, सन्तों और लोक तीनों में वर्णित और प्रचलित स्त्री को लेकर गढ़ी गयी मान्यताओं तथा अवधारणाओं से हमारा शिक्षित भद्र वर्ग प्रभावित था।

स्त्री–शिक्षा को लेकर पुरुषों का दृष्टिकोण एक जैसा था। वे शिक्षा को एक ऐसा अस्त्र समझते थे जिसके ग्रहण करते ही परम्पराओं के नाम पर सदियों से चली आ रही पितृसत्तात्मक व्यवस्था के विरुद्ध विद्रोह की सम्भावना थी। इसी विद्रोह का डर उस दौर के हमारे सभी लेखकों में भी बैठा हुआ था– जिस दिन यह अस्त्र स्त्री के हाथ में आया नहीं, उसी दिन वह पुरुष को बेपर्दा कर देगी। इस डर को ब्रिटिश शासन की स्त्री–शिक्षा के प्रति बरती जाने वाली उदारता ने और गहरा कर दिया। इसलिए तत्कालीन लेखक–समाज सुधारक स्त्री–शिक्षा के हिमायती होने के बावजूद इस डर से उबर नहीं पाये। शायद इसलिए इस दौर का पुरुषों द्वारा किया गया लेखन *मनुस्मृति* की संहिताओं का ही विस्तार और संशोधित रूप था। जिसमें स्त्री को आदर्श हिन्दू स्त्री, 'शीलवती', 'अच्छी लड़की', 'स्व–धर्मपरायण' होने आदि की शिक्षा देने पर ही ज़ोर रहा।

हिन्दी साहित्येतिहास ग्रन्थों पर अगर नज़र डालें तो लेखिकाओं की अनुपस्थिति का एहसास सहज ही हो जायेगा, जबकि पुरुष लेखकों की रचनाएँ हर जगह दर्ज हुई हैं। 1900 ई. में *सरस्वती* पत्रिका का प्रकाशन हुआ और 1902 में पण्डित महावीर प्रसाद द्विवेदी इसके सम्पादक बने। इस समय जब साम्राज्यवाद विरोधी संघर्ष एक नये दौर में प्रवेश कर चुका था और प्रतिरोधात्मक कार्यवाइयाँ ज़ोर पकड़ रही थीं तब *सरस्वती* पत्रिका के (वर्ष 1907, भाग 8, संख्या 5) अंक में बंग महिला (राजेन्द्र बाला घोष) की पहली मौलिक कहानी *दुलाईवाली* प्रकाशित हुई। कुछ आलोचक इस कहानी को हिन्दी की पहली कहानी मानते हैं, हिन्दी का पहला मौलिक उपन्यास *'देवरानी जेठानी की कहानी'* जिसके रचयिता पं. गौरी दत्त हैं वह यह स्वीकारते हैं कि:

इस पुस्तक की रचना केवल यह दिखाने के लिए रची गयी हैं, उन्होंने लिखा है 'बेपढ़ी स्त्री जब एक काम को करती है, उससे क्या–क्या हानि होती है। पढ़ी हुई जब उसी काम को करती है, उससे क्या–क्या लाभ होता है। स्त्रियों की यह बातें जो आज तक नहीं लिखी गयी हैं, मैंने खोज कर सब लिख दी हैं।'[3]

सच तो यह भी है कि बंग महिला से पहले भी कुछ लेखिकाओं ने हिन्दी में लिखना प्रारम्भ कर दिया था, जिनका विवरण हमें उस समय की विभिन्न पत्र–पत्रिकाओं में लेखों, कहानियों के रूप में पढ़ने को मिलता है। जहाँ हिन्दी साहित्य में स्त्री–लेखन का श्रीगणेश कथा–साहित्य से होता है,

तो वहीं दूसरी ओर पुरुष लेखन का नाटक विधा से। स्त्रियाँ अपनी बात कहने के लिए उपन्यास, कहानी का इस्तेमाल करती हैं। स्त्री–लेखन में नाटक की बजाय कथा–साहित्य का प्रयोग आधुनिक साहित्यिक परिवर्तनों की एक नयी शृंखला को जन्म देता है। आचार्य हज़ारीप्रसाद द्विवेदी ने *स्त्री–प्रभा* शीर्षक में इस ओर ध्यान आकृष्ट किया है :

'यह विचित्र बात है कि स्त्री जब साहित्य लिखती है स्त्रियों के सम्बन्ध में लिखती है और पुरुष जब साहित्य लिखता है तब भी स्त्रियों के सम्बन्ध में लिखता है दोनों में अन्तर यह होता है कि स्त्री के लिखने के उद्‌देश्य में और भी भ्रम पैदा कर लेना।'[4]

'ईसाइयत और इस्लामी संस्कृति दोनों से बराबर की दूरी बनाये रखने के लिए देशभर में विशेषकर बंगाल, महाराष्ट्र और पंजाब में हिन्दू एवं ब्राह्मण कन्या पाठशालाएँ खुलने लगीं।'[5] भारतेन्दु के बलिया में दिये गये सुप्रसिद्ध व्याख्यान में उन्होंने स्त्री–शिक्षा को लेकर कुछ बातें कहीं :

"लड़कियों को पढ़ाई किन्तु उस चाल से नहीं जैसे आजकल पढ़ाई जाती हैं जिससे उपकार के बदले बुराई होती है। ऐसी चाल से उनको शिक्षा दीजिए कि वह अपना देश और कुल धर्म सीखें, पति की भक्ति करें और लड़कों को सहज में शिक्षा दें।" (भारतेन्दु समग्र, पृ. 1013)

साथ ही वह यह भी लिखते हैं–

लिखाय नहीं देत्यो पढ़ाय नहीं देत्यो
सैंया फिरंगिन बनाय नहीं देत्यो।[6]

किसी भी नारी की भावुक प्रकृति साहित्य सृजन के अनुकूल होती है। उसकी प्रतिभा किसी पुरुष से कम नहीं होती, किन्तु सामाजिक कारण उसके उद्‌देश्य की पूर्ति में बाधक होते हैं। शुरुआती दौर में निकलने वाली पत्रिकाएँ *इन्दु आर्य महिला, कन्या मनोरंजन, कन्या सर्वस्व, कायस्थ महिला हितैषी, नवजागरण, मनोरमा, मर्यादा ज्योति, गृहलक्ष्मी* आदि ने महत्त्वपूर्ण भूमिका निभायी। ये पत्रिकाएँ स्त्रियों की अभिव्यक्ति का एक सशक्त माध्यम बनीं। इन लेखिकाओं के लेखन में भावपक्ष के साथ–साथ कला पक्ष में भी अपनी एक पृथक् विशेषता मुखरित होती है, पर संकोच, गृहस्थी के भार और पर्दाप्रथा के कारण नारी को पुरुष की भाँति व्यापक अवसर प्राप्त नहीं हो पाते थे। सम्भवतः यही कारण है कि आरम्भिक रचनाओं में महिलाओं ने अपने नाम को गुप्त रखा।

प्रियम्बदा देवी आरम्भिक स्त्री लेखिकाओं में एक महत्त्वपूर्ण नाम है, इन्होंने समाज में व्याप्त कुरीतियों को आधार बनाकर बहुत–सी कहानियाँ व उपन्यास लिखे जिसमें *आनन्दमयी रात्रि का स्वप्न* एक महत्त्वपूर्ण कहानी है। इस कहानी में लेखिका ने अशिक्षा के चलते नारी समाज में फैलता हुआ अन्धविश्वास, पर्दा–प्रथा, गृह–कलह की निन्दा की है तथा विदेशी रमणियों के उदाहरण प्रस्तुत करके शिक्षा के महत्त्व को दर्शाया गया है। भारतीय समाज की प्रचलित कुरीतियों का वर्णन, जिनका उस समय की लगभग सभी लेखिकाओं ने किया था, इसमें भी किया गया है। 'स्त्री–शिक्षा, को सभी समस्याओं का एकमात्र समाधान माना जाता था। तारा बाई शिन्दे ने भारतीय स्त्री की दयनीय स्थिति की ओर विदेशियों का ध्यान आकर्षित करने के लिए *स्त्री–पुरुष तुलना* पुस्तक लिखी।

स्त्री–धर्म नीति की शुरुआत में ही पण्डिता रमाबाई ने लिखा था कि 'स्त्री' की प्रगति की नींव है–आत्मविश्वास और आत्मनिर्भरता। ब्रिटिश सरकार द्वारा नियुक्त हंटर–कमीशन ने भारत के लिए शिक्षा–नीति बनाने हेतु कई व्यक्तियों से राय माँगी, इसमें पं. रमाबाई भी शामिल थी। रमाबाई ने सुझाव दिया :

'शिक्षा के क्षेत्र में महिलाओं को बराबरी का दर्जा मिले। महिला शिक्षिकाएँ बहाल की जायें, उनकी अलग से ट्रेनिंग हो, अपनी भाषा के अलावा अंग्रेज़ी सीखें, पुरुषों की तुलना से उन्हें ज़्यादा तनख्वाह मिले।'[7]

पं. रमाबाई शिक्षा के बारे में अलग तरीके से सोचती थीं। उनके लिए शिक्षा का अर्थ मामूली अक्षर–ज्ञान, हिसाब–किताब या छन्द रचना नहीं थी, बल्कि अपने को जानना, अर्थोपार्जन पर आत्मनिर्भर होना, सामाजिक कुरीतियों के प्रति जागृत होना था।

स्वामी दयानन्द सरस्वती ने भी स्त्री–शिक्षा पर ज़ोर दिया। उन्होंने कहा :

'लड़कियों की शिक्षा का चरित्र लड़कों की शिक्षा से भिन्न होना चाहिए। हिन्दू लड़की को हिन्दू लड़कों से भिन्न प्रकृति के कार्य करने होते हैं। अतः मैं उस व्यवस्था को प्रोत्साहित नहीं करूँगा जो उन्हें उनके राष्ट्रीय चारित्रिक गुणों से वंचित कर दे। हम अपनी लड़कियों को ऐसी शिक्षा नहीं देंगे जो उनकी सोच को बदल दे।'[8]

हिन्दी साहित्य का ज़्यादातर लेखन मनु द्वारा स्त्री के लिए बनाई गयी संहिताओं की तरह पुरुष हितों को पुष्ट और पोषित करने वाला था।

ऐसा नहीं है कि यह प्रवृत्ति केवल हिन्दी लेखन में थी अपितु मराठी साहित्य भी इससे अछूता नहीं था। *स्त्री चरित* नाम से चल पड़ी विधा की ताराबाई शिन्दे ने '*स्त्री–पुरुष तुलना*' (1882) में इसकी जमकर आलोचना की। हिन्दी नवजागरण का अधिकतर पुरुष लेखन भी हिन्दू धर्म की उन परम्परागत मान्यताओं और अवधारणाओं से अटा पड़ा है जिसमें नारी को नरक का द्वार तथा माया का दुर्ग माना गया है। यह कैसा अन्तर्विरोध है कि उस दौर का लेखक भारतीय स्त्रियों को अंग्रेज़ स्त्रियों की तरह योग्य, समर्थ और सुशिक्षित तो बनना चाहता था, पर साथ में यह भी चाहता था कि वे स्त्री लज्जा को त्याग अपने पतियों के साथ न घूमें। उमा नेहरू ने 1920 में लिखा भी है कि भारतीय पुरुष पूरा अनुकरण तो करते हैं पश्चिम का और उसी के आधार पर विकास का अपना मॉडल बनाते हैं, लेकिन चाहते हैं कि उनकी स्त्रियाँ पूर्वीय ही दिखें। समकालीन स्त्री–समाज की अशिक्षा पर शोक प्रकट करते हुए श्रीमती देववती देवी तिवारी ने लिखा है–

'नारी के हृदय में सद्‌गुण कूट–कूट कर भरे हैं। उनके विकसित होने के लिए उचित शिक्षा की आवश्यकता रहती है। देश में हमारी सामाजिक तथा गार्हस्थ दशा इतनी गिरी हुई क्यों है? अवनति का प्रधान कारण है पत्नियों को अशिक्षित रखना। अपने कर्त्तव्य कर्म से बिल्कुल अनभिज्ञ रहकर वे समय के प्रवाह में बिना किसी निर्दिष्ट लक्ष्य के बह रही है।'[9]

ताराबाई लिखती हैं–

'जब से यह राज शुरू हुआ, स्त्रियों को शिक्षा का वरदान मिला और उनमें इतनी मानसिक दृढ़ता आयी कि वे हर तरह की मानसिक और व्यावहारिक कठिनाइयों का हिम्मत से मुकाबला कर सकें, उनके दिल–दिमाग में घर बनाकर बैठा अज्ञान का अन्धकार दूर हुआ और उनमें यह समझ आनी शुरू हुई कि उनके लिए क्या भला और क्या बुरा है? किससे कैसा बर्ताव करना चाहिए और जीवन की गाड़ी सही ढंग से कैसे चलानी चाहिए? उन्हें इसकी कुछ–कुछ समझ आने लगी कि सत्य क्या है, धर्म और पतिव्रत क्या है? इन सबसे भारत देश में चीज़ें काफ़ी बदलने लगी हैं।'[10]

आचार्य रामचन्द्र शुक्ल भी ऐसा ही कहते थे :

जो शिक्षा निर्लज बनाती है, उसके हम विरोधी हैं।

जबकि भारतेन्दु हरिश्चन्द्र तो पहले ही कह चुके थे :

'लड़कियों' को पढ़ाइए किन्तु उस चाल से नहीं जैसे आज पढ़ाई जाती है जिससे वे अपना देश और कुल धर्म सीखें। पति की भक्ति करें।

कहने का तात्पर्य यह है कि एक ऐसी शिक्षा जो लड़की को सुघड़ गृहिणी, समर्पिता पत्नी तथा कर्त्तव्यपरायण माँ बनायें भारतेन्दु स्वयं इस पुरुषवादी दंभ से भली–भाँति परिचित थे। सम्भवतः अपने मोहक और गौरवशाली अतीत के नाम पर जिन ऐतिहासिक, मिथकीय चरित्रों, घटनाओं तथा हिन्दू साम्प्रदायिक चेतना के प्रति आग्रह तत्कालीन लेखक प्रदर्शित कर रहे थे, वह उनमें गहरे पैठे पुरुषवादी सोच का परिणाम था।

आरम्भिक स्त्री कथा–साहित्य में स्त्री–प्रश्न एक प्रमुख कारण बनकर साहित्य में उभरा। स्त्री की स्वतन्त्रता से लेकर उसके व्यक्तित्व के विकास में किन प्रमुख कारणों ने इसमें बाधा उत्पन्न की इन पर विचार किया जा रहा था। स्त्री–शिक्षा एक प्रमुख कारण था, लेकिन आरम्भिक लेखिकाओं ने कहानियों और उपन्यासों के द्वारा इस पर प्रकाश डालने का काम किया। श्रीमती प्रियम्वदा देवी ऐसी महत्त्वपूर्ण लेखिका हैं, जिन्होंने *लक्ष्मी* और *कलियुगी परिवार* जैसे उपन्यासों की रचना की। इन उपन्यासों में हिन्दी साहित्य में स्त्री शिक्षा को केन्द्र में रखकर लिखे जाने वाले उपन्यासों की पृष्ठभूमि तैयार की। इसी क्रम में श्रीमती कुन्ती देवी, श्रीमती हेमन्त कुमारी चौधरानी, यशोदा देवी का नाम भी आता है। श्रीमती कुन्ती देवी ने अपने उपन्यास *पार्वती* (1909) की भूमिका में लिखा :

इस उपन्यास का स्त्री–शिक्षा और स्त्री–पुरुष के परस्पर विरोध और कलह से उत्पन्न समस्याओं को दिखाना मुख्य उद्देश्य है।

हेमन्त कुमारी चौधरानी भी अपने उपन्यास *आदर्शकुमारी* में शिक्षा के महत्त्व को समझाने का प्रयास करती हैं :

'पार्वती के समझाने पर वह अपने बच्चों को उत्तम शिक्षा देने का प्रबन्ध करती है। सतप्यारी और उसके परिवार को सम्भालने में काफ़ी परेशानियाँ आ रही थीं, अतः वह अपने घर के कमरे में ही एक कन्या शिक्षालय खोल देते हैं।'[11]

चौधरानी ने उपन्यास में अनेक समकालीन सामाजिक कुरीतियों का वर्णन किया है जैसे–स्त्री–शिक्षा की कमी, बाल–विवाह तथा पुरुषों की अधीनता के कारण स्त्रियों के व्यक्तित्व का अविकसित रहना, स्त्रियों को

घर से बाहर न जाने देना, अशिक्षित स्त्रियों की सन्तान का भी अशिक्षित रह जाना आदि। उपन्यास के नायक लाला रामनारायण की टिप्पणी भी गौर करने लायक है—

'हमारे देश के अधिकांश शिक्षित युवक भी जो नीति ज्ञान शून्य होते हैं, सत्य—असत्य का विचार करते नहीं, जरा से लोभ के वश में होकर झूठ—झूठी गवाही दे देते हैं और अपनी माता—बहिन और धर्मपत्नी की मर्यादा नहीं करते, इसका क्या कारण है।'[12]

तत्कालीन समाज में स्त्रियों की स्थिति भी दयनीय थी। बाल—विवाह के कारण विधवाओं की संख्या बहुत ज़्यादा बढ़ रही थी और समाज की ओर से उनके लिए जीविकोपार्जन का कोई प्रबन्ध न था। यदि वे स्वयं इस दिशा में कोई प्रयास करती तो समाज उन पर भी उंगली उठाता था। लेखिका ने देश की समस्याओं को भली—भाँति समझा और सुधारवादी मनोवृत्ति का परिचय दिया। उपन्यास का प्रतिपाद्य अगर लिखा जाये तो उसका अर्थ यही होगा कि जहाँ विदेश में शिक्षित माताओं की सन्तान उन्नतगामिनी होती है, वहीं दूसरी ओर भारत में बाल—विवाह, अशिक्षा के कारण वह उतनी परिपक्व नहीं हो पाती जितना एक माँ के रूप में उन्हें होना चाहिए।

नारीवादी लेखिका सीमोन दबुवा के विचार में स्त्री का संसार से सम्बन्ध उसके शरीर की भौतिकता के कारण है। शरीर वस्तु नहीं स्थिति है और वह स्थिति पुरुष—स्थिति से भिन्न है जो स्त्री को 'अन्य' बना देती है, सिमोन कहती हैं :

The influence of enternal feminine wherein women is considered as passive resigned, patient, dependent, inferior imminent-status of the others.

यह अनादि स्त्री का प्रभाव है, जिसके द्वारा नारी को निष्क्रिय, शान्तिप्रिय, सहनशील, पराधीन, निम्नस्तरीय और दूसरों की तुलना में कमतर दर्जे का समझा जाता है।[13]

भारत में स्वतन्त्रता के पूर्व नारी का कार्य—क्षेत्र प्रायः पारिवारिक ही था और सामाजिक समस्याओं को भी वह परिवार के वृत्त में ही देखने की अभ्यस्त थी। यही कारण है कि तत्कालीन लेखिकाओं का अनुभव स्रोत प्रायः समाज का व्यापक रूप न होकर पारिवारिक जीवन—मात्र रहा है और उनकी सामाजिक कहानियों में समाज का तटस्थ विश्लेषण न

होकर परिवार की समस्याओं का आकलन हुआ है। उस युग में अशिक्षा, आर्थिक पराधीनता, पर्दा–प्रथा, बाल–विवाह, विधवा विवाह–निषेध आदि सामाजिक कुप्रथाओं के कारण नारी–समाज की समस्यायें इतनी प्रबल थीं कि तत्कालीन कथा लेखिकाओं का ध्यान अधिकतर इन्हीं पर केन्द्रित रहा–इनमें से भी उन्होंने यथार्थ अथवा आदर्श में से किसी एक को अपनाकर परिस्थिति का इतिवृत्त रूप साधारण कथन ही किया है, गम्भीर अथवा पूर्ण विवेचन उनकी रचनाएँ नहीं हैं। पुरुषों की समस्याओं के चित्रण की ओर भी उनकी विशेष प्रवृत्ति नहीं रही। उन्होंने प्रायः पुरुषों की उन्हीं चारित्रिक प्रवृत्तियों का उल्लेख किया है, जिनका समकालीन नारी–समाज की समस्याओं से प्रत्यक्ष सम्बन्ध था। इस पूर्वाग्रह ने उनके साहित्य को लगभग एकांगी बना दिया।

'सुप्रभात' की सम्पादिका कुमुदनी मित्र बीए 'सरस्वती' ने लिखा है : वास्तव में स्त्री जाति की उन्नति के बिना देश की उन्नति होना कदापि सम्भव नहीं। हमारे देश का उद्धार केवल शिक्षा प्रचार पर निर्भर है। अतएव बड़ी–बड़ी बाधा और कठिनाइयों का सामना करते हुए भी हमें विधा का प्रचार करना चाहिए। हमें और कुछ नहीं चाहिए। हम केवल विद्या चाहते हैं (लेख *सुप्रभात* की सम्पादिका कुमुदिनी मित्र बीए 'सरस्वती') एक अन्य तत्कालीन लेख में कहा गया कि :

चारों तरफ दृष्टि डालने से प्रतीत होता है कि हिन्दुस्तान में एक यू.पी. को छोड़कर हर एक प्रान्तों में स्त्री जाति में जागृति दिखलाई पड़ती है। स्वयं स्त्री भी अपने आपको जागरूक एवं आत्मनिर्भर बनाने का प्रयास कर रही है। वेदों में नारी के सम्बन्ध में लिखा गया है–

अहं केतुरहं मूर्धा–ऽहमुग्ता विवाचनी।
ममेदनु क्रतुं पति; सेहानाया उपाचरेत्।।[14]

स्त्रियों की दशा के सम्बन्ध में लगातार लेखिकाएँ लेखों के माध्यम से भी अपने विचार सामने रख रही थीं।

'स्त्रियों का वही हाल है जो बीस वर्ष पहले था। आज भी उनमें से बहुतों को पढ़ने तथा सभा सोसाइटियों से वैसी ही घृणा है जैसी पहले थी। इसमें कोई सन्देह नहीं कि पश्चिमीय शिक्षा की रोशनी से बहुत कुछ विद्या का चाव लोगों के हृदय में उदय होने लगा है, परन्तु वह भी उतने ही लोगों में है जिनकी संख्या नहीं के बराबर समझनी चाहिए। आज कल जब कभी हमारी कुछ योग्य बहिनें किसी विशेष कार्य के लिए अथवा यों ही कुछ योग्य उपदेशिकाओं के आ जाने पर स्त्रियों की सभा करती हैं

तो उनके उस कार्य की सहायता या उससे उपदेश ग्रहण करना तो दूर रहा आज कल की ललनायें उलटा उनके उस कार्य की निन्दा बड़ी सरगरमी से करती हैं।'[15]

श्रीमती हेमन्तकुमारी चौधरानी ने बच्चों के सुचारु पालन–पोषण के लिए माता को शिक्षित करने पर अधिक ज़ोर दिया है। सन्तान पालने में पति को भी सुचारु रूप से पत्नी की सहायता करनी चाहिए। उनके उपन्यास में भाषा का शुद्ध रूप कहीं नहीं मिलता। लेखिका ने बांग्ला और पंजाबी शब्दों तथा वाक्य विन्यास का पर्याप्त सहारा लिया है लेखिका ने देश की सामाजिक स्थिति का चित्रण करने के लिए उसकी पाश्चात्य परिस्थितियों से तुलना की है। शिक्षित स्त्री का उदाहरण इस प्रकार दिया है :

'रामनारायण की माता यद्यपि कुछ पुराने ख्याल की थी, परन्तु वह बड़ी स्नेहशील और बुद्धिमती स्त्री थी, वे अपने सुशिक्षित पुत्र और बहू को किसी बात में रोकती नहीं थी। उनके स्नेह व्यवहार से पार्वती भी सदा उनकी आज्ञाकारिणी रहती थी और इस कारण उनके परिवार की सुख शान्ति नष्ट नहीं होती थी।'[16]

उस युग में नारी का गौरव होना पति की सहचरी होने में नहीं अपितु, अनुचरी होने में माना जाता था। सुश्री जवन्द कौर ने अपनी कहानी में बाल्यकाल से अधेड़ावस्था तक नारी–जीवन के पाँच रूप निर्धारित किये हैं और कथा के शीर्षक भी तदानुरूप रखे गये हैं–बला बेटी, बहू, बीवी और बसन्त कुमारी। बसन्त कुमारी का जन्म होने पर उसे घर में बला समझा गया, परिवार के अन्य सदस्यों के काल–कवलित होने पर वह पिता का जीवनाधार बन गयी, विवाह होने पर वह बहू बनी दहेज की कमी और सन्तान न होने के कारण उसकी उपेक्षा की गयी। बाद में पति ने अपनी भूल मानकर उसे 'बीवी' से 'बसन्त कुमारी' मानकर हार्दिक स्नेह दिया।

हिन्दी की आरम्भिक स्त्री कथाकारों ने 19वीं व 20वीं शताब्दी में व्याप्त कुरीतियों को तोड़ने का प्रयास अपनी रचनाओं में किया। अंग्रेज़ों के आगमन के पूर्व का भारतीय समाज एक संकुचित दायरे वाला बन्द समाज था। प्राचीन रूढ़ियों, परम्परा, अन्धविश्वास, जाति–पाति, छुआछूत के भेद से बुरी तरह ग्रस्त इस समाज में स्त्रियों की दशा पशुओं से भी गयी बीती थी। तमाम तरह के दिखावों और आडम्बरों में जकड़ा यह

समाज ज्ञान–विज्ञान की नयी रोशनी से कोसों दूर था।[17] भारत में समाज और धर्म परिवर्तन के कई दौरों से गुजरे हैं। उजाले और अन्धेरे के लम्बे इतिहास में यदि प्रगति, पुनरुत्थान और सुधार के दौर आये हैं तो अवनति, विघटन और ह्रास के युग भी आये। 19वीं शताब्दी के दौरान भारत में समाज के नव–निर्माण और धार्मिक विचारों को तर्कसंगत बनाने के लिए विभिन्न सुधार आन्दोलनों के एक के बाद एक दौर आने लगे। पण्डिता रमाबाई, रामाबाई रानाडे, आनन्दीबाई जोशी, फानना सारोबजी और रूक्माबाई जैसी स्त्रियाँ अपने घरों में पुरुष प्रधान समाज द्वारा थोपे गये बन्धनों को तोड़कर उच्च शिक्षा के लिए विदेश गयीं। अधिक ज़ोर इस बात पर दिया गया कि स्त्रियों को परम्परागत घरेलू कार्यों को सही प्रकार से पूरा करने की शिक्षा दी जाये जिनमें बच्चों का पालन–पोषण, पतिव्रता धर्म का पालन, सास–ससुर और बड़ों के साथ नम्रता का बर्ताव करना मुख्य रूप से शामिल था। भक्तिकाल के कवि तुलसीदास भी पति की सेवा को स्त्री का धर्म मानते हैं, चाहे पति जैसा भी हो। तुलसीदास कहते हैं–

सहज अपावन नार, पति सेवत सुभगति लहै।
जस आवत श्रुति चार, अजहुँ उलसिका हरिहि प्रिय।।

स्त्रियों की जीवन–दशा एवं उन्हें शिक्षित करने की आवश्यकता इसलिए महसूस हुई कि वे बहुत कठिनाई से जीवन जी रही थीं बल्कि उनकी दशा में सुधार पति तथा बच्चों के लिए भी ज़रूरी था। साथ ही साथ कुछ आशंकाएँ भी समाज के रूढ़िवादियों के मन में उठ रही थीं :

'पढ़ी–लिखी लड़कियाँ चरित्रहीन हो जायेंगी, घरेलू काम–काज की उपेक्षा करेंगी, पराए पुरुषों को चिट्ठी लिखने लगेंगी या पढ़–लिखकर मर्दों की बराबरी करने पर उतर आयेंगी।'[18]

आरम्भिक काल की लेखिकाओं ने सुधार की भावना से रचना की। लेखिकाओं ने उस समय व्याप्त कुरीतियों का वर्णन बँधी–बँधाई परिपाटी में किया। इनकी रचनाओं में स्त्री समाज में विद्वता, वीरता, पति–भक्ति आदि का भाव था। उस समय समाज में स्त्रियों का कोई संगठन नहीं था जिसके कारण लेखिका ने ईश्वर के समक्ष अपनी सामाजिक वेदना को इस प्रकार व्यक्त किया–

दुनिया में हम दुखी हैं हमारी ख़बर तू ले।
दुःख दर्द से छुटा हमें एक बार ख़बर ले।[19]

सामाजिक व्यवस्था और सांस्कृतिक प्रक्रिया के साथ लेखिकाओं का सम्बन्ध भी लगभग एक जैसा ही है। भारतीय परिप्रेक्ष्य में अलग–अलग युगों के स्त्री साहित्य में सामाजिक वास्तविकताओं और स्थितियों के बारे में लगभग एक जैसी राय देखी जा सकती है। स्त्री के बारे में मीरा का दृष्टिकोण परवर्ती स्त्री साहित्यकारों से जुदा नहीं हैं। उनकी कविता में एक ओर सामन्ती समाज में स्त्री की पराधीनता और यातना की अभिव्यक्ति है, तो दूसरी ओर उस व्यवस्था के बन्धनों का निषेध है और दीवानगी की हद तक संघर्ष भी है। गौरतलब यह है कि यह संघर्ष आधुनिक युग की अधिकतर स्त्री साहित्यकारों के साहित्य में उतने प्रखर रूप से नहीं आ पाया, जितना मीरा के यहाँ नज़र आता है। हालाँकि महादेवी वर्मा के साहित्य में यह रूप देखने को मिलता है उन्होंने लिखा है–

क्या पूजा क्या अर्चन रे
उस असीम का सुन्दर मन्दिर मेरा लघुतम जीवन रे।
मेरी श्वासें करती रहतीं नित प्रिय का अभिनन्दन रे।

महादेवी की भक्ति में मीरा की तरह ही माधुर्य भाव, प्रेमानुभूति और तीव्रतम वेदना दिखाई देती है। इस दौर के साहित्य में समकालीन देश काल का गहरा प्रभाव है, क्योंकि तत्कालीन पत्र–पत्रिकाओं में नारी–शिक्षा की आवश्यकता पर विशेष बल दिया जा रहा था। स्त्री की घरेलू ज़िन्दगी, प्रतिनिष्ठा आदि विषयों का रूपायन एक नये दृष्टिकोण से किया गया। लेखिकाओं ने सबसे पहले घरेलू जीवन को कथा का विषय बनाया। उस समय के लेखकों ने धार्मिक शिक्षा पर ज़ोर देकर आत्मलाभ को रूपायित करने का प्रयास किया। घरेलू होने के कारण उनकी पहली समस्या थी घरेलू स्त्री की अस्मिता को स्थापित करना। स्त्री की अस्मिता को बचाए रखने का सबसे महत्त्वपूर्ण कार्य उन्होंने यह किया कि धार्मिक शिक्षा के द्वारा सामाजिक मूल्यों एवं नैतिकता के बन्धनों से मुक्त कराना था। *पार्वती* शीर्षक लघु उपन्यासिका की लेखिका कुन्ती देवी के सोलह पृष्ठों की इस पुस्तक में केवल आठ पृष्ठों का कथानक है शेष पृष्ठों में स्त्रियों की पति–भक्ति वेदोपासना आदि का आश्रय लेने तथा अन्धविश्वासों एवं कुरीतियों से मुक्त रहने का सन्देश दिया गया है। लेखिका ने भूमिका में यह सन्देश दिया है–

'आप अपनी प्राण प्यारी पुत्रियों, बहिनों और देवियों को धार्मिक शिक्षा प्रदान कराकर आत्म लाभ का यश लीजिए।'[20]

इन सभी लेखिकाओं की रचना के केन्द्र में स्त्री की गरिमा, मान–मर्यादा और अस्मिता के प्रश्न थे। जगदीश्वर चतुर्वेदी इस सम्बन्ध में लिखते हैं :

'प्राचीन मर्यादाओं और रिवाजों को बरकरार रखकर स्त्री की अस्मिता को उभारने का प्रयास इनमें दिखाई देता है। परिवार, स्त्री के सामाजिक कर्त्तव्यों, स्त्री–पीड़ा और स्त्री–गौरव को वर्णनात्मक शैली में रूपायित किया गया है।'[21]

आरम्भिक स्त्री कथाकारों ने स्त्री की वास्तविक दशा के यथातथ्य वर्णन पर ज़ोर दिया। स्त्रियों का दृष्टिकोण था कि समाज सुधार के ज़रिए ही आधुनिक चेतना का निर्माण सम्भव है। स्त्री की दासतापूर्ण अवस्था और पिछड़ी हुई सांस्कृतिक चेतना को समाज सुधारों के ज़रिए ही तोड़ा जा सकता है। सुश्री तोरनदेवी ने अपनी कहानी में कान्यकुब्ज नामक जाति की स्त्रियों को सम्बोधित करते हुए लिखा है–

जबकि हमारी आदर्श स्वरूप सती शिरोमणि सीता जी भी अनुचित बात नहीं सहन कर सकी और अपना गौरव हाथ से नहीं जाने दिया। तब हमें अपना गौरव मिट्टी में मिला देने की शिक्षा दी जा रही है। वास्तव में स्त्रियों का सबसे अधिक उत्तरदायित्व है। उन्हें अपना आत्मगौरव कभी न भूलना चाहिए।[22]

औपनिवेशिक शासन व्यवस्था में चारों तरफ शोषण एवं उत्पीड़न सामन्ती रूढ़ियों और रिवाजों का आक्रमक रूख और नये उभरते सामाजिक, राजनीतिक संघर्षों ने नये अन्तर्विरोधों को जन्म दिया। नये सामाजिक वर्गों का उदय हुआ। स्त्रियों को पूरी क्षमता से अपने दमन, शोषण एवं पिछड़ी अवस्था से मुक्ति की लड़ाई लड़नी पड़ी। लेखन ही स्त्री की लड़ाई का सबसे बड़ा क्षेत्र था। प्रारम्भिक काल की धार्मिक एवं नैतिक कहानियाँ प्रायः एकरूप है। धर्म तथा नीति के प्रति पूर्वाग्रह के कारण इस युग की लेखिकाओं ने अन्धविश्वासों के प्रति भावुक दृष्टि अपनायी, जिसमें सम्भाव्य–असम्भाव्य की चिन्ता नहीं की।

भारतीय शास्त्रों में नारी सर्वशक्ति सम्पन्न मानी गयी है, उसे विद्या, शील और यश का प्रतीक समझा जाता है। 'शास्त्रकारों का कथन है :

'केवल पुरुष कोई वस्तु नहीं अर्थात् वह अपूर्ण ही रहता है, किन्तु स्त्री, स्नेह तथा सन्तान ये तीनों से मिलकर ही पुरुष (पूर्ण) होता है। अतएव उस स्त्री से उत्पन्न सन्तान उस स्त्री के पति की थाती है।'[23]

स्त्रियों की दशा में युग के साथ परिवर्तन होता आया है। बदलती हुई स्थितियों के अनुरूप उसके पारिवारिक, सामाजिक एवं आर्थिक अधिकारों में' भी विभिन्न कालों में अनेक परिवर्तन होते रहे। इसमें कोई सन्देह नहीं कि धार्मिक अन्धविश्वासों और अज्ञानतापूर्ण जीवन पद्धति ने 18वीं शताब्दी को भारत के इतिहास का एक अन्धकारमय युग बना दिया था, लेकिन फिर भी समाज उच्च कोटि की सामाजिक नैतिकता या सदाचार से विहीन नहीं था।

भारतीय समाज में नारी को बहुत ऊँचा स्थान प्राप्त है, क्योंकि साहित्य समाज का ही प्रतिबिम्ब माना गया है। इसमें कोई सन्देह नहीं कि वैदिक युगीन भारतीय नारी को समाज और साहित्य में बहुत ऊँचा स्थान प्राप्त है, किन्तु परवर्ती युगों में स्थिति इसके विपरीत रही। वैदिक युग की सहचरी रामायण युग में 'छायेव अनुगता सदा' (छाया की भाँति अनुचरी) हो गयी। पुरुषोत्तम राम ने उसकी स्थिति सुधारने के लिए एक पत्नीव्रत का आदर्श स्थापित किया था, पर निरंकुश पुरुष वर्ग को यह स्वीकार्य नहीं हुआ। महाभारत युग में तो आकर उसका मूल्य एक चल सम्पत्ति जितना ही रह गया। शल्य उसे बहन के रूप में बेच सकता है, गान्धार नरेश, द्रव्य के लोक से उसे किसी चक्षुहीन की पत्नी बनने को विवश कर सकता है। पांडु जैसे पुरुषत्वहीन पति की आज्ञा से वह दुराचार करने को विवश हो सकती है। भीष्म उसका अपने भाइयों के लिए अपहरण कर सकता है; भाइयों की सहमति से वह पाँच पतियों की सह–भोग्या बन सकती है; आवश्यकता पड़ने पर उसे जुए में दाँव पर लगाया जा सकता है और जरासंध जैसे शासक के संग्रहालय में वे चिड़ियों की भाँति रहकर अन्त में किसी अन्य विजेता की सम्पत्ति बन सकती हैं। वस्तुतः उस युग में भारतीय नारी के निजी व्यक्तित्व, निजी आदर्श और निजी लक्ष्य सदा के लिए पुरुषों के चरणों पर समर्पित हो गये थे। आगे चलकर बाल–विवाह, अशिक्षा, पर्दा आदि के प्रचलन ने तो उसे उस निर्जीव यन्त्र का रूप दे दिया जो पुरुष के मनोरंजन एवं वंश–बुद्धि का साधन मात्रा है। उसके व्यक्तित्व की विशिष्टता का प्रायः वर्णन नहीं मिलता।

'इस संसार में गृह की सृष्टि करने वाली एकमात्र नारी ही है। गृह से समाज और समाज से जाति की सृष्टि हुई है। गृह के द्वारा गृहस्थ आश्रम और समाज के द्वारा जातीय जीवन का गठन हुआ है। इनके गठित होने का मूल कारण केवल नारी ही है। क्या गृह, क्या समाज, क्या जातीय जीवन,

सबका प्रधान हेतु एकमात्र नारी ही कही जा सकती है। जिस नारी जाति को कोशकारों ने अबला नाम से पुकारा है, जिन कोमलांगिनियों से एक फूल की चोट भी नहीं सही जा सकती है, भला फिर संसार का कोई कठिन काम उनके लिए कैसे हो सकता है? आधुनिक तत्त्ववत्ता पण्डितों ने भारी आत्मा को अपूर्ण और अविकसित कहा है। क्या स्त्रियाँ गृह की मर्यादा स्थापित करने वाली आदि सृष्टिकारिणी हैं? क्या यही अबलाएँ गृर्हस्थी और जातीय जीवन की प्रधान शक्ति रखती हैं। हाँ, यही नारी गण इस संसार की गृह संचालिका होने की प्रधान शक्ति रखती हैं।'[24]

आरम्भिक लेखिकाओं के मन में समाज से परे इतिहास अथवा पुराणों में अंकित अतीत का आकर्षण विशेष रूप से प्रबल था। भारत का प्राचीन इतिहास इन्हीं वीर रमणियों की वीरता, साहस, त्याग तथा बलिदान का परिचायक है। न केवल वीर पुरुषों ने अपितु इन रमणी रत्नों ने भी अपने सुकृत्यों द्वारा जननी जन्मभूमि का भाल उज्ज्वल किया है। महारानी दुर्गावती, वीर क्षत्रीय पन्ना, महारानी पद्मिनी, कृष्ण कुमारी आदि वीरागनाएँ किसी भी देश के लिए गौरवपूर्ण हो सकती हैं।

बृहदारण्यक उपनिषद् में याज्ञवल्क्य के समान ज्ञानी तथा ब्रह्मवादिनी दो नारियों गार्गी तथा मैत्रेयी का विशद् उल्लेख मिलता है। ऋषि कुशध्वज की कन्या वेदवती स्त्री थी। पूर्व वैदिक युग में स्त्री जितनी स्वतन्त्र और मुक्त थी, उतनी परवर्ती काल के किसी भी युग में नहीं थी। 'शिक्षा, ज्ञान, यज्ञ आदि विभिन्न क्षेत्रों में वह निर्विरोध स्वच्छन्दता पूर्वक सम्मिलित होती तथा सम्मानपूर्वक आदर प्राप्त करती थी। उस युग में ऐसी अनेक विदूषी स्त्रियाँ थीं, जिन्होंने ऋग्वेद और अन्य वेदों की अनेक ऋचाओं का प्रणयन किया था। लोपामुद्रा, अपाला, घोषा, सिकता, विश्ववारा मुद्गलानी आदि ऐसी ही पण्डिताएं थीं। शिक्षा, ज्ञान और विद्वता के क्षेत्र में ही नहीं बल्कि याज्ञिक कार्यों में भी वे अग्रणी थीं। उस युग में स्त्रियाँ बिना पर्दे के स्वतन्त्रतापूर्वक पुरुषों के साथ विद्वगोष्ठियों और दार्शनिक वाद–विवादों में सम्मिलित होती थीं। समाज में वे पुरुषों की तरह ही आदृत थी।'[25]

'रामायण' तथा 'महाभारत' से प्राप्त उल्लेखों से यह ज्ञात हो जाता है कि उस समय स्त्रियों की स्वतन्त्रता पर विशेष प्रतिबन्ध नहीं लगा था। रामायण में सीता का राम के साथ वनगमन एवं महाभारत में द्रौपदी का पाण्डवों के साथ वनवास में भ्रमण से यह स्थिति साफ़ होती है कि उस समय भी स्त्री स्वतन्त्र थी, जो सामाजिक स्थिति को दिखाती है।

'महाभारत' में भीष्म पितामह का कथन है कि स्त्री को सर्वदा पूज्य मानकर उससे स्नेह का व्यवहार करना चाहिए। जहाँ स्त्रियों का आदर होता है, वहाँ देवताओं का निवास होता है और उसकी अनुपस्थिति में सभी पूर्ण कार्य अपवित्र हो जाते हैं।'[26] धीरे–धीरे स्त्री की दशा पतोन्मुख होती गयो। समाज में स्त्री को लेकर उसे आदर्श रूप में प्रस्तुत करने के लिए उसे बहुत से सामाजिक बन्धन एवं रूढ़ियों में बाँधना शुरू कर दिया। मध्ययुग तक आते–आते उसके सारे अधिकार सीमित कर दिये गये और उसे बन्धन में बांध दिया गया। धर्मसूत्रों से लेकर स्मृतियों तक नारी की शिक्षा तथा उसके कार्यों में सम्मिलित होने को उचित नहीं समझा गया, वहीं दूसरी ओर धर्म शास्त्रकारों ने नारी के सामाजिक एवं आर्थिक स्वातन्त्र्य को विधि सम्मत बताकर उसकी क्रोधित समुन्नत दशा को आलोकित करने का प्रयास किया।

'मिताक्षरा (*याज्ञवल्क्य स्मृति* 2.143.44) के अनुसार विवाह होने के उपरांत ससुराल में श्वसुर, सास तथा वादवन्दनादि प्रथा के फलस्वरूप मिले धन सम्पत्ति पर भी वधू का ही अधिकार है।'[27]

मनुस्मृति में वर्णित है कि 'यत्र नार्यस्तु पूज्यन्ते रमन्ते तत्र देवता यत्रैतास्तु न पूज्यन्ते सर्वास्तत्रफलः क्रिया'[28] अर्थात् जहाँ स्त्रियों की पूजा होती है, वहाँ देवता निवास करते हैं, और जहाँ उनका अनादर होता है वहाँ समस्त कार्य और प्रयत्न निष्फल हो जाते हैं। नारी को श्रद्धा की प्रतिमूर्ति कहा गया है। वात्सल्य, स्नेह, कोमलता, दया, क्षमा, त्याग, बलिदान, आदि मूल्यों पर सृष्टि अवलम्बित है। नारी संसार की जननी है। वह कई रूपों में समाज के प्रति अपने दायित्वों का निर्वाह करती है। वह एक माता, पत्नी, पुत्री, बहन तथा अन्य रूपों में दायित्व निभाती है। नारी के अभाव में मानव जीवन शुष्क है। सन्तान उत्पन्न करके वह परिवार व समाज की वृद्धि करती है वरना उसके बिना वंश परम्परा नष्ट हो जाती है। वहीं दूसरी ओर 'नारी नरकस्य द्वारम्' कहकर नारी की उपेक्षा भी हुई है। उसे हेय दृष्टि से देखा गया वस्तुतः सृष्टि के आरम्भ से ही उत्थान–पतन की तरंगों में झूलती हुई भारतीय नारी को कभी पतन की मँझधार, तो कभी नारी को सम्मान का कगार भी कहा गया। नारी के प्रति श्रद्धा और विश्वास की भावना को व्यक्त करते हुए जयशंकर प्रसाद ने लिखा है–

नारी तुम केवल श्रद्धा हो
विश्वास रजत नग, पगतल में
पीयूष स्रोत सी बहा करो
जीवन के सुन्दर समतल में।[29]

उस देश की यह विडम्बना है कि देशकाल परिस्थिति के साथ महिलाओं को यातनाएँ और अपमान सहना पड़ा। पुरुष प्रधान समाज में सदा से ही नारी को उपेक्षित तथा प्रवंचित किया गया है। स्त्री की शारीरिक कोमलता एवं सरल हृदया के कारण पुरुष ने सदैव ही उस पर प्रभुत्व जमाया है। नारी का व्यक्तित्व सृष्टि के आरम्भ से ही कभी ऊँचा तो कभी नीचा होता दिखाई देता है, लेकिन फिर भी स्त्री और पुरुष का सम्बन्ध अभिन्न, अखण्ड और अनादि है। नारी पुरुष के समकक्ष है केवल मानसिक क्षमता और मानवीय भावनाओं के स्तर पर। वहीं आज की स्त्री अपनी अस्मिता और अस्तित्व की वास्तविकता को पहचाने लगी है और वह अपने आदर्शों का पूर्ण निर्वाह कर रही है।

'मृत्यु के पीछे जीवनशून्य शरीर जिस भाँति अपवित्र हो जाता है वैसे ही स्त्री के बिना घर भी अशुद्ध–सा हो जाता है। नारी की हास्यरूपी चंद्रिका से जिस गृह से प्रकाश नहीं होता, जिस घर का आंगन नारियों के कुसुम के समान कोमल चरणों से सुशोभित नहीं होता, जिस घर की वायु नारियों के केश सौरभ से सुगन्धित नहीं होती वह घर सर्वसम्पन्न होने पर भी न होने के तुल्य है। उसे शमशान ही कहना चाहिए। वह घर मनुष्यों के रहने योग्य कदापि नहीं है। वह स्थान सर्वथा कुटिलात्मा, भूतप्रेतों के ही आश्रय योग्य है।[30]'

प्राकृतिक रूप से स्वतन्त्र, विदुषी एवं कर्त्तव्यनिष्ठ भारतीय नारी जैसे–जैसे कठोर बन्धनों में जकड़ी जाने लगी, वैसे–वैसे उसमें इन बन्धनों से मुक्ति की छटपटाहट भी प्रारम्भ हो जाती है। भारतीय नारियों पर दृष्टिपात करने से यह ज्ञात होता है कि शोषण, अपमान एवं तिरस्कार जैसी उनकी नियति रही है। पुरुष प्रधान समाज ने जब चाहा तब नारी को देवी जैसे सर्वोच्च पदों पर आसीन कर दिया और जब इच्छा हुई उन्हें नरक का द्वार बताते हुए अपने आपको उनसे दूर कर लिया। डॉ. कमलेश माथुर का मत है :

'असहाय निर्बल तथा परवश नारी सास–श्वसुर की सेवा करने, सन्तान प्रसव करने तथा पुरुष की वासनाओं की तृप्ति करने में ही जीवन की सार्थकता तथा सफलता मानने लगी।'[31]

प्राचीन काल के भारतीय इतिहास में, सिन्धु घाटी की सभ्यता ने भारतीय समाज मातृसत्ता प्रधान समाज था किन्तु सिन्धु घाटी सभ्यता के पतन के पश्चात् ऋग्वैदिक काल से स्त्रियों पुरुषों के अधीन बना दिया था किन्तु अधीनता भी नाम मात्र की थी। अपितु विदुषी महिलाएँ वर्तमान दौर की तरह उस समय भी पुरुष के साथ कन्धे–से–कन्धे मिलाकर चलती थीं। यह आधुनिक सन्दर्भ में भी स्त्रियों को कमोबेश यह सम्मान प्राप्त है।

'बहन ठीक है; अक्षरशः सत्य है, यदि किसी देश, जाति और धर्म का पुनरुत्थान करना हो, यदि उसे उन्नति के शिखर पर पहुँचाना हो, यदि संसार में उसे कथ्य शिरोमणि बनाना हो तो पहले वहाँ की स्त्रियों को सुधार सभ्या की उच्च पदवी से सुभूषित कर उन्नति के सोपान पर चढ़ाना चाहिए–

जायेदरस्तं मधवन् त्सेदु योनिः
तदित् त्वा युक्ता हरयो वहन्तु
यदा कदा च सुनवाम योमम!
अग्निष्द्वा दूतो धन्वात्यच्छ।[32]

हिन्दुओं का धर्म इतना जटिल व विस्तृत है उसे समझना बहुत मुश्किल है–

वह देश वह जाति स्वयं उन्नति के मंच पर पहुँच जायेंगी यदि देश में कोई प्रचलित निकृष्ट रीति छुट्टी नवीन जारी कराना हो तो भी ऐसा करने के लिए वहाँ की स्त्रियों को बाध्य करना चाहिए।'[33]

यह बाध्यता स्त्री की स्वतन्त्रता से जुड़ा है। स्त्री को स्वतन्त्र होने के लिए पारिवारिक, सामाजिक और सांस्कृतिक दायित्व के बोझ को हटाने के लिए मातृत्व कर्म और देह से मुक्ति लेनी पड़ेगी तभी उसे सच्ची स्वतन्त्रता मिल सकती है। स्त्री, पुरुष, बच्चे बस यही परिवार है गृहिणी से ही इस परिवार का गृह आबाद होता है। स्त्री की सोच होती है कि–

'मैं तो शादी होने के पश्चात् अपने धर्म तथा कर्त्तव्यों का पालन दृढ़तापूर्वक करूँगी और पतिदेव की असम्भव तथा अनहोनी आज्ञा का भी कभी उल्लंघन नहीं करूँगी, परन्तु अपने धर्म द्वारा ही उनकी असम्भव आज्ञाओं को सम्भव बनाकर रहूँगी और मुझे पूर्ण विश्वास है कि यदि मैं अपने धर्म पर दृढ़ रहूँगी तो परमात्मा अवश्य मुझे सहायता प्रदान करेंगे और मेरे कामों को सफल बनायेंगे।'

'स्त्री अपने नूतन पुरातन रूप या परतन्त्र–स्वतन्त्र स्थिति में भी रहकर अपने आदर्शों का पालन करने की हर सम्भव कोशिश करती है और उसमें सफल भी होती है, अपने आदर्शों पर चलते हुए स्त्री मानती है कि 'पतिव्रत धर्म वह धर्म है जिसको हमारे ऋषि–मुनियों ने एक मत होकर उच्च स्वर से जिसकी महिमा का गान किया है–उस पर चलने वाली स्त्री को पतिव्रता कहते हैं–पतिव्रता स्त्री अपने पति के सिवाय अन्य किसी पुरुष को चाहे वह कितना ही गुण सम्पन्न हो पूज्य नहीं मानती, उसके लिए पति के सिवाय न कोई व्रत है न कोई तीर्थ और नाही पति के सिवा उसका कोई गुरु है पतिव्रता स्त्री–पुरुष के साथ उसकी छाया बनकर उसके साथ–साथ रहती है।'[34]

मध्यकालीन भारत में स्त्री को समाज में मानवीय स्थान प्राप्त नहीं था। हिन्दी साहित्य में भी नारी–निन्दा के अनेक चित्र दिखाई पड़ते हैं, इसका कारण शायद जैन और बौद्ध मठों में स्त्रियों के प्रवेश का निषेध ही था समाज में नारी और पुरुष की स्वीकृति विविध समय पृथक्–पृथक् रूप में हुई है। तुलसीदास के चित्रण में नर–नारी समाज में विवश दिखाई पड़ते हैं। यह विवश नारी स्वमिनी नहीं कामनी है पर उस नारी की माता रूप में गरिमा होती है, जिसमें पारिवारिक जीवन में भी मान्यता है। समाज में एकपत्नीव्रत का आदर्श स्थापित होते हुए भी विविध कारणों से बहुपत्नीत्व को स्वीकृति मिली। बहुपत्नीत्व हमेशा पारिवारिक जीवन में विषमताओं का मूल कारण बनता है, इसके कई चित्र मानस में भी अंकित हैं। मनुष्य की सामाजिक चेतना का प्रारम्भिक विकास परिवार में होता है। परिवार समाज की सबसे महत्त्वपूर्ण इकाई है।

'इस संसार में गृह की सृष्टि करने वाली एक मात्र नारी ही है। गृह से समाज और समाज से जाति की सृष्टि हुई है गृह के द्वारा गृहस्थ आश्रम और समाज के द्वारा जातीय जीवन का गठन हुआ है। इनके गठित होने का मूल कारण केवल नारी ही है। क्या गृह, क्या समाज, क्या जातीय जीवन, सबका प्रधान हेतु एकमात्र नारी ही कही जा सकती है। जिस नारी जाति को कोशिकाओं ने अबला नाम से पुकारा है, जिन कोमललांगिनियों से एक फूल की चोट भी सही नहीं जा सकती है, भला फिर संसार का कोई कठिन काम उनके लिए कैसे हो सकता है? आधुनिक पण्डितों ने नारी आत्मा को अपूर्ण और अविकसित कहा है। क्या स्त्रियाँ गृह की मर्यादा स्थापन करने वाली आदि सृष्टि कारिणी है?

क्या यही अबलाएँ ग्रार्हस्थ्य और जाती जीवन की प्रधान शक्ति रखती हैं। हाँ यही नारी गण इस संसार की गृह संचालिका होने की प्रधान शक्ति रखती है।'[35]

मध्यकाल के अधिकांश साहित्यकारों ने नारी को समाज में सम्मान न देकर उसे केवल पुरुषों की काम पूर्ति का एकमात्र साधन मानकर रचनाएँ की थीं पर जिस देश में उदात्त सभ्यता एवं संस्कृति विद्यमान है, वहाँ नारी के प्रति सम्मान होना स्वाभाविक है। ऐसा एक समय था जबकि अरब और तुर्क के लोग नारी को लूट के माल और अपने अन्तःपुर में सोने–चाँदी जैसे अमूल्य वस्तु के समान उसका व्यापार भी करते थे। ऐसी परिस्थिति में नारी की दयनीय स्थिति होती थी। लेकिन तुलसीदास ने नारी के प्रति संवेदनशील एवं नीतिपूर्ण अभिव्यक्ति की है।

'मर्यादा पुरुषोत्तम भगवान् श्री रामचन्द्र जी जब अपना राजपाट छोड़कर सीता जी को लिए वन में फिरते थे उस समय भी वह पूरे गृहस्थ थे। जब श्री जानकी जी को दशानन हर ले गया। तब अपने प्रिय अनुज लक्ष्मण जी के रहते भी वह यथार्थ बनवासी हो गये और उसी समय से उन्हें बनवास के कष्ट का भी अनुभव होने लगा। आर्य महर्षिगण घोर वन में सामान्य में कुटीबास करके भी अपनी भाग्यवती पत्नियों के साथ यथार्थ मुखी और आदर्श गृहस्थ थे। तात्पर्य यह है कि नार ही गृह का जीवन धन है, नारी ही गृहस्थाश्रम की एकमात्र अधिष्ठात्री लक्ष्मी है। बिना गृहिणी के गृहस्थाश्रम का निर्वाह होना सर्वथा असम्भव है।'[36]

महिलाओं का सबसे अधिक उत्पीड़न सामाजिक क्षेत्र में होता है। वास्तव में भारतीय नारी की पवित्रता तथा सतीत्व को उसकी सबसे बहुमूल्य निधि बताया गया, जबकि माँ की भूमिका के रूप में स्त्री का स्थान श्रेष्ठ होने के बाद भी हमेशा उसे गौण स्थान ही मिलता रहा। उसकी अन्य महत्त्वपूर्ण भूमिकाएँ भी दोयम मान ली गयीं और उसे पुरुष से हर तरह से हीन समझा गया। पुरुष की जन्मदात्री और उसके निर्माण विकास की उत्तरदायी होने के कारण स्त्री का स्थान पुरुष से ऊँचा है, और इस उच्चता को बनाये रखने के लिए पुरुष से प्रतिद्वन्द्विता करने की आवश्यकता नहीं है बल्कि अपने खोये हुए अधिकार को पुनः पाने की आवश्यकता है।

'तुम इस संसार में गृहस्वामिनी कहलाते हो। संसार का विस्तृत राज्य तुम्हारे ही भरोसे पर है। तुम मानव जाति की जननी हो और उनकी पूजनीया हो। तुम्हीं से जगत की उन्नति है और इस पवित्रता से जगत पवित्र होगा।'[37]

'आर्य महर्षिगण तुम्हारे महान् गौरव को हृदयगंम करके किस उदारभाव और प्रसन्न मन से तुम्हारी गुणवालियों का गान कर रहे हैं जैसे–

नारि हि जननी पुसां नारी श्रीरुअते बुधैः।
तस्माद् में हे गृहस्थाना मारी पूजा गरीयसी।।
यत्र नार्यस्तु पूज्यन्ते रमन्ते तत्र देवता।
यत्रैतास्तु न पूज्यन्ते सर्वास्तत्राफलाः क्रियाः
अर्द्ध भार्या मनुष्यस्य आर्या श्रेष्ठतम एसरवां
भायी मूल त्रिवर्गस्य मार्या मूल तरिष्यतः।

यही तुम्हारा पद, यही तुम्हारा गौरव, यही तुम्हारी शक्ति है। अतएव तुम अपने पद, गौरव और शक्ति को सम्यक रूप से समझकर कर्त्तव्य साधन में अग्रसर हो और इस संसार को स्वर्गधाम बनाओ और तुम्हारी महिमा से ही जगत महिमावान होगा। अतएव हे मानगृह की अधिष्ठात्री देवी। तुम जागो, आत्मज्ञान प्राप्त करो, यही हमारी विनीत प्रार्थना।'[38]

राष्ट्रीय परिदृश्य में महिला लेखन का मूल्यांकन करने की दिशा में अग्रसर होने पर हम साहित्य लेखन को विभाजित–सा पाते हैं। यह विभाजन पुरुष और स्त्री जैसे साँचे में विन्यस्त हुआ है। स्पष्ट है कि साहित्य सृजन से जुड़ा प्रत्येक व्यक्ति मात्र साहित्यकार, रचनाकार अथवा लेखक ही होता है स्त्री–पुरुष नहीं। संयुक्त राष्ट्र के मानवाधिकार में सभी राष्ट्रों ने आस्था जताई है। इसमें लिंग, वंश, रंग, धर्म, भेद को न मानने की बात कही गयी है। लेकिन भारत के सन्दर्भ में देखें तो यहाँ की राजनीति और समाज समेत तमाम क्षेत्रों में स्त्री–पुरुष समानता नदारद ही नज़र आती है। जबकि स्त्री–पुरुष साहित्य रथ के दो पहिए हैं उन्हें सर्वथा अलग करके मूल्यांकन करना उचित नहीं है। राजशेखर ने अपनी पुस्तक *काव्यमीमाँसा* में स्त्री–पुरुष के रचना संसार को अलग–अलग साँचों में बाँटने से इंकार किया है। महादेवी वर्मा ने '*शृंखला की कड़ियाँ* में स्त्री के अनुभव की प्रामाणिकता पर बल दिया है। लेकिन उन्होंने 'स्त्री–प्रश्न' को पुरुष के लिए वर्जित क्षेत्र नहीं माना है। रवीन्द्रनाथ टैगोर की पंक्तियाँ हैं :

'जब विधाता पुरुष निर्माण कर रहा था तब वह एक स्कूल मास्टर था, किन्तु जब नारी निर्माण के लिए उद्धत हुआ तो वह सहसा एक कलाकार हो गया और उसके हाथ में केवल रंग और तूलिका थी।'

सुनैना कहती है कि, "मुझे भाई नहीं बनना। मैं भाई वैसे भी नहीं बनूँगी, भाई खुद मुझे भाई नहीं बनाती मैं चाहूँ तो भी भाई नहीं बन सकती, 'मुझे त्याग बुरा लगता है क्योंकि वह भाई का बोझिल इतिहास है' वह बेटी नम्रता, उदारता, त्याग जैसे मूल्यों को नकराते हुए उनसे लड़ने का प्रयास करती है, उसे उस लड़ाई के लिए पुरुष ने प्रेरित किया। पुरुष की हैवानियत, वर्चस्व, उत्पीड़न, शोषण से लड़ती है पर इसके बावजूद वह अकेलेपन से जूझती है हारती नहीं।"[39]

स्त्री–विमर्श का मूल उद्देश्य महान रचना करने की या श्रेष्ठ चरित्रों को गढ़ने की कसौटी पर नहीं कसा जा सकता। इसका मूल उद्देश्य स्त्री–मुक्ति का आख्यान रचना है। यह मुक्ति उसकी वैयक्तिक भी है और सामाजिक भी है और यौनिक भी। बहुत सहानुभूति रखने वाला व्यक्ति भी प्रसव पीड़ा का अनुभव नहीं कर सकता। परिवार में स्त्री के साथ दोयम दर्जे का सूचक पवित्र और महान् भारतीय संस्कृति का अंग मान लिया जाता है। स्त्री की अग्नि परीक्षा लेना मर्यादा पुरुषोत्तम का काम है।

धर्म भारतीय जनजीवन का केन्द्रबिन्दु रहा है और इसने हमेशा ही लोगों के सामाजिक तौर–तरीकों और रहन–सहन की आदतों पर अपना बहुत अधिक प्रभाव डाला है। ऐसी परिस्थिति में समाज की स्थिति इस बात पर निर्भर करती थी कि इस समाज का धर्म कैसा है। जिन युगों में यह माना जाता था कि धर्म पूर्ण ब्रह्म रूप और धार्मिक क्रियाकलाप ही माना गया तब समाज का धार्मिक दृष्टिकोण लकीर का फकीर बन गया। 18वीं शताब्दी में अधिकांश लोगों के लिए धर्म का क्या मतलब था? स्पष्टतः यह अधिकारिक निषेधों से परिभाषित होता था :

'कड़े नियम और प्रतिबन्ध, यानी क्या खाओ और क्या न खाओ, किसे छुओ और किस से दूर रहो, किस तरह के बर्तन में कहाँ खाना पकाओ या खाओ। कितनी दूर तक यात्रा की जा सकती है, स्नान किस जगह किया जा सकता है और कौन से मंदिरों में जा सकते हैं।'[40]

धार्मिक शुद्धता बनाये रखने के लिए लोग एक–दूसरे के प्रति असहिष्णु हो गये और उनमें कट्टरपंथीपन आ गया।

ब्राह्मण और पण्डितों पर लोगों की अत्यधिक निर्भरता और असंगत शास्त्रविधियों पर पण्डितों की निर्भरता ने धर्म को केवल मूर्तिपूजा और रूढ़िवादी बातों का प्रतिरूप बना दिया। हिन्दू धर्म का यह एक विरोधाभास है जहाँ उसने सभी बाहरी धर्मों के प्रति सहनशीलता और उदासीनता

का रवैया रखा वहाँ स्वयं अपने अन्दर ऐसी किसी भी बात को सहन नहीं किया, जो शास्त्र विधियों और कर्मकाण्ड के अनुरूप नहीं थी। फिर भी हिन्दू धर्म अपने आप में नागफनी की भाँति अगम्य था। इसके इतने विविध रूप थे कि कोई व्यक्ति इस धर्म को किसी भी अर्थ में ले सकता था। बहुत सारे रूप लिए हुए यह धर्म जटिल था। इसका प्रत्येक रूप के नियमों और कई औपचारिकताओं का निहितार्थ किसी की समझ में नहीं आता था और कभी किसी ने इसके सम्बन्ध में कोई प्रश्न नहीं किया। लेकिन फिर भी इनका पालन न करना एक अक्षम्य अपराध माना जाता था। 15वीं–16वीं शताब्दियों में कई द्रष्टा और सन्त, उपदेशक और धर्म सुधारक पैदा हुए जिन्होंने मध्य युग के धर्मों को तर्कसंगत बनाने में महत्त्वपूर्ण भूमिका निभायी।

'आम भारतीय समाज में एक स्त्री के लिए उसकी किशोरावस्था से बुढ़ापे तक की जो भूमिकाएँ इस समाज में तय की गयी हैं और इनमें उसके मातृत्व रूप को सबसे ज़्यादा महिमामंडित किया गया है, बचपन से ही उसे एक कुशल गृहणी, अच्छी पत्नी और ममतामयी माँ बनने के उपदेश दिये जाते हैं, मानो वह एक जगह भी चूक गयी तो उसकी ज़िन्दगी बेकार है।'[41]

भारतीय समाज की ऐतिहासिक सच्चाई यही है कि स्त्रियाँ सदियों से पुरुषों के अधीन रही हैं। उनकी 'पराधीनता' को 'सुरक्षा कवच' कहकर आख्यायित किया जाता है। प्राकृतिक रूप से स्वतन्त्र, विदुषी एवं कर्त्तव्यनिष्ठ भारतीय नारी जैसे–जैसे कठोर बन्धनों में जकड़ी जा रही थी, वैसे–वैसे उसकी मुक्ति की छटपटाहट भी बढ़ रही थी।

धर्म एवं नीति समाज के अविभाज्य अंग हैं, पुरुषों की अपेक्षा नारी–वर्ग में इनके प्रति निष्ठा होती है, विशेषतः धार्मिक आडम्बरों के प्रति उन्हें अधिक मोह रहता है। यद्यपि कलानिष्ठ व्यक्ति की चेतना सामान्य व्यक्ति से अधिक परिमार्जित रहती है। तथापि समकालीन वातावरण के प्रभाव से मुक्त रहना उसके लिए सम्भव नहीं होता। मनुस्मृति में लिखा है– *'पिता रक्षति नौमारे, भर्ता रक्षति यौवने, रक्षति स्थविरे पुत्रा, न स्त्री स्वातन्त्र्महति'*।

वैदिक धर्म में आख्यान, ब्राह्मण संहिता, उपनिषद् तथा श्रुति, गुहा, धर्मसूत्र आदि में उसी स्त्री को श्रेष्ठ कहा गया है जो पति की इच्छापूर्ति में सहायक हो। उत्तर वैदिक काल में जब ब्राह्मणों का कर्मकाण्ड बढ़ा तो उनके पाखण्ड का शिकार स्त्रियाँ ही हुईं।

'हिन्दू धर्म में वैसे तो सैद्धांतिक स्तर पर स्त्री–पुरुष की पूरक है। संगिनी है उसकी अनुपस्थिति में पुरुष को कोई धार्मिक अनुष्ठान करने का अधिकार प्राप्त नहीं है। 'अश्वमेध यज्ञ' करने के लिए राजा राम तक को सीता की स्वर्णमूर्ति बनवानी पड़ी। किन्तु व्यावहारिक धरातल पर उसे समानाधिकार कभी प्राप्त नहीं हुआ।'[42]

स्वतन्त्रता पूर्व 18वीं शताब्दी में धार्मिक आडम्बर, रूढ़िगत विचार, परम्परागत सामाजिक संस्कारों ने मिलकर अन्धकार का ऐसा परिवेश भारतीय जीवन के चारों ओर निर्मित कर दिया था कि उसे तोड़ पाना सम्भव नहीं था। पराधीन भारत की बेड़ियाँ नारी के स्वरूप को पूर्णतया विकृत कर चुकी थीं।

हिन्दू आत्मा की अमरता में विश्वास रखता है, क्योंकि इसका ईश्वर के साथ एकतत्व है, मनुष्य का अपने कार्यों में सफल होना, अस्तित्व की विभिन्न व्याख्याओं से होकर गुजरना, यह सब परमसत्ता को जानकर ही प्राप्त कर सकता है।

'स्त्री–धर्म का अर्थ क्या है? पति की आज्ञा का पालन करना, उसके मन के मुताबिक बर्ताव करना, पति ने यदि लताड़ दिया, गालियाँ दीं, दूसरी स्त्रियों के साथ सम्बन्ध रखें, शराब पी, जुआ खेला किसी को मार कर, चुगली करके खजाना लूटकर, रिश्वत खाकर चिल्लाता हुआ भी यदि वह घर आये तो भी यह मानकर कि कोई बड़ा कृष्ण महाराज हो आया है उसका हँसकर स्वागत करना, उसकी सेवा करना, यही तो है ना आपका स्त्री–धर्म?'[43]

जब प्रकृति के नियमानुसार बाहर का काम पुरुष में और घर का काम स्त्री में विभाजित हो गया है तब क्यों पुरुष स्त्री को हीन समझते हैं? मनुष्य मात्र इस संसार में जन्म गृहण करते ही सबसे पहले स्त्री जाति से ही परिचित होता है, उस दिन से किसी–न–किसी रूप से नारी जाति ही के आश्रय में पुरुष का जीवन बीतता है और अन्त में नारी जाति के ही द्वारा संचित रहकर उनका प्राणांत हो जाता है।

'ईश्वर यदि स्त्रियों की सृष्टि न करता तो दया, स्नेह, ममता, करुणा और मधुर मनोवृत्तियों की सृष्टि भी न होती। स्त्रियाँ ही इस संसार को मातृरूप में असीम वात्सल्य, पत्नीरूप में असीम प्रणय और कन्या रूप में भक्ति प्रदान कर रही है। स्त्रियाँ ही संसार की शान्तिरूपिणी प्रतिमा हैं। नारी दया की मूर्ति है। उसका कोमल हृदय पराये दुःख को भी सहन नहीं कर सकता।

हिन्दू शास्त्र का नियत किया हुआ गृहस्थाश्रम कभी बिना स्त्री के सम्पादित नहीं हो सकता। पुत्र के प्रति माता का जितना स्नेह होता है, पिता उतना कदापि नहीं कर सकता।'[44]

किन्तु धर्म में स्त्रियों को लेकर परिभाषा अलग–अलग तरह से की गयी है। बुरा–भला सोचने के क्रम में धर्म नहीं टिक पाता? जहाँ विचार होते हैं वहाँ विकल्पों का आना स्वाभाविक है। मनुष्य समाज में रहकर केवल मनोनिग्रह से स्त्री–धर्म की रक्षा करना असम्भव है। मनुस्मृति और हिन्दू धर्म दोनों में स्त्री को लेकर अलग विचार एवं मान्यताएँ हैं। अपने पति को भगवान की भाँति मानना, अपनी मुक्ति पति के सहारे ही हो सकती है ऐसा मानना, सभी बातों में पति की बातों का आज्ञापालन करना, स्वतन्त्रता का लोभ नहीं करना, कायदे एवं रिवाजों द्वारा स्वीकृत कामों के अतिरिक्त कुछ नहीं करना आदि। मनु के अनुसार स्त्रियों के निम्न कर्त्तव्य हैं :

- *बचपन में, जवानी में और बुढ़ापे में स्त्री को अपने घरों में भी अपनी इच्छा से कोई काम नहीं करना चाहिए।*
- *स्त्री बचपन में पिता के, जवानी में पति के और पति के मर जाने के बाद बुढ़ापे में पुत्र के वश में रहे, स्वतन्त्र कभी न रहे।*
- *स्त्रियों के अच्छे भाग्य के लिए विवाह में माँगलिक पाठों का सस्वर उच्चारण किया जाता है, प्रजापति के उद्देश्य से जो हवन किया जाता है, लेकिन पिता या अभिभावकों द्वारा स्त्री का वाग्दान किया जाना ही स्त्री को पति के अधीन बना देता है।*
- *सदाचार से हीन, परस्त्री में अनुरक्त और विद्या आदि गुणों से हीन पति भी पतिव्रता स्त्रियों के लिए देवता के समान पूज्य होता है।*
- *स्त्रियों के लिए पृथक् (पति के बिना) यज्ञ नहीं है। पति की आज्ञा के बिना व्रत और उपवास नहीं है, पति की सेवा से ही स्त्री स्वर्गलोक में पूजित होती है (मनु V, पृ. 147–56),*
- *मन, वचन तथा कर्म से संयत रहती हुई जो स्त्री पति के विरुद्ध कोई कार्य नहीं करती, वह पतिलोक को प्राप्त करती है तथा उसे सज्जन लोग 'पतिव्रता' कहते हैं। (मनु V, पृ. 164–66)'*[45]

हिन्दू धर्म की मान्यताओं में स्त्रियों के प्रति कुछ आदर्श धारणाएँ भी मिलती हैं :

- जहाँ स्त्रियों का सम्मान किया जाता है, वहाँ देवता प्रसन्न होते हैं, लेकिन जहाँ उनका आदर सत्कार नहीं होता, वहाँ पवित्र अनुष्ठान भी निष्फल होते हैं,
- जिस कुल में जामि (स्त्री, पुत्रवधू, बहन, भानजी, कन्या आदि) तकलीफ में जीती हैं, वह कुल शीघ्र ही नष्ट हो जाता है और जिस कुल में तकलीफ नहीं होती, वह कुल सदा उन्नति करता है।
- वस्त्र आभूषणादि के द्वारा स्त्री के प्रसन्न रहने पर वह सम्पूर्ण कुल सुशोभित होता है तथा इसके प्रसन्न नहीं रहने पर वह संपूर्ण कुल मलिन हो जाता है।[46]

ऐसा नहीं है कि हिन्दू धर्मग्रन्थ ही ऐसे आदर्शों व निर्देशों से अटे पड़े हैं, मुस्लिम धर्मग्रन्थ भी इसमें पीछे नहीं है। उदाहरण के लिए कुरान की एक आयत में लिखा है—'पुरुष स्त्रियों के स्वामी हैं जिन स्त्रियों से विद्रोही होने का भय हो उन्हें समझाओं, उन्हें अपने बिस्तरों से दूर रखो और उन्हें कुछ सजा दो।'

कुरआन की आयतों को ही आधार बनाकर मुस्लिम स्त्रियों को स्वर्ग का रास्ता दिखाने वाला एक महत्त्वपूर्ण धार्मिक ग्रन्थ है *बहिश्ती जेवर* (स्वर्ग का आभूषण) इसके रचयिता मौलाना अशरफ अली थानवी भी स्त्रियों द्वारा पति के साथ निबाह करने का तरीका बताते हुए लिखते हैं :

'जहाँ तक हो सके मियाँ का दिल हाथ में लिए रहो और उसकी आँख के इशारे पर चला करो...अगर वह दिन को रात बतलाए तो तुम भी दिन को रात कहने लगो।' 'शौहर किसी बात पर तुमसे खफा होकर रूठ गया तो तुम भी गाल फुलाकर बैठी न रहो बल्कि खुशामद करके माफी—तलाफी करके हाथ जोड़ के जिस तरह बने उसको मना लो। चाहे तुम्हारा कसूर न हो, शौहर का ही कसूर हो तब भी तुम हरगिज न रूठो और हाथ जोड़कर कसूर माफ कराने को अपनी इज्जत समझो।'

धार्मिक ग्रन्थों में दिये गये इन आदेशों—निर्देशों को पुरुष लेखन में भी देखा जा सकता है।

साहित्य में तब ऐसा अनायास नहीं बल्कि सायास हुआ था, क्योंकि यह सब पुरुष मानसिकता से संचालित था, जिसका आधार शास्त्रों में वर्णित, सन्तवाणी और लोक में प्रचलित स्त्री धर्म की वह अवधारणा

और मान्यता है जिसके कारण स्त्री–प्रश्नों को जानबूझ कर अनदेखा किया गया। 19वीं सदी के नवजारण ने पश्चिम के प्रान्तों में किसी लेखिका को जन्म नहीं दिया लेकिन बंगाल, महाराष्ट्र और पंजाब की कई लेखिकाएँ सामने आयीं जिन्होंने अपनी रचनाओं को आधार बनाकर समाज–सुधारकों से या यूँ कहें पुरुष मानसिकता से अलग स्त्री–प्रश्नों को अपनी स्त्री–दृष्टि से देखा। पंजाब की एक लेखिका 'एक अज्ञात हिन्दू औरत' ने *सीमन्तनी उपदेश* नामक पुस्तक लिखी। इस पुस्तक का सबसे प्रमख उद्‌देश्य पतिव्रत धर्म की आलोचना करना है। 'पतिव्रतधर्म स्त्री को पुरुष के प्रति वफादार रहने, मुसीबत या बीमारी में उसकी सेवा करने को कहता था। लेखिका इससे इंकार नहीं करती। लेकिन इसे वह पतिव्रतधर्म का अंग नहीं मानती क्योंकि अगर कोई इन्सानी फर्ज है तो वह सिर्फ़ पति तक सीमित क्यों रहेगा? इसलिए पतिव्रतधर्म की नहीं, मानवधर्म की बात होनी चाहिए।

'सिर्फ़ खाविंद पर ही नहीं माँ–बाप, भाई, बेटा, जो मुसीबत में गिरफ्तार हो, सब पर ऐसा रहम करना चाहिए।'[47]

पतिव्रतधर्म के कारण स्त्री–पुरुष के बीच भेदभाव का मुख्य रूप सामने आता था, इससे पुरुष व्यभिचारी बनते थे, स्त्रियों को अन्याय सहने को मजबूर किया जाता था। प्रतिदिन सवेरे पति से पहले उठकर स्नादि के बाद गृहस्थी के काम में लगने वाली। 'अच्छी लड़की' अर्थात् अपने घर का काम दिल लगाकर करने वाली। मनु ने तो साफ़ लिखा है कि 'स्त्रियों को स्वतन्त्रता न दें गृहकार्य में प्रवृत्त करके अपने वश में रखें। स्त्री कभी स्वतन्त्र करने योग्य नहीं हैं।' तुलसीदास भी बार–बार यह कहते हुए नहीं थकते हैं :

सहज अपावन नारि मैं नारी अपावन
अधम ते अधम अति नारी
अधम जाति मैं जड़मत मारी
महाबृष्टि चलि फूटि कियारी
जिमि सुतन्त्र होई बिगरहिं नारी

अथर्ववेद में भी स्पष्ट निर्देश दिया है कि 'स्त्री को चाहिए कि वह पति से विरोध या कलह न करे, अपितु उसके अनुकूल रहकर उसकी प्रियता प्राप्त कर अपने ऐश्वर्य में वृद्धि करे। जाति व्यवस्था के सबसे

प्रखर और सुसंगत विरोधी कबीर भी स्त्री की संगति को साधक के लिए खतरनाक मानते हैं। मर्यादा की मान्यताओं को धारण करती हुई मात्रा यहाँ भी अपना रंग दिखाती है–

नारी की झाई पड़त अन्धा होत भुजंग।
कबिरा तिनकी कौन गत जे नित नारी के संग।।

स्त्री–पुरुष का सहज स्वतःस्फूर्त सम्बन्ध मर्यादा के विविध ढाँचों में चरमराहट ज़रूर पैदा करता है।[48]

सभी परम्पराएँ और सभ्यताएँ स्त्री के सन्दर्भ में कहीं न कहीं गहरी हीनता ग्रंथि और अपराध बोध से ग्रस्त हैं। पण्डिता रमाबाई ने जून 1882 में अपनी पहली किताब *'स्त्री धर्मनीति'* लिखी। 'स्त्री–धर्म नीति की शुरुआत में ही पण्डिता रमाबाई ने लिखा था कि स्त्री की प्रगति की नींव है–आत्मविश्वास और आत्मनिर्भरता।'

एक अबला लेखिका जो कि आरम्भिक लेखिकाओं में है, उसकी मुख्य परेशानी यही थी कि तब लेखिकाएँ अपना नाम व पता गुप्त रखती थीं। उनमें से ही यह एक लेखिका भी थी। उन्होंने अपनी एक कहानी *'पतिव्रत का दृष्टांत'* में कहानी के माध्यम से नायिका कलावती के जीवन–दृष्टान्त द्वारा उस समय के समाज में रह रही स्त्रियों को पतिव्रत धर्म का उपदेश दिया है। कलावती जो कि पतिव्रता होने का प्रमाण देती है, अपने पति कर्णसिंह की सहायता हेतु उनके साथ युद्ध क्षेत्र में जाती है, जहाँ विषबुझा तीर लगने से कर्णसिंह गम्भीर रूप से धायल हो जाते हैं। कलावती पति के शरीर के विष को चूसकर उनकी प्राण–रक्षा करती है और स्वयं मृत्यु का आलिंगन करती है। लेखिका का मानना है कि जिस तरह की भक्ति अपने पति के प्रति कलावती ने दिखाई इस तरह की पतिप्राणा ललनाओं का अभाव है।

1927 में प्रकाशित श्रीमती स्फुरना की आत्मकथा *'अबलाओं का इन्साफ़'* में लेखिका ने उच्चकुलों में व्याप्त स्त्री–धर्म को अपनी आत्मकथा में दिखाया। इसमें उच्चकुल की स्त्री, वह भी विधवा द्वारा अभिव्यक्त किया गया उच्चकुलों, विशेषकर ब्राह्मण और वैश्य समुदाय के परिवारों की स्त्रियों का लोमहर्षक आख्यान है। इसमें धर्मराज से क्षमा देवी अर्थात् सहनशीलता बहस करते हुए कहती है :

'स्त्रियों के स्वतन्त्र न होने का मतलब यह नहीं है कि अपने जन्मसिद्ध अधिकारों और स्वत्वों से उसे ही वंचित रखा जाये। जो स्वत्व पशुओं को भी जन्म से प्राप्त हैं वे इससे छीन लिए जायें क्या इसी का

नाम पुरुषों का संरक्षण है? क्या स्त्री को पुरुषों के अधीन रखने का यह तात्पर्य है कि पुरुष तो चाहे जितने उचित–अनुचित विषय भोगें, चाहे जितनी स्त्रियों के साथ दुराचार करें, चाहे जितनी अबलाओं पर अत्याचार करें, उनका जन्म भ्रष्ट करें, पर स्त्री बाल ब्रह्मचारिणी रहकर शरीर के प्राकृतिक वेगों की वेदना सहती हुई जन्मभर दुखिया बनी रहे।'[49]

ताराबाई शिन्दे जैसी लेखिकाओं ने भी स्त्री धर्म को अपनी आलोचनाओं का निशाना बनाया।

'ताराबाई ने यहाँ पारिवारिक धर्म के ख़िलाफ़ नैतिकता का सवाल उठाया, उन्होंने अपने नैतिक बोध और उचित–अनुचित के विवेक के आधार पर शास्त्रों में वर्णित और लोक में प्रचलित पतिव्रत धर्म को नामंजूर कर दिया। वास्तविक समाज में यह धर्मशास्त्र के बताए ढंग से चलता भी नहीं है क्योंकि यह अव्यावहारिक और असम्भव है, स्त्री के पतिव्रत रहने पर इतना ज़ोर देना ही ग़लत है।'[50]

बंग महिला ने गृहचर्या पर विचार करते हुए लिखा :

'स्त्रियों का सबसे आवश्यक और उपयोगी काम अपने घर–गृहस्थी की देखभाल करना है। गृहस्थी का सारा काम उनके सिर पर रहता है। मनुष्यों का काम धन कमाने का है पर स्त्रियों का काम उस धन से गृहस्थी का काम चुकाने का है, जिसमें सारी गृहस्थी बनी रहे और वह उस घर के सब लोगों के आनन्द और सुख का कारण है। इसलिए स्त्रियों को घर की देवी कहना चाहिए।'[51]

ताराबाई शिन्दे द्वारा स्त्री–धर्म की आलोचना किये जाने पर बहुत से पुरुष सुधारक बौखला उठे। यहाँ तक कि ब्राह्मण विरोधी लेखकों ने भी ताराबाई की पुस्तक की आलोचना की। मध्ययुगीन साहित्य की मीरा का जीवन भी नारी–विद्रोह का रचनात्मक आगाज है। मीरा ने धर्म की व्यवस्था से भी विद्रोह किया। उन्होंने किसी रूढ़ि का पालन नहीं किया, इसलिए परिवार और समाज की तरह 'धार्मिक व्यवस्था' ने भी उन्हें नहीं बख्शा। 'चौरासी वैष्णवन की वार्ता, में मीरा के सम्बन्ध में इस प्रकार का प्रसंग दिया गया है :

'एक दिन मीराबाई के श्री ठाकुरजी के आगे रामदास जीगावत हुए, तब मीराबाई बोली, जो दूसरो पद ठाकुर जी के गावो, तब रामदास जी ने कह्यो मीराबाई सौ, अरी दारी। ये राँड कौन के पद हैं। ये कहा तेरे खसम को मूड़ हैं। जा, आज से तेरे मुँहणो कबहूँ न देखौगो। तब तहाँ से सब कुटुम को लेके रामदास जी उठ चले।'[52]

स्त्रियों के प्रति यह दृष्टिकोण सदियों से चला आ रहा है, साहित्य में भी इसका स्वरूप पूरी तरह उभरकर हमारे सामने आता है। नवजागरण के दौर में कई पुरुष सुधारकों ने इसके प्रति नाराज़गी व्यक्त की, लेकिन स्त्रियों को खुद इसमें पहल करनी पड़ी। नवजागरण कालीन लेखकों में सबसे बड़े शिक्षाविद और सुधारक सैयद अहमद ने भी धार्मिक ग्रन्थों में दिये गये आदेशों व निर्देशों से पूरी तरह प्रभावित थे। ऐसे में हम कल्पना कर सकते हैं कि पूरे नवजागरण से स्त्री–लेखन क्यों उपेक्षित रहा, बल्कि गायब कर दिया गया। लगता है पुरुष लेखकों की नज़र में स्त्री–धर्म के नाम पर पतिव्रत धर्म से बढ़कर स्त्रियों के लिए कोई धर्म न था। आज हम उस दौर के जिस लेखन का उल्लेख करते हैं, उसमें से अधिकतर ऐतिहासिक मिथकीय चरित्रों व घटनाओं पर आधारित प्राचीन हिन्दू गौरव को महिमा मंडित करने वाला था। मनु द्वारा स्त्री के लिए बनाई गयी संहिताओं की तरह पुरुषहितों को पुष्ट और पोषित करने वाला था।

ऐसा नहीं है कि यह प्रवृत्ति केवल हिन्दी लेखन में थी अपितु मराठी साहित्य भी इससे अछूता नहीं था। इसे *'मुक्तमाला'* (1861), *मंजुघोष* (1968) तथा *मनोरमा* (1871) नाटको में देखा जा सकता है। श्रीमती स्फुरना देवी ने अपनी आत्मकथा में भी कहा है–

जिस समय इस समाज की स्त्री–जाति आपकी कृपा से घोर अन्धकार में पड़ी हुई अपने आपको और अपने स्वाभाविक अधिकारों का कुछ भी ज्ञान नहीं रखती थी, उस समय आपके अत्याचारों पर पूरी तरह से परदा पड़ा हुआ था, जिससे समाज को अकथनीय हानि पहुँची : परन्तु अब वह समय नहीं रहा। ...आप लोगों के अप्रकट अत्याचार बढ़ते–बढ़ते असह्य होने लगे और पढ़ी लिखी स्त्रियाँ इस विषय को कुछ–कुछ प्रकट करके उस पर प्रकाश डालने लगीं, और अपनी जाति के उद्धार के लिए छटपटाने लगीं। उनके उस प्रयत्न में कहीं से भी सहायता मिलने का ढंग उन्हें नहीं दिखता था–

सभी सहायक सबल के, कोऊ न निबल सहाय।
पवन जगावत आगि को, दीपहिं देत बुझाय।।[53]

शायद स्त्रियाँ भी यही मानती थीं कि पतिव्रत धर्म का पालन करना ही उनके जीवन का मुख्य उद्देश्य है, क्योंकि कुछ लेखिकाओं के साहित्य में यह बात साफ़ तौर पर उभरकर सामने आयी। श्रीमती कुन्ती देवी का 1909 में प्रकाशित *पार्वती* नामक उपन्यास स्त्री–धर्म का पालन करने और

अपने पति की सेवा करने का सन्देश देने वाला उपन्यास है। भारतीय अबलाओं की कटुवादिनी होना ही इसका मूल कारण है। लेखिका ने पार्वती की तरह अपने स्त्री–धर्म का पालन करने और घररूपी राज्य का काम किस प्रकार सुधरे कि घर–स्वर्ग बन जाये, इसका चित्रण किया है। लेखिका ने विभिन्न उदाहरण देकर नारी की शक्ति को दिखाया है। स्त्रियों को बहुत अधिक उपदेश दिये हैं।

हमारे देश में हज़ारों स्त्रियाँ ऐसी हैं जिन्होंने अपने धर्म का पालन करते हुए अपने प्राण गवाँ दिये। उपदेश दिये गये हैं–'उतिष्ठत्, जागृत प्राप्त वरान् बोधत्।'[54]

सावित्री आख्यान में पतिव्रता धर्म का विश्लेषण किया गया है, लेकिन आज कौन–सी स्त्री इसके अनुसार बर्ताव करती है।

'सावित्री आख्यान कहता है कि पति ने लताड़ दिया तो हँसकर नरम स्वरों में पति से कहना चाहिए–'आप मत मारो, आपके पाँव में दर्द होगा'–पति के पैर दबाने चाहिए, आख्यान कहता है कि पति मुक्कों से, लकड़ी से पिटाई करे तो रोना छोड़कर उलटे मक्खन लेकर, घर में मक्खन न हो तो पड़ोसी से माँगकर, बाज़ार से लाकर पति के हाथों में लगाना चाहिए। परन्तु वास्तविकता तो अलग ही है कौन स्त्री आज ऐसा करती है? पति के हाथों को मक्खन लगाने के बजाये' वह कहती है 'पीटने वाले के हाथ जल जायें... *'स्त्री चरित्र'* नामक किताब में स्त्रियों के 'साहस' के बारे में किसी पुरुष ने नहीं लिखा है, वह कितना सच है, इसका प्रमाण ही नहीं है।'[55]

19वीं सदी के हिन्दी नवजागरण में एक भी लेखक ऐसा नहीं दिखता जिसने अपने परिवार की किसी स्त्री को सुधार आन्दोलन में आगे बढ़ाया हो। आरम्भिक स्त्री लेखिकाओं ने अपने समय में जहाँ एक ओर चर्चा और विवादों को जन्म दिया था, वहीं दूसरी ओर भारतीय स्त्री के जीवन को बदलने में एक महत्त्वपूर्ण भूमिका निभायी। उनके साहित्य ने जहाँ एक ओर भारतीय समाज में स्त्री–सम्बन्धी विचारों को बदला तो दूसरी ओर कुछ लेखिकाओं ने पुरानी उपदेशात्मक नीति को ही आगे बढ़ाया।

'उत्तम पत्नी गृहलक्ष्मी स्वरूप है। वे निज जीवन के पुण्य और प्रेम से गृह को उज्ज्वल कर देती हैं उनके शासन, प्रेम के पवित्र शासन हैं उनकी क्षमा और सहनशीलता के आगे पृथ्वी के सम्पूर्ण दुःख यन्त्रणा लघु

हो जाते हैं ऐसी लक्ष्मी की सी सुगाती नारी जिनकी अर्द्धांगिनी हैं वे पुरुष सचमुच धन्य हैं।'[56]

याभि : सोमो मोदते हर्षते च
कल्याणीभिर्युवतिभिन मर्यः।
ता अध्यवर्यो अपो अच्छा परेहि
यदासिचा औषाधियी : पुनीतात्।।[57]

स्त्री को केवल उत्तम, गृहलक्ष्मी, माँ, बहन आदि के रूपों में ही हर जगह दर्शाया या उसका पालन करने को कहा गया है। क्योंकि उससे वह जीवन के पुण्य और प्रेम से गृह को उज्ज्वल कर देती है। उनकी क्षमा से पृथ्वी के सम्पूर्ण दुःख कम हो जाते हैं, उनके चरित्र की विशुद्धि और पवित्रता देखने से मनुष्यमात्र पवित्र हो जाते हैं। स्त्री का लक्ष्य रूढ़ियों को त्याग कर और भविष्यपरक मूल्यों को अपनाना है।

'ईश्वर करे कि फिर मर्यादा पुरुषोत्तम राम जैसे पत्नीव्रत धारी और सीता जैसे पतिव्रत धारी देवियाँ इस भारतवर्ष में पैदा हों तभी कलयुग सतयुग में परिवर्तित हो सकेगा।'[58]

'प्रकृति ने तो स्त्री को भी स्वतन्त्र रूप दिया। स्त्री–पुरुष को धारण करती है। इस नाते भी श्रेष्ठ है किन्तु पुरुषों ने उसे छलबल से अबला बना दिया। अबला वही करती रही जो पुरुषों की मंशा होती। पुरुष सोच व व्यवस्था को ही उसने आभ्यन्तरीकृत किया। उसने न 'स्व' को पहचाना और न ही उसकी कोई दृष्टि बनी। वह तो पति–पुरुष से हारकर भी जीतने का भ्रम पालकर खुश हो लेती।'[59]

भारतीय स्त्री–मुक्ति के विभिन्न चरणों में गुजरती क्या अपने लक्ष्य को प्राप्त कर सकी है? कहा जाता है कि जब एक स्त्री शिक्षित होती है तो एक पूरा परिवार शिक्षित होता है भूमण्डलीकृत समाज में सभी धर्म, जाति की लड़कियाँ शिक्षित हो रही है।

महादेवी का तो जीवन भी एक मुक्तिगाथा है–पराधीनता, रूढ़िवादिता के विरुद्ध अनथक संघर्ष। उस संघर्ष को उन्होंने साहित्य में अधिक व्यापक रूप दिया। नारी की विभिन्न अवस्थाओं का वर्णन करते हुए अपने लेखन में उन्होंने स्त्री–जागरण और स्त्री–मुक्ति के मुद्दे को ही प्रमुखता से रेखांकित किया है। आरम्भिक काल में उत्पन्न बाधाओं का परिहार

करके साहित्य रचना में भाग लेने वाली महिलाओं को भी प्रायः वांछित प्रोत्साहन नहीं मिल पाता। कुछ पुरुषों को यह विश्वास हीं नहीं होता कि स्त्री कभी लिख सकती है। रजनी पनिकर ने *'भारतीय कार्यालय में कुछ क्षण'* शीर्षक लेख में नारी की प्रतिभा के प्रति पुरुषों के दृष्टिकोण को इस प्रकार व्यक्त किया है–

'प्रायः पुरुष नारी की रचना को व्यक्तिगत ललकार के रूप में लेता है, बौद्धिक क्षेत्र में वह नारी को इतना योग्य समझता ही नहीं कि वह स्वयं लिख सकती है। उसकी समझ में नारी का कोई न कोई ऐसा हितैषी होता है जो लिखकर दे दिया करता है। कैसी झुंझलाहट है पुरुष की यह।'[60]

इस प्रकार की विचारधारा नारी–जाति को निरूत्साहित करने के लिए पर्याप्त है। किन्तु, उन पुरुषों की मनोवृत्ति के विषय में क्या कहा जाये जो हीन ग्रंथियों से युक्त होने के कारण किसी नारी के काल्पनिक नाम से साहित्य–रचना करते हैं।

परम्परागत रूप से स्त्री का संसार प्रायः उसके परिवार तक ही सीमित रहता आया है। प्रतिभा के उन्मेष के लिए अपेक्षित समाज–दर्शन के अभाव में उसके समक्ष वैयक्तिक और पारिवारिक समस्याओं का ऐसा जाल रहता है कि वह अपनी रचनाओं में प्रायः उन्हीं की अभिव्यक्ति कर पाती है। विगत शताब्दियों में भारत में स्त्रियों की अपेक्षा पुरुषों को विशेष सामाजिक सुविधाएँ मिलीं, अतः साहित्य–क्षेत्र में उनकी प्रतिभा का यथोचित प्रसार हुआ। इसके विपरीत स्त्रियाँ शिक्षा की अपर्याप्तता, अध्ययन की सीमाओं, कार्यक्षेत्र में व्यापकता के अभाव, पारिवारिक उत्तरदायित्वों समाज और परिवार के विरोध एवं वान्छित प्रोत्साहन के अभाव के कारण साहित्य–रचना में उतनी कृतकार्य नहीं हो सकीं, लेकिन न तो उनमें प्रतिभा का अभाव था, न चेतना का। इस बात को मानने के पर्याप्त आधार तत्कालीन स्त्री–लेखन के शेष साक्ष्यों में सुरक्षित हैं।

सन्दर्भ

1. *पण्डिता रमाबाई–हिन्दू स्त्री का जीवन* (अनुवाद शंभु जोशी) संवाद प्रकाशन, पृ. 16
2. *प्राचीन भारत का इतिहास,* द्विजेन्द्र नारायण झा, कृष्ण मोहन श्रीमाली, पृ. 316
3. *देवरानी जेठानी की कहानी,* पं. गौरीदत्त, भूमिका
4. *आर्य महिला,* माघ फाल्गुन सन् 1920, पृ. 377
5. *बहुवचन* (अक्टूबर–दिसम्बर 2009), सम्पादक राजेन्द्र कुमार, लेख, पृ. 190

6. *भारतेन्दु समग्र*, पृ. 996
7. *हिन्दू स्त्री का जीवन*, पं. रमाबाई, पृ. 109
8. राधा कुमार, *स्त्री संघर्ष का इतिहास*, पृ. 72 से उद्धृत
9. *स्त्री दर्पण*, पृ. 84
10. *स्त्री–पुरुष तुलना*, ताराबाई शिन्दे, पृ. 54–55
11. *आदर्शकुमारी*, हेमन्त कुमारी चौधरानी, पृ. 25
12. *आदर्श कुमारी*, हेमन्त कुमारी चौधरानी, पृ. 81
13. *स्त्री मुक्ति के प्रश्न*, देवेन्द्र इस्सर, 2009, पृ. 15
14. *वेदों में नारी*, डॉ. कपिलदेव द्विवेदी, पृ. 69
15. *मर्यादा*–पत्रिका, लेख, भाग–7
16. *आदर्श माता*, हेमन्त कुमारी, पृ. 21
17. *आधुनिक साहित्य और रामविलास शर्मा*, सुधा सिंह, स्वराज प्रकाशन, पृ. 86
18. *रस्साकशी*, वीरभारत तलवार, पृ. 188
19. *सीमन्तनी उपदेश*, लेखिका एक अज्ञात हिन्दू औरत, पृ. 40
20. *पार्वती*, कुन्ती देवी (भूमिका), पृ. 2
21. *स्त्रीवादी साहित्य विमर्श*, जगदीश्वर चतुर्वेदी, पृ. 118
22. *श्री कान्यकुब्ज हितकारी*, जनवरी 1918, पृ. 226
23. वही
24. *बंग महिला ग्रन्थावली*, गृह, श्रीयुत् अविनाश चन्द्र दास, पृ. 96
25. *स्त्री विमर्श : विविध पहलू*, सम्पादक कल्पना वर्मा, पृ. 180
26. वही
27. वही, पृ. 181
28. *मनुस्मृति*
29. *स्त्री–विमर्श विविध पहलू*, सं. कल्पना वर्मा, पृ. 268
30. *बंग महिला ग्रन्थावली*, गृह श्रीयुत अविनाश चन्द्र दास, पृ. 13
31. *स्त्री–विमर्श विविध पहलू*, सं. कल्पना वर्मा, पृ. 281
32. *वेदों में नारी*, डॉ. कपिलदेव द्विवेदी
33. *नवजीवन*, सं. मोहन दीक्षित, पृ. 197
34. *स्त्री भूषण*, सं. बी. एस., पृ. 21
35. *बंग महिला ग्रन्थावली*, श्रीयुत अविनाश चन्द्र दास, पृ. 95
36. *बंग महिला ग्रन्थावली*, श्रीयुत अविनाश चन्द्र दास, पृ. 96
37. *बंग महिला ग्रन्थावली*, श्रीयुत अविनाश चन्द्र दास, पृ. 101
38. *बंग महिला ग्रन्थावली*, श्रीयुत अविनाश चन्द्र दास, पृ. 101
39. *स्त्री विमर्श*, वही, पृ. 70
40. *भारत का सामाजिक और सांस्कृतिक और आर्थिक इतिहास*, एम. एन. दास, पृ. 78
41. *एक खत अजन्मे बच्चे के नाम*, ओरियाना फलासी, पृ. 8

42. *उत्तरशती के उपन्यासों में स्त्री,* शशिकला त्रिपाठी, पृ. 2
43. *स्त्री–पुरुष तुलना,* ताराबाई शिन्दे, पृ. 17
44. *बंग महिला ग्रन्थावली,* श्रीयुत अविनाश चन्द्र दास, पृ. 102
45. हिन्दू स्त्री का जीवन, पं. रमाबाई, पृ. 66
46. *हिन्दू स्त्री का जीवन,* पं. रमाबाई, पृ. 67
47. *रस्साकशी,* वीरभारत तलवार, पृ. 207
48. *स्त्री के लिए जगह,* सं. राजकिशोर, पृ. 138
49. *अबलाओं का इन्साफ़,* श्रीमती स्फुरना देवी, 1927, पृ. 28
50. *स्त्री–पुरुष तुलना,* ताराबाई शिन्दे, पृ. 49
51. *बंग महिला ग्रन्थावली,* गृहचर्या सं. सुधाकर पाण्डेय, पृ. 102
52. *हिन्दी साहित्य का आधा साहित्य,* डॉ. सुमन राजे, पृ. 148
53. *अबलाओं का इन्साफ़,* श्रीमती स्फुरना देवी, 1927, पृ. 17
54. *पार्वती* (उपन्यास), पं. काशीनाथ वाजपेयी का (प्रकशक), पृ. 15
55. *स्त्री–पुरुष तुलना,* ताराबाई शिन्दे, पृ. 40
56. *बंग महिला ग्रन्थावली,* पतिसेवा, वही, पृ. 13
57. *वेदों में नारी,* डॉ. कपिल द्विवेदी, पृ. 6
58. *नवजीवन* (पत्रिका) सम्पादक सेवक, पृ. 10
59. *उत्तरशती के उपन्यासों में स्त्री,* डॉ. शशिकला त्रिपाठी, पृ. 3
60. *हिन्दी कथा–साहित्य के विकास में महिलाओं का योग,* डॉ. उर्मिला गुप्ता, पृ. 14

तृतीय अध्याय

आरम्भिक हिन्दी स्त्री कथा-साहित्य और नवजागरण

चौदहवीं सदी में इटली में बौद्धिक और सौन्दर्य विषयक जागृति की तथा धर्मनिरपेक्ष संस्कृति की एक लहर पैदा हुई, जिसे 'नवजागरण' (रिनेसां) कहा गया। यह नवजागरण 15वीं सदी के उत्तरार्द्ध तथा 16वीं सदी के शुरू में अपनी परकाष्ठा पर पहुँचा और बाद के दिनों में फ्रांस, जर्मनी, इंग्लैंड तथा स्पेन तक प्रसारित हुआ। (रिनेसां शब्द फ्रांसीसी इतिहासकार मिशले (1796–1874) ने गढ़ा था, और बुर्क़ हार्ट (1818–1897) द्वारा वह ऐतिहासिक अवधारणा में विकसित हुआ। (*डिक्शनरी ऑव फिलासफी*, लन्दन, पृ. 270)' ।[1] नवजागरण शब्द यूरोप के मध्ययुग और आधुनिक युग के बीच की संक्रान्ति की अवस्था का वाचक माना जाता है। 14वीं सदी के आरम्भ में यूरोप में प्राचीन रोमन साम्राज्य से उत्पन्न विकृतियों से फैली अव्यवस्था और अराजकता शान्त हुई, और वहाँ धर्मनिरपेक्ष व स्वधर्म संस्कृति आत्मसात् की गयी। उस समय यूरोप में एक नये जीवन का संचार हुआ, जिसका वेग लगभग 16वीं सदी तक बना रहा। इस युग में नये अन्वेषण और आविष्कार हुए। कला और विज्ञान की नयी साधना का शुभारम्भ, धर्म और दर्शन का नया संस्करण, राजनीतिक और सामाजिक व्यवस्था में नयापन जैसे परिवर्तन सबसे पहले इटली में देखने को मिले। इस प्रकार यूरोप का पुनर्जन्म हुआ, इसी कारण उस युग को *'नवजन्म'* जैसे नाम मिले।

'नवजागरण' (रिनेसां) के नाम से हम जिस युग का उल्लेख करते हैं, ख़ासतौर पर 16वीं सदी के पूर्वार्द्ध में वह स्वयं महसूस करता था कि 'वह सभ्यता में पुनर्जीवित हो रहा था, कि वह संज्ञान और सौन्दर्य के विशुद्ध स्रोतों की ओर लौट गया था और प्रज्ञा तथा कला के अपरिवर्ती मानदण्डों

पर उसका आधिपत्य था। लेकिन अपनी सीधी अभिव्यंजना में पुनर्जन्म का बोध प्रायः मात्र साहित्यिक संस्कृति के लिए प्रयुक्त होता था।'[2]

'रिनेसां' शब्द का अर्थ समय–समय पर परिवर्तित होता गया।

16वीं सदी के निकट इसका अर्थ था लैटिन और ग्रीक साहित्य का 'पुनरुत्थान'। इटली निवासी इस आन्दोलन को *'रिनैसिमेन्टो'* या क्लासिकी भाषाओं और साहित्य का *'पुनर्जन्म'* कहते थे।

यह विद्या या कला का 'पुनर्जन्म' या 'पुनरुत्थान', 'मध्ययुग और आधुनिक काल को अलग करने के लिए कल्पित किया गया था।'[3]

रिनेसां मध्यकालिकता के विरुद्ध तथा मनुष्य केन्द्रित संसार की प्रतिष्ठा करने वाला ऐसा आन्दोलन था, जो यथार्थता की मध्यकालीन तथा धर्मचरित के बजायी आधुनिक एवं वैज्ञानिक व्याख्या करता रहा। वैज्ञानिक चिन्तन का आरम्भ होने के फलस्वरूप मनुष्य का अविष्कार तथा जगत का आविष्कार इस तरह हुआ कि मनुष्य केन्द्रित मानववादी संस्कृति का उत्थान भी हुआ। व्यक्ति केन्द्रित होने के कारण इसमें प्रारम्भिक व्यक्तिवाद के अंकुर भी फूटे तथा इससे व्यक्तित्व की आत्मचेतना में जागृति भी आरम्भ हुई। लोग चर्च के सिद्धान्त पर अन्धविश्वास की सच्चाई में सन्देह करने लगे और प्रत्येक बात को तर्क की कसौटी पर परखने लगे। इस तरह चर्च के विरुद्ध होने के साथ राष्ट्रीय राज्य का अभ्युदय भी हुआ जिससे राज्यशक्ति की वह धारणा उभरी जो धार्मिक वैधता एवं चर्च की मंजूरी से विमुक्त हो। संस्कृति चक्र में इस आन्दोलन ने क्लासिकी पुरातनता का पुनरुत्थान किया। ऐतिहासिक क्रम में यह सारे यूरोप में पल्लवित होता हुआ उन्नीसवीं शताब्दी तक आ गया।

'यूरोप की इस सांस्कृतिक महाक्रान्ति का एक बड़ा कारण है यूनानी–रोमन जीवनदृष्टि एवं जीवन–मानों का प्रत्यावर्तन। यूनानी–रोमन साहित्य, दर्शन और चिन्तन ने यूरोप की मध्ययुगीन कूपमंडूकता भंग कर उसमें नये मूल्यों की वासना उत्पन्न कर दी। यूनानी संस्कृति की उदारता, इहलोक–केन्द्रीयता तथा धर्म और ईश्वर आदि के सम्बन्ध में अनाग्रह प्रसिद्ध है। यूरोप में यूनान की बौद्धिक–वैज्ञानिक जीवन–दृष्टि का प्रसार अरब विचारकों के हाथों सम्पन्न हुआ था।'[4]

नवजागरण एक विश्वव्यापी मामला था, क्योंकि उसका प्रभाव और प्रेरणा सिर्फ़ इटली या यूरोप तक ही सीमित नहीं रही। 19वीं सदी में जैकब बर्क़ हार्ट ने अपनी पुस्तक *'सिविलाइजेशन ऑफ दि रिनेसां इन इटली'*

(इटली की सभ्यता का नवजागरण) 1878 में नवजागरण को मध्ययुग के विरोधी के रूप में एक महान सांस्कृतिक रूपान्तरण बताया। 19वीं सदी के उत्तरार्द्ध में फ्रेडरिक एंगेल्स ने आधुनिक काल की शुरुआत करने वाले इस आन्दोलन (नवजागरण) को, सामाजिक और ऐतिहासिक विकास का ठोस आधार प्रदान किया।

वह युग जिसे हम जर्मन अपने ऊपर आयी उस समय की राष्ट्रीय विपदा के नाम पर धर्मसुधार का काल कहते हैं और फ्रांसीसी लोग पुनर्जागरणकाल तथा इतालवी लोग चिक्वेचेंटों (अर्थात् सोलहवीं शताब्दी) कहते हैं, यद्यपि इनमें से कोई भी नाम वस्तुस्थिति की पूर्ण अभिव्यक्ति नहीं करता। यह वह युग था जिसका उदय पन्द्रहवीं शताब्दी के उत्तरार्द्ध में हुआ था। राजशाही ने नगरों के बर्गरों के समर्थन से सामन्ती अभिजात वर्ग की सत्ता चूर कर दी और मूलतः राष्ट्रीयता पर आधारित उन महान राजतन्त्रों की स्थापना की जिसके अन्तर्गत आधुनिक यूरोपीय राष्ट्र और आधुनिक पूँजीवाद विकसित हुए।[5]

एंगेल्स ने नवजागरण के सम्बन्ध में लिखा है कि यह वह समय था जब यूरोपीय देशों में रोमन चर्च के आधिपत्य को चुनौती दी जाने लगी थी, जोकि जर्मनी के मार्टिन लूथर (1483–1546), टामस म्यूज़र (1490–1535) और इंग्लैंड के जान काल्विन के नेतृत्व में शुरू हुई। जर्मनी के प्रोटेस्टेंट धर्मसुधार आन्दोलन ने सभी यूरोपीय देशों में चर्च के आधिपत्य और मध्ययुगीन मान्यताओं पर प्रश्नचिह्न लगाना शुरू कर दिया। नवजागरण को परिभाषित करते हुए एडम्स जॉर्ज बर्टन ने *सिविलाइजेशन ड्यूरिंग दि मिडिल एज़ेज* (1984) में लिखा, 'यह नवजागरण के द्वारा सम्भव हुआ कि मनुष्य ने अपनी शक्तियों पर भरोसा किया, स्वयं पर विश्वास कायम किया। वह जीवन के आनन्द और सौंदर्य की तरफ उन्मुख हुआ। नवजागरणकालीन मनुष्य ने अतीत से अपने गहरे लगाव और भविष्य की संभावित महानता में अपनी भूमिका को तीव्रता से महसूस किया।

यूरोपीय रिनेसां तथा एनलाइटमेंट से भिन्न भारतीय नवजागरण उस औपनिवेशिक सन्दर्भ में विकसित हुआ, जिस का रूप यूरोपीय सन्दर्भ या परम्परा की बजाय एशिया, अफ्रीका जैसी तीसरी दुनिया की ऐतिहासिक परम्पराओं से ज़्यादा निकट है, भारतीय नवजागरण की चेतना का उपयुक्त विश्लेषण यूरोपीय पुनरुत्थान के सिलसिले में नहीं,

बल्कि एशिया, अफ्रीका और लैटिन अमेरिका के समाजों में अभिव्यक्त हो रही नवचेतना में ही हो सकता है। यह नवचेतना औपनिवेशिक ढाँचे के अन्तर्गत ही पनपा और फैला। जिस तरह यूरोप के पश्चिमी देशों में यूनानी भाषा और साहित्य का प्रभाव पड़ा, उसी तरह इस पुनर्जागरण में धर्म और नये ज्ञान–विज्ञान की भी महत्त्वपूर्ण भूमिका रही। भारत में नवजागरण का सम्बन्ध भी भाषा और धर्म से रहा है।

'विश्वव्यापी नवजागरण में कुछ ऐसे यूरोपीय तत्त्व व्यापकता से शामिल रहे हैं, जिन्हें एक ख़ास दौर की मनुष्य जाति के महानतम अनुभव के रूप में जाना जाता है। उन तत्त्वों में कुछ ये हैं सामन्तवाद और धार्मिक सत्ता के कठोर नियन्त्रण से मुक्ति। वैयक्तिकता की पहचान, मोक्ष की धारणाओं से मुक्त होकर भौतिक दुनिया के महत्त्व की समझ वैज्ञानिक जिज्ञासा, सचेत ढंग से समाज सुधार, बुद्धिमत्ता का विस्फोट, प्रशासनिक–न्यायिक सुधार, लगातार प्रगति के सिद्धान्त को मान्यता, नयी जीवनशैली, एक नयी संस्कृति और एक नयी दुनिया की ओर प्रयाण।'[6]

1857 का स्वाधीनता संग्राम नवजागरण का एक मुख्य स्रोत था। इस सम्बन्ध में डॉ. रामविलास शर्मा ने यह धारणा प्रस्तुत की :

'हिन्दी प्रदेश में नवजागरण सन् 1857 ई. के स्वाधीनता संग्राम से शुरू होता है तथा सन् 57 का स्वाधीनता संग्राम हिन्दी प्रदेश के नवजागरण की पहली मंजिल है। दूसरी मंजिल भारतेन्दु का युग।'[7]

स्पष्टतः भारतीय नवजागरण का एक छोर आधुनिक काल से जुड़ा है तो दूसरा उपनिवेशवाद से। भारतीय नवजागरण यहाँ की सामाजिक परिस्थितियों यानी साम्राज्यवादी शोषण की अमानवीय परिस्थितियों से पैदा हुआ। यह उस ऐतिहासिक प्रक्रिया के फलस्वरूप पैदा हुआ जिसने नयी सामाजिक और आर्थिक शक्तियों को जन्म दिया। वहीं दूसरी ओर 19वीं शताब्दी के नवजागरण को भारतीय परम्परा के अन्तर्गत पन्द्रहवीं शताब्दी के भक्ति आन्दोलन से भी जोड़ा जाता है। 15वीं शताब्दी में इस्लाम के आगमन पर नये परिवेश के फलस्वरूप भारत में सैनिक टकराहट के साथ सांस्कृतिक, धार्मिक और सामाजिक टकराव भी देखने को मिलते हैं। इस्लाम के आगमन से तत्कालीन हिन्दू समाज, संस्कृति तथा साहित्य आदि में अनेक गम्भीर समस्याएँ खड़ी हुई थीं, वे समस्याएँ 19वीं शताब्दी में अंग्रेज़ों के आगमन पर भारत में फिर से नये परिवेश के अन्तर्गत सांस्कृतिक नवजागरण के दौरान भी दिखाई देती हैं।

'भारत में पहला नवजागरण महात्मा गौतम बुद्ध के आविर्भाव के साथ आया। बुद्ध ने पुरानी जड़वादी परम्पराओं को तोड़कर मनुष्य–मनुष्य के बीच के भेद को मिटाया। उसका प्रभाव मध्य एशिया तक फैल गया। दूसरा नवजागरण भक्ति काल में दिखायी पड़ता है। उत्तर भारत में देशी भाषाओं के उदय का यही समय है। इस आन्दोलन का मूलाधार भी धर्म ही है, यद्यपि निर्गुण पंथियों ने धर्म की जातिवादी संकीर्णताओं और बाह्याडंबरों पर गहरा प्रहार किया। इसके प्रचार–प्रसार में व्यापारिक पूँजीवाद ने भी सहायता पहुँचायी।[8]

'विवेक ही जब धार्मिक रूढ़ियों से टकराता है तो सुधारवाद, साम्राज्यवाद से टकराता है तो राष्ट्रवाद, प्राचीनता से टकराता है। आधुनिकीकरण आर्थिक विषमता से टकराता है तो समाजवादी सिद्धान्तों का उदय और विकास होता है।'[9]

नवजागरण के लिए डॉ. रामविलास शर्मा ने जातीय स्वरूप की पहचान को आवश्यक माना। उनका मानना था कि 'कोई भी नवजागरण हो उसका जातीय स्वरूप अवश्य होगा। सामन्ती सम्बन्धों से बाहर निकलते हुए जनसमाज जातियों के रूप में गठित होते हैं। जातीय जागरण को ही अक्सर नवजागरण कहा जाता है। डॉ. रामविलास शर्मा भक्ति आन्दोलन को *'लोकजागरण'* की संज्ञा देते हैं और यूरोपीय रिनेसां से इस आधार पर इसे अलगाते हैं कि इसमें व्यापक जनता की अर्थात् शूद्रों, मुसलमानों और स्त्रियों की भागीदारी थी। उन्होंने भक्ति आन्दोलन को बहुराष्ट्रीय बताया :

'भारत का भक्ति आन्दोलन बहुराष्ट्रीय आन्दोलन का श्रेष्ठ उदाहरण है।'[10]

भारत में नवजागरण या राष्ट्रीय जागरण की लहर एक साथ नहीं फैली। भक्ति आन्दोलन की तरह यह विभिन्न प्रदेशों में अलग–अलग समय पर उभरी। 1757 में बंगाल में आधुनिक काल का उदय हुआ। वहीं महाराष्ट्र में आधुनिक काल का प्रारम्भ 1818 में माना जाता है। अंग्रेज़ों के आगमन के पहले भारतीय समाज एक संकुचित दायरे वाला समाज था, जिसे प्राचीन रूढ़ियों, परम्पराओं, अन्धविश्वास, जाति–पाति और छुआछूत जैसी बुराइयों ने घेरा था।

अंग्रेज़ी उपनिवेशवाद ने भारतीयों को मध्यकालीन चेतना से आधुनिकता की ओर प्रेरित करने में सहायता दी थी। इससे भारतीयो को व्यक्ति, समाज और धर्म के बारे में नयी दृष्टि से देखने की प्रेरणा मिली थी।

साथ ही इस जागृति ने भारतीय लोगों को अंग्रेज़ी उपनिवेशवादी शासन के विरुद्ध उठ खड़े होने में भी मदद की थी। 'रामविलास शर्मा ने 19वीं शताब्दी में भारतेन्दु के यहाँ नवजागरण का सीधा सम्बन्ध सन् सत्तावन के राजनीतिक स्वाधीनता संग्राम से जोड़ते हुए, इस संग्राम की छः विशेषताएँ बतायीं। पहली यह सारे देश की एकता को ध्यान में रखकर चलाया गया था। राष्ट्रीय एकता का यह उद्देश्य भारतीय सेना के नेताओं ने अपने सामने रखा था, सामन्तों के नहीं। दूसरी, राज्य सत्ता की मूल समस्या सामन्तों के हित में नहीं, जनता के हित में हल की गयी थी। तीसरी विशेषता अंग्रेज़ों ने ज़मींदारों और साहूकारों को जहाँ भी नये अधिकार दिये थे, जहाँ भी किसानों के विरुद्ध इन शोषकों के पक्ष में उन्होंने फ़ैसले किये थे, वहाँ भारतीय सेना का प्रभुत्व कायम होते ही, अथवा अंग्रेज़ों का प्रभुत्व खत्म होते ही, जनता ने अंग्रेज़ों की कायम की हुई व्यवस्था उलट दी। इस तरह की कार्रवाई से इस स्वाधीनता संग्राम का सामन्त विरोधी पक्ष और पुष्ट होता था। चौथी विशेषता यह है कि इसका नेतृत्व उन किसानों ने किया जो फौज में सिपाहियों और सूबेदारों के रूप में काम कर रहे थे। पाँचवीं विशेषता इसका असाम्प्रदायिक राष्ट्रीय रूप था। छठी विशेषता यह संग्राम हिन्दी भाषी प्रदेश में चलाया गया।[11]

धार्मिक अन्धविश्वासों, प्राचीन रीति–रिवाजों और रूढ़ियों की जकड़न से भारतीय जनता पूरी तरह बँधी हुई थी। स्त्रियों के लिए शास्त्रीय मर्यादा की कठोर जकड़बंदियाँ थीं। बालविवाह, सतीप्रथा, बहुपत्नीत्व, देवदासी प्रथा और बालिका हत्या की घटनाएँ आम थीं। जातिप्रथा और वर्णाश्रम व्यवस्था के नियम अत्यन्त कठोर थे। खानपान और छुआछूत के कठोर नियमों के पालन पर ज़ोर दिया जाता था। राजा राममोहन राय ने बंगाल में नवजागरण का सूत्रपात किया। 1828 में उन्होंने *ब्रह्मसमाज* की स्थापना कर आधुनिकीकरण की नींव डाली। सतीप्रथा सहित अनेक सामाजिक बुराइयों से संघर्ष किया। इस्लाम, ईसाइयत और उपनिषदों से वे काफ़ी प्रभावित थे। उनके लिए समाज का मूलाधार वेदांत था। उन्होंने शिक्षा की आधुनिक पश्चिमी पद्धति का प्रचार किया तथा भारतीय व्यापारियों का हित देखते हुए ईस्ट इंडिया कम्पनी के व्यापारिक विशेषाधिकारों को चुनौती दी। वे अंग्रेज़ी के माध्यम से पश्चिमी ज्ञान–विज्ञान और गणित आदि से देशवासियों को अवगत कराना चाहते थे। भारतीय समाज में चारों तरफ एक ही ढंग का नवजागरण नहीं था,

इसलिए इसकी अन्तर्धाराओं में विविधता थी। लेकिन भारत में सामान्यतः नवजागरण का एक ही आदर्श रूप स्थापित रहा है। बंगला नवजागरण का सामान्यतः एक ही अर्थ लगाया जाता है, यूरोपीय 'रिनेसां'। भारतेन्दु ने सर्वप्रथम समग्र नवजागरण की धारा का सूत्रपात कर सभी क्षेत्रों में सुधार और मुक्ति का सवाल उठाया था।

'भारतीय जनता सदा से अपनी परम्परा में बहुत आस्था रखती आयी है। अतः पश्चिमीकरण के आवेग में जिन बुद्धिजीवियों ने परम्परा–विरोध की उग्र लाइन चुनी, वे साधारण जनता से सामान्यतौर पर विच्छिन्न हो गये और अन्ततः साम्राज्यवाद के आगे आत्मसमर्पण की दिशा में बढ़े। इसी तरह आधुनिकीकरण–विरोध की उग्र लाइन पर चलने वाले परम्परावादी भी सामन्तवाद की हिफाजत के लिए साम्राज्यवाद पर निर्भर हुए। आधुनिकीकरण की प्रक्रिया के सभी तत्त्व साम्राज्यवादी लक्ष्यों को सिद्ध नहीं करते थे, इसलिए मानवीय तथा जनतान्त्रिक तत्त्व नवजागरण के उत्प्रेरक तत्त्व थे।'[12]

नवजागरण युग में व्यक्ति स्वातन्त्र्य, मनुष्य की महत्ता, धर्म–निरपेक्षता और मानवतावाद का मार्ग प्रशस्त हुआ और विज्ञान के भाँति–भाँति के आविष्कारों और खोजों ने वैज्ञानिक दृष्टि विकसित की। भारत में उन्नीसवीं सदी का नवजागरण राष्ट्रीय भावना के साथ–साथ विकसित हुआ। डॉ. शम्भुनाथ के शब्दों में :

'भारत में लम्बे समय तक विभिन्न क्षेत्रों के नवजागरण को लड़ाकर देखने की प्रवृत्ति रही है। आज भी बांग्ला नवजागरण, हिन्दी नवजागरण, महाराष्ट्र नवजागरण या तमिल नवजागरण के व्याख्याकार अपने–अपने जातीय सामाजिक जागरण को लेकर अहंमन्यता से पीड़ित हैं और उसकी विशिष्टता से बाहर कुछ भी देखना नहीं चाहते। पिछले लगभग पचास सालों के नवजागरण विवाद में उभरकर यह आया है कि बांग्ला नवजागरण का केन्द्रीय सारतत्त्व बुद्धिवाद है (राजा राममोहन राय), जबकि हिन्दी नवजागरण का केन्द्रीय सारतत्त्व दलित चेतना (ज्योतिबा फुले) और सुधारवाद (राना डे) है। तमिल नवजागरण का केन्द्रीय सारतत्त्व ब्राह्मणवाद विरोध और द्रविड़ चेतना (नायकर–पेरियार) है। इसी तरह केरल नवजागरण का केन्द्रीय सारतत्त्व दलित चेतना (नारायण गुरु) है। नवजागरण की इन परम्पराओं में राष्ट्रीय आत्म पहचान के संघर्ष को पहचानते हुए स्थानीय 'थ्रस्ट' की अनदेखी एक भूल होगी।'[13]

सुधारवाद और भारतीय जनता की अकुलाहट को साहित्य में लाना बहुत आवश्यक था। इन परिस्थितियों में भारतेन्दु हरिश्चन्द्र ने जनता को साहित्य तक और साहित्य को जनता तक पहुँचाने का एक महान् दायित्व निभाया। भारतेन्दु साहित्य का मूल अन्तर्विरोध ब्रिटिश उपनिवेशवाद के साथ न होकर सिर्फ़ भारत की अंग्रेज़ नौकरशाही से था। इन सभी हलचलों का प्रभाव साहित्य पर भी अवश्य पड़ा। 19वीं शती का साहित्य सामाजिक–धार्मिक आन्दोलनों से पूरी तरह प्रभावित था। बुद्धिजीवी वर्ग ने देशभक्ति की सहज अभिव्यक्ति साहित्य के माध्यम से की। वहीं हिन्दी साहित्य भी इससे अछूता नहीं रहा। जहाँ तक हिन्दी साहित्य का प्रश्न है, 19वीं सदी के आरम्भ से ही स्पष्ट बदलाव नज़र आने लगा। गद्य की प्रतिष्ठा के साथ–साथ विषय की विविधता और नवीनता को प्रधानता दी गयी। साहित्य की नवीनता ने साहित्य को अनेक क्षेत्रों में अभिजात्यता के कृत्रिम बन्धन से मुक्त किया। साहित्य का झुकाव कृत्रिमता से हटकर सहज स्वाभाविकता की ओर हुआ। लेखक देश–काल के दबाव को महसूस कर उसकी अभिव्यक्ति रचना में करने लगा। इसलिए हिन्दी साहित्य के आरम्भ से ही उसका साम्राज्यवाद विरोधी और सामन्तवाद विरोधी रूप स्पष्ट हो जाता है जोकि साहित्य की एक नयी धारणा का जन्म होता है।

साम्राज्यवादी संस्कृति के विरुद्ध भारतीय जातीय संस्कृति की रक्षा के लिए भारतेन्दु ने भाषा को एक सशक्त हथियार के रूप में प्रयुक्त किया। वे स्वयं देश की उन्नति के लिए निज भाषा की उन्नति को अनिवार्य समझकर बताते थे–

निज भाषा उन्नति अहे सब उन्नति को मूल।
*बिन निज भाषा ज्ञान के मिटय न हिय को सूल।**

भारतेन्दु की 'निज भाषा' से तात्पर्य खड़ी बोली हिन्दी से ही है अर्थात् हिन्दी का अस्तित्व। हिन्दी साहित्य के इतिहास में भारतेन्दु के समय तक खड़ी बोली हिन्दी साहित्य का समर्थ माध्यम न बन सकी थी। इसके साथ उस समय खड़ी बोली हिन्दी के प्रचार के लिए मुख्य दो तरह की बाधाएँ थीं। एक तरफ तो उर्दू के समर्थक हिन्दी को उर्दू के प्रचार–प्रसार में बहुत बड़ी बाधा समझते थे, तो दूसरी तरफ हिन्दी के कुछ

* भारतेन्दु समग्र, पृ. 228

पुराने साहित्यकार जो पुरानी काव्य–परम्पराओं से चिपके होने के कारण खड़ी बोली के विकास के प्रति बिलकुल उदासीन थे। हिन्दी नवजागरण के दौरान खड़ी बोली हिन्दी को सबसे अधिक उर्दू भाषा से लड़ना था जो उस समय सरकार की भाषा थी। भारतेन्दु युग में बहुत से लेखक और स्वयं भारतेन्दु भी खड़ी बोली हिन्दी से अधिक उर्दू जानते थे तथा उर्दू के प्रचलित होने से उर्दू में रचनाएँ भी लिखते थे। पर उर्दू के बारे में भारतेन्दु का विचार था कि विशाल हिन्दी प्रदेश का सांस्कृतिक विकास उर्दू के माध्यम से नहीं, वरन् भारतीय जनता की भाषा यानी खड़ी बोली से ही सम्भव है।

भारतेन्दु की भाषा–चेतना लोकमानस में प्रचलित भाषा चेतना के अनुरूप थी। यानी उनकी दृष्टि मुख्यतः भाषा के व्यवहार पक्ष की ओर थी। वे सोचते थे कि भारतीय जातीय जीवन के लिए खड़ी बोली हिन्दी सबसे बुनियादी चीज़ थी। भारतेन्दु का तर्क था कि संस्कृत, फ़ारसी, अंग्रेज़ी वगैरह ऐसी भाषाएँ हैं जो बाहरी जीवन क्षेत्र से ही सम्बन्धित हैं। घर का जो आन्तरिक जीवन है, जिसमें हमारी माताएँ, बहुएँ, बेटियाँ, बाल–बच्चे आते हैं, उनके मध्य इन बाहरी भाषाओं से काम नहीं चल सकता। इस आन्तरिक जीवन से सम्बन्धित भाषा थी खड़ी बोली हिन्दी भाषा के लोक–व्यवहार पक्ष में होने के कारण भारतेन्दु ने यह भी पहचाना कि भाषा के विकास का मार्ग अपने समय में संस्कृत के तद्भव रूपों को अपनाते हुए भाषा के सहज तथा प्राकृत रूप के बल पर अग्रसरित हो रहा था। हिन्दी कथा–साहित्य का आरम्भ भारतेन्दु युग में हुआ, किन्तु स्त्री–कथाकारों ने इस क्षेत्र में अपनी प्रतिभा का अपेक्षाकृत विलम्ब से परिचय दिया। कहीं न कहीं शिक्षा की कमी और सामाजिक कार्यक्षेत्र के सर्वांगीण अनुभव का अभाव इसका कारण था। समीक्षकों ने भी हिन्दी कथा–साहित्य के विकास को प्रस्तुत करते हुए बंग महिला, उषादेवी मिश्रा, महादेवी वर्मा, सुभद्राकुमारी चौहान आदि लेखिकाओं का तो उल्लेख किया है, परन्तु ऐसी अनेक महिलाएँ और भी हैं जिन्होंने अपनी प्रतिभा से साहित्य को विकासोन्मुख करने में विशेष योगदान दिया। दुर्भाग्यपूर्ण स्थिति यह है कि साहित्य में उनका नामोल्लेख तक नहीं हुआ।

आचार्य रामचन्द्र शुक्ल ने अपने 'हिन्दी साहित्य का इतिहास' में *दुलाईवाली* के बाद किसी दूसरी कथा–लेखिका का नाम तक नहीं लिया है।

जबकि तथ्य यह है कि बंग महिला से पहले कुछ लेखिकाओं ने हिन्दी में अपना लेखन प्रारम्भ कर दिया था, जिनका विवरण हमें उस समय की विभिन्न पत्र–पत्रिकाओं में प्राप्त होता है। हिन्दी साहित्य में स्त्री–लेखन का श्रीगणेश कथा–साहित्य से होता है, जबकि पुरुष–लेखन का नाटक–विधा के रूप में होता है। स्त्री–लेखन में नाटक के बजाय कथा–साहित्य का प्रयोग आधुनिक साहित्यिक परिवर्तनों की एक नयी शृंखला को जन्म देता है। आचार्य हज़ारीप्रसाद द्विवेदी ने *स्त्री–प्रथा* शीर्षक निबन्ध में इस ओर ध्यान आकृष्ट किया है :

यह विचित्र बात है कि स्त्री जब साहित्य लिखती है स्त्रियों के सम्बन्ध में लिखती है और पुरुष जब साहित्य लिखता है तब भी स्त्रियों के सम्बन्ध में लिखता है दोनों में अन्तर यह होता है कि स्त्री के लिखने का उद्‌देश्य है अपने बारे में फैले हुए भ्रम का निराकरण और पुरुष का उद्‌देश्य है उसके विषय में और भी भ्रम पैदा कर लेना।[14]

उद्‌देश्य और अनुभव के अन्तर के कारण स्त्री–साहित्य किसी न किसी रूप में पुरुष–साहित्य से भिन्न ही रहा है। आरम्भिक काल में स्त्री की सबसे बड़ी चुनौती थी पुरुष कथा–लेखन की परम्परा के साथ–साथ बिखरी हुई स्त्री कथा–लेखन की परम्परा को समेट कर आगे चलना।

'साहित्य की उन्नति के लिए और अपनी उन्नति के लिए भी यह आवश्यक है कि स्त्री और पुरुष एक दूसरे से किसी प्रकार का द्वेष रखे बिना एक दूसरे की आवश्यकता और एक दूसरे के गुणों को अनुभव करते हुए समान अवसर और समान मार्ग के अधिकारी बनें। पुरुष की सबलता में यह विकार न रहे कि ऊपरी आशा का प्रलोभन उसे बड़े पद से डिगा दे!'[15]

पर्दा प्रथा, बहु–विवाह, वेश्या समस्या, विवाह विच्छेद, नारी स्वातन्त्र्य एवं नारी शिक्षा आदि विषयों को साहित्य में स्थान मिलने लगा था और जिसका मुख्य कारण स्त्रियों का कहानियों के केन्द्र में होना था। लेखिकाओं ने इस प्रक्रिया में परिवार को भी नहीं छोड़ा। 'परिवार' को खारिज करने के बजाय उसकी रूढ़ियों के ख़िलाफ़ संघर्ष किया।

भारतेन्दु और डिप्टी नजीर अहमद जैसे समाज–सुधारक पुरुषवादी नजरिये से ही स्त्रियों को देखते थे। डिप्टी नजीर अहमद ने *मिरात–उल–उरुस* में लिखा है–

'हमारी औरतों में पाकदामनी, परदादारी, नेकी जो कुछ समझो, खुदा के फजल–ओ–करम से बहुतेरी है। मगर बुरा मानो या भला मानो,

अभी तक है मजबूरी की यानी मजहब और मुल्की रिवाज और मर्दों की हुकूमत ने औरतों को ज़बरदस्ती नेक बना रखा है।'[16] उसी दौर के सबसे बड़े शिक्षाविद् और सुधारक सैयद अहमद तक, लगता है अपने धार्मिक ग्रन्थों में वर्णित स्त्री के प्रति अपनाए गये नज़रिए से प्रभावित थे। ऐसे में हम कल्पना कर सकते हैं कि पूरे नवजागरण से स्त्री–लेखन क्यों उपेक्षित व अलक्षित रहा, बल्कि एक हद तक गायब कर दिया गया। लगता है पुरुष लेखकों की नज़र में स्त्री–धर्म के नाम पर पतिव्रत धर्म से बढ़कर स्त्रियों के लिए कोई धर्म न था।

डॉ. धर्मवीर द्वारा सम्पादित पुस्तक *सीमन्तनी उपदेश* (जो एक अज्ञात हिन्दू औरत द्वारा लिखी गयी, जिसका मूल संस्करण 1 फरवरी, 1882 को लुधियाना से प्रकाशित हुआ) स्त्रियों से सम्बन्धित एक महत्त्वपूर्ण पुस्तक है। लेखिका ने इसमें व्यभिचारी स्त्री और पुरुषों को समाज में छूत की बीमारी फैलाने वालों के रूप में माना है। 'विधवा विवाह', 'आर्य स्त्रियों की प्रार्थना', 'प्राचीन औरतों की हालत में आजकल की औरत की निस्बत' जैसे विषय को चुन, स्त्रियों पर होने वाले अत्याचारों का खुलकर विवरण दिया गया है। डॉ. धर्मवीर के अनुसार, यह लेखिका अपने समय की नारियों और अपने समय के आन्दोलनों को प्रभावित कर रही थी। इस बात के पक्के प्रमाण मिल रहे हैं कि यह उस समय के नारी–आन्दोलन की प्रेरणा–स्रोत बनी हुई थी। स्त्री–लेखन की शुरुआत 19वीं शताब्दी में हो चुकी थी। इस बात में कोई सन्देह नहीं है।

'पूज्यवरा प्यारी माताओ और भगनियो! हमारी स्त्री जाति की बड़ी दुर्दशा हो रही है जिसका कारण अविद्या है कि हम अपने कर्त्तव्यों को बिल्कुल भूल गयी हैं, धर्म, अधर्म का विचार हमें बिल्कुल नहीं रहा है। और यही कारण है कि पुरुष जाति ने हमारे ऊपर अत्याचार करने आरम्भ कर दिये हैं, और हमारे सर्व अधिकार छीन लिए हैं तथा हमको पैर की जूती के तुल्य बतलाते ही नहीं वरन् समझने भी लगे हैं...हमारे रोगग्रस्त होने पर भी यह कहा जाता है कि मरती नहीं पाप नहीं मिटता, हन तो अपना दूसरा विवाह कर लेंगे। हाय! हाय!! इन वाक्यों से उन वाक्यों का मिलान किया जाये जो हमारे वास्ते ऋषियों ने कहे हैं।

यत्रर्यस्तु पूज्यन्ते रमन्ते तत्र देवताः
यत्रवास्तु न पूज्यन्तेऽ फला सर्वाः क्रियाः।

विचार कर देखो एक मनुष्य जो सर्वदा पहाड़ की चोटी पर रहता हो उसको किसी गहरी झील में डाल दिया जाये तो उसकी क्या दशा होगी?[17]

स्त्री–शिक्षा अपने आरम्भिक दौर में पाश्चात्य तौर–तरीकों से प्रभावित थी। उस समय स्त्रियों को शिक्षित करने का उद्देश्य, ऊँची जाति की महिलाओं को 'असभ्य स्त्री समुदाय' से किसी भी प्रकार का सम्पर्क स्थापित करने से रोका जाये और दूसरा यह कि उनके अन्दर निहित अशिष्टिता की बुराई का इलाज किया जा सके! स्त्रियों की शिक्षा को लेकर उस समय के भद्रवर्गीय पुरुषों में अन्तर्विरोध था। एक ओर जहाँ स्त्री शिक्षा का समर्थन करने वालों ने व्यावसायिक शिक्षा पर ज़ोर दिया, तो दूसरी ओर व्यवहार विशेष को लेकर मतभेद नज़र आये। आरम्भिक काल की लेखिकाएँ जिनका विवरण अथवा उल्लेख बहुत कम देखने को मिलता है। 19वीं सदी के नवजागरण से प्रेरित हुई लेखिकाओं ने अपनी रचनाओं के माध्यम से अपने अनुभवों और पीड़ा को उकेरा। कोई भी लेखक अपने समाज से पूरी तरह अछूता नहीं रह सकता। आरम्भिक लेखिकाओं ने भी अपने समय, समाज और संस्कृति को अपनी रचनाओं के केन्द्र में रखकर रचना की। कहानी और उपन्यास जैसी विधा में लिखना उस समय एक चुनौती भरा कार्य था।

आरम्भिक काल की लेखिकाओं में कुन्ती देवी, श्रीमती जानकी देवी, श्रीमती जमुना देवी, श्रीमती रामप्यारी देवी, श्रीमती ठकुरानी शिवमोहिनी, श्रीमती सुशीला देवी, श्रीमती कृष्ण कला, श्रीमती बावली बहू, श्रीमती सुभद्रा देवी, श्रीमती संप्रिया देवी, श्रीमती हुक्मदेवी गुप्ता, श्रीमती गुलाब देवी, श्रीमती भगवती देवी, श्रीमती विश्वेश्वरी देवी, श्रीमती इन्द्रकला देवी कुँमायू महिला, श्रीमती गौरी देवी, श्रीमती देववती देवी तिवारी, श्रीमती धनवती देवी, श्रीमती देवता देवी, श्रीमती श्यामप्यारी सेठ, श्रीमती गिरजा देवी, सुश्री मंजुलिका, सुश्री जवन्द कौर, श्रीमती सुवीरा, श्रीमती ललिता देवी, श्रीमती कृष्णा कुमारी, पंची देवी, श्री चित्रकूट की बुढ़िया, मुसम्मात ठकुर सुहाती, सुश्री वनलता देवी, एक अबला, श्रीमती ज्वालादेवी, श्रीमती सत्यवती, श्रीमती जानकी देवी, श्रीमती धर्मपत्नी स्वं रायगोपाल, श्रीमती विशनपति, रानी खांगारोत जी, श्रीमती महामाया देवी, साध्वी सती पतिप्राणा अबला, सुश्री सरस्वती गुप्ता, श्रीमती प्रियम्वदा देवी, श्रीमती हेमन्त कुमार चौधरी, श्रीमती यशोदा देवी, श्रीमती ब्रह्मकुमारी भगवान देवी दुबे,

श्रीमती रुक्मिणी देवी, श्रीमती लीलावती, स्वर्णलता देवी, सुभद्राकुमारी चौहान आदि हैं जिनकी रचनाएँ नवजागरण काल की कुछ प्रवृत्तियों से प्रभावित हैं।

आरम्भिक काल की लेखिका यशोदा देवी ने लिखा है–

प्रायः देखा जाता है कि स्त्रियों के पढ़ने और मनन करने योग्य पुस्तकों की संख्या बहुत कम है और उपन्यास तथा क़िस्सा कहानियों की संख्या अधिक है जिससे व्यर्थ ही उनके पढ़ने में समय नष्ट होता है। इस बात की बड़ी भारी आवश्यकता है कि स्त्रियों को धर्म शास्त्र का ज्ञान कराने वाली पुस्तकें पढ़ी और सुनाई जावें।[18]

संसार में स्त्री–जाति अपने पतिव्रत धर्म के लिए प्रसिद्ध है। विशेषतया भारत को इसका अधिक गौरव प्राप्त है। यही नहीं किन्तु अन्य देशों में भी अनेक उदाहरण पाये गये हैं। हम पुस्तकों में सती सावित्री का जीवन जब पढ़ते हैं, तो आश्चर्य होता है कि कैसे उसने पति सत्यवान को मृत्यु मुख से यमराज से वार्तालाप करके बचाया और स्वप्राणों की परवाह न करती हुई यम के सम्मुख गयी। ऐसे अनेको उदाहरण मिल जाते हैं। वहीं अपना स्त्री होने का दुःख भी व्यक्त करती है जैसे–

पुरुष तो जब समय पाते घूम आते देश में।
देख आते मन मनाते मौज उड़ा बहु वेष में।।
स्त्रियों को है सदा निजगेह कारागार ही।
रोशनी अरु हवा है उनका नहीं आधार ही।।
चेत लो भाइयो सभी फ़िर देर अब क्यों कर करो।
कायरी अरु काहिलौ सब दूपणों ताखे धरो।[19]

श्री बलभद्र प्रसाद गुप्त ने *'हिन्दी में स्त्री–कहानी–कला का विकास'* निबन्ध में लिखा है :

'पुरुष कहानीकारों की अपेक्षा वे कम सफल भी हुई हैं। इसका कारण उनमें शिक्षा का अपेक्षाकृत अभाव, अनुभव की कमी, विशिष्ट गृहस्थ–कर्त्तव्यों के पालन का उत्तरदायित्व आदि है। उनका सामाजिक जीवन भी अभी पूर्ण रूप से विस्तृत एवं निरापद नहीं हो सका है। परिणामतः अन्तरंग तथा बहिरंग दोनों दृष्टियों से स्त्री कहानीकारो की कृतियाँ पिछड़ी हुई हैं। उनमें व्यापकता, जीवन तथ्यों की गम्भीर एवं विशद व्याख्या, भाव–गहराई, चरित्र–चित्रण एवं भाषा उत्कर्ष सभी पुरुषों की अपेक्षा कम है। इससे यह न समझ लेना चाहिए कि उनकी कहानियों की उपेक्षा की जा सकती है।'[20]

आरम्भिक काल की परिस्थितियों के निर्माण में ब्रिटिश सरकार एवं कांग्रेस का प्रमुख सहयोग रहा है। 1857 की क्रान्ति के पश्चात् भारत एक अंग्रेज़ी व्यापार कम्पनी के हाथ से निकलकर यूरोप के एक शक्तिशाली देश इंग्लैंड के अधीन हो गया था। वह एक ओर सुधार की बात करती थी तो दूसरी ओर उग्र राष्ट्रीय कार्यकर्त्ताओं का दमन करने को उद्यत रहती। जन–समाज में राजनीतिक जागरण के फलस्वरूप साहित्य में भी समानान्तर भावों का अभ्युदय हुआ। भारतेन्दु काल में राष्ट्रीय विचारधारा से अनुप्रेरित प्रचुर साहित्य लिखा गया। यह केवल काव्य तक ही सीमित नहीं था, अपितु गद्य की विभिन्न विधाओं में भी इसका प्रसार रहा। किन्तु इस युग की लेखिकाएँ इस दिशा में विशेष योग न दे सकीं।

'नारी का क्षेत्र मुख्यत घर की चारदीवारी रहा है, विशेषकर उस युग में जबकि पर्दा प्रथा, बाल विवाह, दहेज प्रथा आदि सामाजिक कुप्रथाओं ने नारी जाति को अत्यधिक आवेष्टित किया हुआ था। ऐसे युग में राजनीति में नारी की अभिरुचि की आशा ही कैसे की जा सकती थी? फिर भी यह उल्लेखनीय है कि कतिपय महिलाओं ने इस ओर यत्किंचित ध्यान दिया है।'[21]

आरम्भिक काल में ऐसी स्त्रियों की आवश्यकता थी जो प्रत्येक ग्राम–नगर में जाकर स्त्री–शिक्षा का प्रचार करें। यदि इस प्रकार की समितियाँ हमारे प्रत्येक शहर और गाँव में स्थापित हो जायें और वह एकसूत्र में बांध दी जायें। ये ईश्वर का भी सहारा लेती थी :

'हे ईश्वर अब दया कीजिए। बेचारी स्त्रियों की ओर देखिये कि वे कैसी मूर्खा हैं उनको विद्या का दान दीजिये। हे दीन बन्धु एक प्रेम की दृष्टि अपनी मूर्ख पुत्रियों पर डालिए। बेचारी सब से विद्या की भिक्षा माँग रही हैं उनको कोई भी भिक्षा नहीं देता। हाँ, सब उनको दुतकार देते हैं। कहते हैं कि आगे माँग हम पर क्या रखा है। हाय, क्या आपकी पुत्रियाँ ऐसे ही दर–दर भीख माँगती फिरेंगी। नहीं पिता जी हमें आशा है आप अवश्य उनकी रक्षा करेंगे। विदेशी स्त्रियाँ विद्या प्राप्त कर रही हैं क्या वैसा हम नहीं कर सकतीं।'[22]

'स्त्री की लड़ाई बहुत जटिल है। उसकी जद्दोज़हद में निजी नहीं सामाजिक सन्दर्भ शामिल हैं। समाज की पहली इकाई परिवार है। परिवार के मसले को पुरुष लेखकों ने इतना नहीं खोला जितना स्त्रियों ने।

अभिव्यक्ति और पहचान के स्तर पर परिवार पहली सीढ़ी है। दूसरी सीढ़ी है शिक्षा की और तीसरी सीढ़ी है राजनीति की। पुरुष का लेखन सीधे–सीधे राजनीतिक विमर्श तैयार करता है जबकि परिवार और शिक्षा में स्त्री लेखन का सिलसिला तैयार होता है।'[23]

19वीं शताब्दी से ही स्त्रियों ने अपनी स्थिति व अपनी लाचारी को साहित्य में व्यक्त करना प्रारम्भ कर दिया था जिसके अनेको उदाहरण उनकी रचनाओं में पढ़ने को मिल सकते हैं। ऐसा अनायास ही नहीं हुआ होगा कि उन्होंने अपनी रचनाओं के माध्यम से न केवल रचनाओं के पात्रों की समस्याओं को रखा, अपितु कहीं न कहीं वह अपने जीवन के अनुभवों को व्यक्त करने का प्रयास कर रही थीं।

'जाति के पंचो। थू! थू! थू! तुम्हारा तो नाम लेते हुए मुझे पाप लगेगा! धिक्कार है तुम्हारे ऊँची जाति के बनने पर! जो बेटी को बेचने वाले और दाम देकर मोल लेने वालों को अपनी जाति से बाहर नहीं कर सकते, बल्कि मूँछों पर ताव दे देकर लड्डू खाने के लिए उनके साथ ऐसे ही जाते हों जैसे पुराने शिकारी के पीछे कुत्ते!... जब तक तुम लोग अपनी जाति से बाल–विवाह, वृद्ध–विवाह, अनमेल विवाह और कन्या विक्रय आदि कुप्रथाओं का मुँह काला न कर दोगे। इन कुप्रथाओं के कारण आज हज़ारों नवयुवक कुंवारे पड़े हुए हैं, बूढ़ों ने कुंवारों के साथ एक तलफी करके रुपयों की थैलियाँ खोलकर बेतरह सिर उठा रखा है। कन्या बिक्री करने वालों ने शोर मचा रखा है। कोई शोभा के रुपये धराकर चाट जाता है, कोई चढ़ावे के नाम से जेवर माँग कर डकार लेता है, कोई उधार लेकर पीछे न देने के ढोंग रचता है, कोई कोई अपनी बेटी के एवज में अपने बेटों का ब्याह कराने का ठहरावा करता है और कोई कोई माई के लाल तो ऐसे हैं जो सरे बाज़ार अपनी कन्याओं को नीलाम करने की दुकान लगाये हुए हैं। कोई कहता है कि मेरी बेटी की पतली–पतली उंगलियों का एक–एक परवा ही तीन तीन सौ लागत का है।'[24]

किसी भी स्त्री की प्रतिभा किसी पुरुष से कम नहीं होती, किन्तु सामाजिक कारण उसके उद्देश्य की पूर्ति में बाधक होते हैं। शुरुआती दौर में निकलने वाली पत्रिकाएँ इन्दु, आर्य महिला, कन्या मनोरंजन, कन्या सर्वस्व, कायस्थ महिला हितैषी, नवजागरण, मनोरमा, मर्यादा, ज्योति, गृहलक्ष्मी आदि ने स्त्री–रचनाकारों को आगे लाने में महत्त्वपूर्ण भूमिका निभायी। ये पत्रिकाएँ स्त्रियों की अभिव्यक्ति का एक सशक्त माध्यम बनीं।

इन लेखिकाओं के लेखन में भावपक्ष के साथ–साथ कला पक्ष में भी अपनी एक पृथक् विशेषता मुखरित होती है, पर संकोच, गृहस्थी के भार और पर्दाप्रथा के कारण नारी को पुरुष की भाँति व्यापक अवसर प्राप्त नहीं हो पाते थे। सम्भवतः यही कारण है कि आरम्भिक रचनाओं में महिलाओं ने अपने नाम को गुप्त रखा।

'19वीं सदी के सुधार आन्दोलनों में भद्रवर्गीय पुरुष सुधारकों का सबसे बड़ा अन्तर्विरोध स्त्री–पुरुष के बीच दोहरे मानदण्डों के इस्तेमाल का था। ये मानदण्ड अक्सर एक दूसरे के उल्टे भी होते थे। विद्यासागर, द्वारिकानाथ गांगुली और लाला देवराज जैसे कुछेक सुधारक ही इन अन्तर्विरोधों के प्रति सजग और किसी हद तक उनसे मुक्त थे। ज़्यादातर पुरुष–सुधारक स्त्रियों की परम्परागत भूमिका को ही साफ़–सुथरे, उन्नत ढंग से जारी रखना चाहते थे। वे खुद आधुनिक बनना चाहते थे, लेकिन स्त्रियों को आधुनिक बनाया जाये कि नहीं अगर बनाया जाये तो किस हद तक–इस द्वन्द्व में पड़े रहते थे। अंग्रेज़ी कहावत है–ज्ञान ही शक्ति है। पुरुष सुधारकों के लिए यूरोपीय ज्ञान–विज्ञान शक्ति का नया स्रोत था जिसे हासिल कर वे शक्तिशाली बनना चाहते थे, पर स्त्रियों को इस शक्ति से वंचित रखने में ही अपनी भलाई देखते थे।'[25]

स्त्री कथा–लेखन लगातार उस समय की पत्र–पत्रिकाओं में आ रहा था, लेकिन पुरुष भूमिकाएँ स्वयं लिखकर उनके संकलन प्रकाशित करवा रहे थे यह एक आंशिक सत्य है। स्त्रियों के लेखन में परम्परा और इतिहास बोध का तीव्र आग्रह मिलता है। हिन्दी नवजागरण के लेखकों के सामने स्त्रियों से सम्बन्धित बहुत–सी समस्याएँ थीं। नवजागरण की प्रवृत्तियों को आरम्भिक काल की लेखिकाओं ने अपनी रचनाओं में भी किसी न किसी रूप में व्यक्त किया।

19वीं सदी के हिन्दी नवजागरण में एक भी लेखक ऐसा नहीं दिखता जिसने अपनी माँ–बहन या बहू–बेटियों को सुधार आन्दोलन में आगे बढ़ाया हो। इस दौर के साहित्य में समकालीन देशकाल का गहरा प्रभाव है, क्योंकि तत्कालीन पत्र–पत्रिकाओं में नारी शिक्षा की आवश्यकता पर विशेष बल दिया जा रहा था। स्त्री की घरेलू ज़िन्दगी, प्रतिनिष्ठा आदि विषयों का रूपायन एक नये दृष्टिकोण से किया गया। लेखिकाओं ने सबसे पहले घरेलू जीवन को कथा का विषय बनाया जिसमें शिक्षा की समस्या भी प्रमुख थी। उस समय लेखिकाओं की कुछ रचनाओं में यह

चिन्ता साफ़तौर पर व्यक्त होती है। उदाहरणस्वरूप कुछ रचनाओं के अंश देखे जा सकते हैं :

(1) श्रीमती देववती देवी तिवारी—*माता की अज्ञानता* (कहानी)

'यदि उमा शिक्षिता न होती तो उसके गृहजनों की क्या दशा होती? नारी के हृदय में सद्गुण कूट—कूट कर भरे हुए हैं। उनके विकसित होने के लिए उचित शिक्षा की आवश्यकता होती है। देश में हमारी सामाजिक तथा गृहस्थ दशा इतनी गिरी हुई क्यों है? अवनति का प्रधान कारण है किसी को अशिक्षिता रखना। अपने कर्त्तव्य कर्म से बिल्कुल अनभिज्ञ रहकर वे समय के प्रवाह में बिना किसी निर्दिष्ट लक्ष्य के बह रही हैं। हर्ष की बात है कि शिक्षा का प्रसार दिन—दिन बढ़ रहा है। हम लोगों को भले प्रकार विचारना है कि स्त्रियों की वर्तमान शिक्षा प्रणाली उन्हें किस ओर ले जा रही है और हमारे आत्मोत्सर्ग में कहाँ तक सहायता देता है।'[26]

(2) बंग महिला—*बंग महिला ग्रन्थावली (निबन्ध)*

समाज, राष्ट्र और गृह के लिए स्त्री शिक्षा का मुख्य उद्देश्य उन्हें नम्र, सलज्ज और शान्त बनाना, गृह के कार्यों में दक्ष करना और उचित अनुचित का ज्ञान पैदा करना है। इससे उनके गृहिणी पद की गरिमा अपना श्रेष्ठ स्थान प्राप्त करती है। लेखिका के विचार महत्त्वपूर्ण और भारतीय परिवेश के उपयुक्त आदरणीय हैं इस प्रान्त में शिक्षा का पूरा अभाव है। यद्यपि भले घर की दो चार स्त्रियाँ कुछ पढ़ना लिखना जानती हों। किन्तु न जानने वाली स्त्रियों की संख्या कहीं अधिक है। मैं विद्यालय की उच्च उपाधियों के पाने की बात नहीं कहती। परन्तु कुछ थोड़ी सी शिक्षा तो साधारण स्त्रियों को अवश्य ही मिलनी चाहिए। कोई कोई स्त्री शिक्षा के विरोधी कहेंगे कि स्त्रियाँ पढ़ने लिखने से मेम साहब बन जायेंगी तो घर के काम काज कौन करेगा?'[27]

(3) सुश्री हेमन्तकुमारी चौधरानी—*घूँघट वाली*

भारत स्वातन्त्र्य से पूर्व स्त्री का कार्य क्षेत्र परिवार तक ही सीमित था। तत्कालीन लेखिकाओं का अनुभव स्रोत प्रायः समाज का व्यापक क्षेत्र न होकर पारिवारिक जीवन तक ही सीमित रहा। शिक्षा के अभाव से भारतीय नारियों की कैसी दुर्दशा हो रही है। इसमें एक ऐसी नवविवाहिता वधू

का वर्णन किया गया है। यह घटना अशिक्षा तथा पर्दा–प्रथा के कारण घटित हुई, फलतः इस कथा का उद्देश्य इन कुरीतियों के नाश की प्रेरणा देना है।

(4) श्रीमती प्रियम्बदा देवी–*अशिक्षिता और शिक्षिता*

'दुर्गा' देवी पति के लाख समझाने पर भी शिक्षा की ओर ध्यान न देती थी। एक बार पति के साथ रेलयात्रा करते समय जनाने डिब्बे में एक दुष्ट कामुक को अपने समक्ष पाकर उसे अपनी अशिक्षाजन्य कायरता पर क्षोभ हुआ। पति के सहसा वहाँ आ जाने से उसका सतीत्व तो नष्ट होने से रह गया, किन्तु उसके बाद से शिक्षा प्राप्ति उसका लक्ष्य बन गया। ज्ञानार्जन के उपरान्त एक बार पुनः यात्रा में वैसा अवसर उपस्थित होने पर उसने कामुक स्टेशन मास्टर की जूतों से मरम्मत कर अपने धर्म की रक्षा की। शिक्षा लेने के उपरान्त भी दुर्गा देवी पति–सेवा में पहले की भाँति लीन रहती थी!'[28] भारतीय समाज की प्रचलित कुरीतियों का वर्णन, जिनका उस समय की लगभग सभी लेखिकाओं ने किया था, इसमें भी किया गया है।

(5) श्रीमती संप्रिया देवी–*एक अनपढ़ स्त्री की यात्रा*

विष्णुदत्त को लाहौर में कौन नहीं जानता था। परोपकार का कौन काम था जिसके मुखिया विष्णुदत्त न हो। समाज और सोसाइटियों में तो इनका नाम विख्यात था। विष्णुदत्त के गुण, कर्म, ज्ञान और कर्त्तव्य उच्च शिक्षित परन्तु निहाल देवी उनकी भार्या निरक्षर होने के कारण बड़ा दुख दिया करती थी... हमारे देशवासी अपनी स्त्रियों को मूर्ख रखने में नहीं मालूम क्या कल्याण समझते हैं। यदि यही स्त्री विदुषी होती तो यह भयानक दृश्य काहे को देखने में आता।'[29]

(6) श्रीमती ब्रह्मकुमारी भगवान देवी दुबे–*सौन्दर्यकुमारी*

प्यारी माताओ–आज दिन भी हमारा आर्यावर्त्त खीरनारियों से खाली नहीं है, कहीं–कहीं हमारी हितैषी माताएँ अब भी हैं परन्तु कम हैं। यह जो कुछ भी आपसे वर्णन किया यह सब विद्या का प्रकाश है। जिसके पास विद्या नहीं है वह धर्माधिकारी नहीं हो सकता। संसार एक गाड़ी के पहिये की भाँति है जिस पर हम सब बैठे हुए हैं। पहिये के चलने के कारण कभी नीचे कभी ऊपर को हो जाते हैं, यदि देश के हित के लिए परिश्रम किया जाये तो कभी निष्फल नहीं होगा।'[30]

(7) श्रीमती यशोदा देवी–*सच्चा पतिप्रेम*

'हे काली माता मेरे पति को जिला दे मैं घर से तेरे मन्दिर तक तीन तीन पग पर पृथ्वी में लोटती हुई जाकर तेरी पूजा करूँगी' यह प्रार्थना छटपटाते हुए एक हिन्दू युवा की युवती स्त्री की थी। युवती लखपती की बेटी है, लखपती की पतोहू है, युवती कलकत्ते की लड़की है, कलकत्ते में ही ब्याही हुई है, सुन्दरी है, खूब लिखी पढ़ी है। जैसा लिखी पढ़ी स्त्री शिक्षिता विदुषी कहलाती है, वैसी ही लिखी पढ़ी है। लोग कहते हैं कि लिखने पढ़ने से प्राचीन संस्कार बदल जाता है, किन्तु केवल अहिन्दू रीति पर पढ़ने वालियों का ही बदलता है और हज़ार बदले, विपद के समय में, विशेषकर हिन्दू स्त्री को पति के जीवन की आशंका आने से वह अपने कुल के प्राचीन संस्कार में लौटकर आ ही जाती है।[31]

हिन्दी की आरम्भिक स्त्री कथाकारों ने 19वीं तथा 20वीं शताब्दी में व्याप्त कुरीतियों को तोड़ने का प्रयास अपनी रचनाओं में किया।

अंग्रेज़ों के आगमन के पूर्व का भारतीय समाज एक संकुचित दायरे वाला बन्द समाज था। प्राचीन रूढ़ियों, परम्परा, अन्धविश्वास, जाति–पाति, छुआछूत के भेद से बुरी तरह ग्रस्त इस समाज में स्त्रियों की दशा पशुओं से भी गयी बीती थी। तमाम तरह के दिखावों और आडम्बरों में जकड़ा यह समाज ज्ञान–विज्ञान की नयी रोशनी से कोसों दूर था।[32]

भारत में समाज और धर्म, परिवर्तन के कई दौरों से गुजरे हैं। उजाले और अँधेरे के लम्बे इतिहास में यदि प्रगति, पुनरुत्थान और सुधार के दौर आये हैं तो अवनति, विघटन और ह्रास के युग भी आये। 18वीं शताब्दी में स्त्रियों की स्थिति बिलकुल सन्तोषजनक नहीं थी। समाज में कुछ घृणास्पद सामाजिक, धार्मिक प्रथाएँ प्रवेश पा गयी थीं। इन भयंकर प्रथाओं की शिकार भारतीय स्त्रियाँ हुईं। बालवध, बहु–विवाह, सती होना आदि प्रथाएँ 18वीं शताब्दी में तो चलती रहीं, लेकिन 19वीं शताब्दी में कानून और सुधार आन्दोलनों के ज़रिए, उन्हें चुनौती दी गयी। 19वीं शताब्दी के दौरान भारत में समाज के नव–निर्माण और धार्मिक विचारों को तर्कसंगत बनाने के लिए विभिन्न सुधार आन्दोलनों के एक के बाद एक दौर आने लगे। इनमें पहला दौर उस आन्दोलन का था जिसकी शुरुआत राजा राममोहन राय ने की। राजा राममोहन राय ने सती–प्रथा के ख़िलाफ़ बिगुल बजाया। स्त्रियों को शिक्षा और सम्पत्ति में हक देने की सिफारिश की,

इसके बाद से 19वीं सदी के आखिर तक समाज सुधारकों की एक पूरी परम्परा मिलती है।

प्रियम्वदा देवी ने अपने युग की प्रचलित कुप्रवृत्तियों में सुधार की भावना को ध्यान में रखा। उनकी कहानियों में बाल विवाह के दुष्परिणामों, स्त्री शिक्षा की आवश्यकता तथा स्त्री के गृहस्थ धर्म की ओर ध्यान देने पर बल दिया। उन्होंने सोद्‌देश्य कथा रचना की। सर्वत्र यथार्थ के अंकन द्वारा आदर्श की प्रेरणा दी, जिससे कहानियों में आदर्शोन्मुख यथार्थवाद की स्थिति सहज ही स्पष्ट नज़र आती है। भारतीय स्त्रियों को विदेशी वस्त्रों का त्याग करने तथा देश सेवा के लिए कटिबद्ध होने का सन्देश दिया है। विषय प्रतिपादन तथा शैली की दृष्टि से ये कहानियाँ आज उतनी प्रभावशाली भले ही न प्रतीत हों, किन्तु लेखिका के समकालीन नारी वर्ग ने निश्चय ही इनसे प्रेरणा ग्रहण की होगी। लेखिका ने इनकी रचना पाठकों के मनोरंजन मात्र के लिए नहीं की है अपितु इनकी पृष्ठभूमि में नारी–कल्याण की प्रवृत्ति विद्यमान है। 'नवजागरण के दौर में कई पुरुष–सुधारकों ने विधवा–विवाह के प्रति उदारता और करुणा का भाव दिखाया और उनके पुनर्विवाह को उचित ठहराया। लेकिन खुद एक सजग स्त्री इस बवाल को जिस तीखेपन के साथ महसूस करती थी, वह तीखापन उन सुधारकों में नहीं था। पुरुष–सुधारक विधवा–जीवन के अन्तरंग अनुभवों से अनजान थे। लेखिका ने उन अनुभवों का वर्णन किया।... स्त्री की नज़र से देखे गये ये अनुभव और तीखी अनुभूतियाँ विधवाओं से सहानुभूति रखने वाले पुरुष लेखकों से कम दिखाई देती हैं। अनुभवों का फ़र्क़ जितना बुनियादी था, उतना ही नज़रिए का फ़र्क़।'[33]

(9) श्रीमती ठकुरानी शिवमोहिनी–*सुशीला और ललिता*

लेखिका का उद्‌देश्य हिन्दू समाज में फैली कुरीतियों का निर्देश करना है। विधवा–विवाह और बाल–विवाह के सम्बन्ध में समाज का दृष्टिकोण दिखाया है। एक मण्डल के अधिपति संन्यासी का धार्मिक दम्भ–

'गेरुआ वस्त्रधारी संन्यासी महाशय बिगड़ उठे कहने लगे–तू अपने धर्म से गिरी विधवा जान पड़ती है इसी से ठीक पता नहीं बताती... तुम्हारे लिए यहाँ स्थान नहीं है। सुशीला ज्यों ही वापस चली, संन्यासी ने जर्मन सिल्वर के कमण्डल से पानी निकाल जहाँ वह खड़ी थी छिड़क दिया कि उसके खड़े रहने से जो स्थान अपवित्र हो गया था, शुद्ध हो जाये।'[34]

इससे यह साफ़ है कि तत्कालीन हिन्दू विधवा की सामाजिक स्थिति कितनी सोचनीय थी।

'गत फरवरी मास के समाचार पत्रों से मालूम हुआ कि इन्दौर के एक नामी सेठ जी ने एक पत्नी के रहते हुए 54 वर्ष की आयु में फिर विवाह किया है और अपनी नतनी की बराबर 12 वर्ष की उम्रवाली एक कन्या को अपनी दूसरी पत्नी बनाया है। वहीं एक दूसरे धनी ने 55 वर्ष की अवस्था में 14 वर्ष की छोकरी के साथ सगाई कर ली है। इस कन्या के पिता ने उसे पाँच या सात सौ रुपये में बेचा है।'[35]

(10) श्रीमती गुलाब देवी चतुर्वेदी–*आदर्श सखी*

'कमला के पिता उसके सौतेले भाई के प्रभाव में आकर उसका विवाह एक ऐसे वर से करना चाहते थे, जो पूर्वविवाहित होने के अतिरिक्त दस वर्षीय पुत्री तथा एक पुत्र का पिता भी था। विवश कमला ने आत्महत्या का विचार किया, किन्तु उसकी प्रिय सखी शीला ने प्रयत्न करके उसका विवाह एक आदर्श युवक कमलनयन से करा दिया।

(11) श्रीमती धनवती देवी–*उदारहृदया*

इस कहानी में राधिका नामक युवती का विवाह पिता ने धन के लालच में एक वृद्ध से कर दिया था, जो पाँच वर्ष के पुत्र को छोड़कर परलोकगामी हुआ। उसके सौतेले पुत्रों ने उससे दुर्व्यवहार किया तथा उसे पुत्र सहित सोन नदी में धक्का दे दिया। लेखिका ने समकालीन सामाजिक स्थिति के अनुरूप वृद्ध–विवाह की समस्या का चित्रण किया है, 'हम आपसे पूछते हैं कि क्या इस कथन से हम लोग कुछ शिक्षा ग्रहण नहीं कर सकते? हाँ जो सतोगुणी पुरुष है वह अवश्य कर सकते हैं, तमोगुणी नहीं कर सकते।'[36]

उपन्यास

मल्लिका देवी प्रारम्भिक काल की लेखिकाओं में पहली उपन्यासकार हैं। उन्होंने 1877 से 1881 के बीच की अवधि में *कुमदिनी* उपन्यास लिखा। भारतेन्दु हरिश्चन्द्र की धर्म ग्रहीता द्वारा लिखा गया यह अप्रकाशित उपन्यास है। *कुमदिनी* उपन्यास उस समय समाज में फैली कुरीतियों को पाठक वर्ग के सामने लाता है, जिसमें विधवा विवाह भी एक महत्त्वपूर्ण विषय था। उस समय समाज में स्त्रियों के विधवा हो जाने पर उन्हें उपेक्षा

का सामना करना पड़ता था। बंगाल के साहित्यिक क्षेत्र में इसकी गम्भीर गूँज थी। *कुमुदिनी* में विधवा विवाह को आदर्शवादी रूप दिया गया है क्योंकि, न तो लड़की के माता–पिता का कोई विरोध था और न आर्थिक दयनीयता जैसी समस्या थी।

सीमन्तनी उपदेश भी आरम्भिक स्त्री–कथा के शुरुआत की सबसे महत्त्वपूर्ण पुस्तक है, जिसमें उस समय के समाज और स्त्री की दशा का खुलकर पूरा विवरण दिया गया है। *सीमन्तनी उपदेश* का सबसे क्रान्तिकारी पक्ष पतिव्रतधर्म की आलोचना है। हिन्दी नवजागरण के लेखकों के लिए प्रतिव्रतधर्म से बढ़कर स्त्रियों के लिए कोई धर्म न था। इसमें 19वीं सदी के पुरुषों के नैतिक पतन और स्त्रियों के साथ होने वाले अन्याय का वर्णन भी किया गया है।

'पतिव्रत धर्म स्त्रियों को पुरुष के प्रति वफादार रहने, मुसीबत या बीमारी में उसकी सेवा करने को कहता था। पतिव्रत धर्म स्त्री–पुरुष के बीच भेदभाव का पक्का आधार था। यह पुरुषों को व्याभिचार करने की छूट देता था, स्त्रियों को अन्याय सहने को मजबूर करता था। शास्त्रों और पुराणों में इसका बखान करने, इसकी महिमा बताने वाली कथाएँ भरी पड़ी थीं जिन्हें व्रत–पूजा–उपवास पर सुन–सुनकर स्त्रियाँ इस अन्यायपूर्ण धर्म को अपने संस्कारों में ढालती थीं।'[37]

शारदा देवी ने सामाजिक, धार्मिक तथा ऐतिहासिक दृष्टि से सोद्देश्य कहानियों की रचना की। *नारी इतिहास* तथा *विहुता* में अन्य लेखिकाओं की भाँति नैतिक आदर्श की स्थापना की। ऐतिहासिक कहानियों में उन्होंने चाहे आदर्शवादिता की रूढ़िगत परम्परा का ही वर्णन किया है, किन्तु सामाजिक कहानियों में लीक से हटकर प्रायः परिस्थितियों का यथार्थ निरूपण किया है। इनकी कहानियों में स्त्री जाति की कुरीतियों से लड़ने की प्रेरणा दी गयी है। *विधवा* तथा *अभागिनी* कहानी में बाल–विवाह, वृद्ध विवाह, विधवा के प्रति समाज का उपेक्षा भाव, पुरुषों की स्वार्थपरता आदि का चित्रण कर हिन्दू समाज की दुर्बलताओं पर प्रकाश डाला है। पति भक्ति और पति परायणता का रूप भी इन कहानियों में किसी न किसी रूप में अवश्य नज़र आता है। कथा–नायिकाओं को आदर्श रूप में दिखाकर स्त्री जाति को सामाजिक कुरीतियों के प्रति अवगत कराया। लेखिका ने अपने उद्देश्य को प्रच्छन्न रूप में व्यक्त करने की बजाय सीधे–सीधे कहना ज़्यादा पसन्द किया।

प्रियतम पद सेवा व्रत मेरा।
नयनर में पिय की छवि आयै,
चित्त चरन का चेरा।
लखि लखि मुख पिय को सुख पावै
हृदय कमल बहुतेरा।[38]

'बलिदान' कहानी कुमारी रामवती देवी झाँसी ने 1928 में लिखी जो कि पूरी कहानी पतिव्रत धर्म व उसके पालन करने को लेकर लिखी गयी है। कहानी में लेखिका ने पतिव्रत धर्म क्या है इसका बखूबी विवरण किया है,

'पतिव्रत धर्म वह धर्म है जिसको हमारे ऋषि मुनियों ने एक मत होकर उच्च स्वर से जिसकी महिमा का गान किया है–उस पर चलने वाली स्त्री को पतिव्रता कहते हैं–पतिव्रता स्त्री अपने पति के सिवाय अन्य किसी पुरुष को चाहे वह कितना ही गुण सम्पन्न हो पूज्य नहीं मानती, उसके लिए पति के सिवाय न कोई व्रत है न कोई तीर्थ और न ही पति के सिवा उसका कोई गुरु ही है पतिव्रता स्त्री–पुरुष के साथ उसकी छाया बनकर साथ–साथ रहती है, अपने आपको पति पर समर्पण कर देती है, तथा उसी में लीन हो जाती है।'[39]

यशोदा देवी जो कि उसी समय की एक प्रमुख लेखिका थी, ने अनेक कहानियों और उपन्यासों की रचना की। इनके उपन्यासों में केवल *'वीर पत्नी'* ऐसा उपन्यास है जिसमें पतिव्रत धर्म के बारे में बताया गया है। उन्होंने उपन्यास की भूमिका में यह स्पष्ट कर दिया कि उन्होंने इसकी रचना स्त्री–शिक्षार्थ की है। पतिव्रत्य पर बल देने के निमित्त उन्होंने संयोगिता के दृढ़ संकल्प, पति परायणता, पति प्रेम के सम्मुख पिता की विमुखता की भी चिन्ता न करना, पति की मृत्यु पर उनके शत्रुओं से बदला चुकाना और अन्त में पति के मृत शरीर के साथ चितारोहण का आदर्शवादी रूप में उल्लेख किया है। लेखिका ने इन चारित्रिक गुणों को इसलिए बताया ताकि हिन्दू–स्त्रियाँ इनका अनुकरण कर सकें। ऐतिहासिक उपन्यासों में हमेशा देशकाल का विशेष ध्यान दिया जाता है। यशोदा देवी के इस उपन्यास से स्त्रियों पर पड़ रहे उस दबाव को महसूस किया जा सकता है, जो उस समय की परिस्थितियों में उनके सामने रखे जा रहे आदर्शों और अपेक्षाओं से पैदा हो रहा था।

मुसलमान भद्रवर्ग का दृष्टिकोण भी स्त्रियों को लेकर कमोबेश हिन्दू वर्ग के दृष्टिकोण के समान ही था। भारतेन्दु के समकालीन सैयद अहमद के साथी डिप्टी नज़ीर अहमद ने 1869 में स्त्री शिक्षा के लिए *मिरात–उल–उरूस* तथा मौलाना अशरफ थानवी ने *बहिश्ती जेवर* किताब लिखी। *मिरात–उल–उरूस* दो बहनों की कथा को केन्द्र के रखकर, स्त्रियों को माँ, बहन, बेटी और पत्नी के रूप में उनके कर्त्तव्यों को पूरा करने की शिक्षा देती है। 19वीं सदी के उत्तरार्द्ध में लिखी गयी अधिकतर पुस्तकों में उस समय के लेखकों ने स्त्री को केवल परम्परागत मूल्यों एवं कर्त्तव्यों का पालन करने का ही सन्देश दिया। *'बहिश्ती जेवर'* में भी भद्रवर्गीय मुस्लिम स्त्री को धर्म, पारिवारिक नैतिकता, पारिवारिक सम्बन्धों की शिक्षा दी गयी थी। उर्दू में लिखी गयी ये दोनों किताबें, उस काल में विशेषकर *बहिश्ती जेवर* मुस्लिम परिवारों में हर लड़की को उसके विवाह के समय दी जाती थीं। हिन्दी में भी कुछ लेखकों ने इसी तर्ज पर पुस्तकें लिखीं जिनमें *देवरानी जेठानी की कहानी* और *भाग्यवती* प्रमुख हैं।

आरम्भिक काल की लेखिकाओं का विवरण अथवा उल्लेख बहुत कम देखने को मिलते हैं। 19वीं सदी के नवजागरण से प्रेरित हुई लेखिकाओं ने अपनी रचनाओं के माध्यम से अपने अनुभवों और पीड़ा को उकेरा। कोई भी लेखक अपने समाज से पूरी तरह अछूता नहीं रह सकता। आरम्भिक लेखिकाओं ने भी अपने समय, समाज और संस्कृति को अपनी रचनाओं के केन्द्र में रखकर रचना की। कहानी और उपन्यास जैसी विधा में लिखना उस समय एक चुनौती भरा कार्य था। स्त्री–लेखन की शुरुआत हिन्दी में एक उपदेशात्मक पुस्तक से हुई। 1882 में 'एक अज्ञात हिन्दू औरत' द्वारा लिखी *सीमन्तनी उपदेश* पुस्तक में लेखिका ने पितृसत्तात्मक समाज का खुलकर विवरण दिया। इस पुस्तक में स्त्री–चेतना का जीवंत रूप देखा जा सकता है। लेखिका ने स्त्रियों को प्रोत्साहित करने का प्रयास उस समय किया जिस समय समाज में स्त्रियों का कोई संगठन नहीं था। लेखिका ने ईश्वर के समक्ष अपनी सामाजिक वेदना को इस तरह व्यक्त किया–

दुनिया में हम दुखी हैं हमारी ख़बर तू ले।
दुःख दर्द से छुटा हमें एक बार ख़बर ले।[40]

हिन्दी नवजागरण के लेखकों के लिए पतिव्रताधर्म से बढ़कर स्त्रियों के लिए कोई धर्म न था। स्वाधीनता से पूर्व आम स्त्री का मुख्य कार्य–क्षेत्र पारिवारिक था, यही कारण था कि तत्कालीन लेखिकाओं का स्रोत प्रायः समाज का व्यापक रूप न होकर पारिवारिक ही रहा। उन्होंने इस सीमा के भीतर भी तत्कालीन यथार्थ को उद्घाटित करने की कोशिश की, साथ ही और आदर्श को अभिव्यक्त कर परिस्थिति का विवेचन करने का प्रयास किया। शुरुआती दौर की लेखिकाओं का कालक्रमानुसार विवरण दिया जाये तो श्रीमती यशोदा देवी, श्रीमती प्रियम्वदा देवी, श्रीमती शारदा कुमारी, कुन्ती देवी, श्रीमती ठकुरानी शिवमोहिनी, तोरन देवी शुक्ल 'लली', सुश्री हेमन्तकुमारी चौधरानी आदि प्रमुख हैं जिन्होंने उस समय की सामाजिक स्थिति तथा स्त्रियों की दशा को अपनी रचनाओं में व्यक्त किया। श्रीमती यशोदा देवी ने अपनी रचनाओं में स्त्री–जाति के समक्ष कुछ अनुकरणीय आदर्श प्रस्तुत किये। उन्होंने *सती भूषण* शीर्षक रचना की भूमिका में लिखा है :

प्रायः देखा जाता है कि स्त्रियों के पढ़ने और मनन करने योग्य पुस्तकों की संख्या बहुत कम है और उपन्यास तथा क़िस्सा कहानियों की संख्या अधिक है जिससे व्यर्थ ही उनके पढ़ने में समय नष्ट होता है। इस बात की बड़ी भारी आवश्यकता है कि स्त्रियों को धर्म–शास्त्र का ज्ञान कराने वाली पुस्तकें पढ़ाई और सुनाई जावें।[41]

आरम्भिक काल की कहानियों में अभिव्यक्त स्त्री प्रायः पति परायण और सती है। कुछ कहानियों में वर्णित नायिकाएँ शौर्य, त्याग, तपस्या और सतीत्व में अतुलनीय हैं। स्वाभिमान, वीरता, दुस्साहस और रण–कौशल जैसे पुरुषोचित गुणों में भी वे पुरुषों के समकक्ष नहीं, बल्कि उनसे बढ़कर हैं।

'स्त्री धर्मपरायण है, गृह संचालन में दक्ष है, सैन्य संचालन में पारंगत है, संयम, सदाचार और त्याग, तपस्या के कारण जो महान और अनुकरणीय है। एकनिष्ठता और सदाचार में पुरुषों से बहुत आगे है... जहाँ स्त्री के अधिकारों के लिए लड़ने वाले न तो स्त्री संगठन थे और न ही स्त्री शिक्षा का समुचित प्रसार।'[42]

लेखिकाएँ समाज में स्त्री के लिए स्वीकृत भूमिकाओं पर लिखकर अपनी जगह तलाशने की कोशिश कर रही थीं। धर्म के नाम पर स्त्रियों की स्थिति कितनी खराब थी इसे इस उद्धरण से जाना जा सकता है–

'सत्यवती धर्मशास्त्रों के अनुसार धर्म का पालन करने लगी। उसने अपने सिर के बाल कैंची से काट डाले, रंगीन वस्त्रों को पहनना छोड़ श्वेत वस्त्र धारण किये, पृथ्वी पर सोने लगी। काजल, उबटन, इतर, फुलेल, पान, मिस्सी जो कुछ सौभाग्य की वस्तुएँ हैं सबका त्याग कर दिया और दिन–रात के चौबीस घंटों में केवल एक ही बार जौ की रोटी और तरकारी के सिवाय अन्य कोई वस्तु न खाकर रात–दिन व्यतीत करने लगी।'[43]

आरम्भिक काल की लेखिकाओं का साहित्य ऐसे उदाहरणों से भरा पड़ा है।

'आप भगवान भुवनभास्कर के सपूत होकर भी परस्त्री से इस प्रकार प्रश्न करते हैं? क्या आप नहीं समझते कि स्त्रियों के लिए पति ही सब कुछ है? स्त्री के लिए चाहे उसका पति कुरूप, अन्धा, काना, कोढ़ी अथवा गूंगा ही क्यों न हो, पर वह स्वर्ग से भी बढ़कर है। यद्यपि मेरे स्वामी अन्धे हैं किन्तु मैं उन्हीं को सर्व गुण सम्पन्न समझती हूँ...युवती तुम भूलती हो, ईश्वर ने तुम्हारा यह सौंदर्य, तुम्हारी यह सुकुमारता, यह युवावस्था सब सुख भोग के लिए ही दिये हैं, वे जिसके लिए जैसा कार्य ठहराते हैं, उसको वैसा ही रूप, गुण और शक्ति भी देते हैं...किन्तु संसार में पतिधर्म से बढ़कर कोई धर्म नहीं है।'[44]

इन सभी लेखिकाओं की रचना के केन्द्र में स्त्री की गरिमा, मान–मर्यादा और अस्मिता के प्रश्न थे। जगदीश्वर चतुर्वेदी ने इस सम्बन्ध में लिखा है :

'प्राचीन मर्यादाओं और रिवाजों को बरकरार रखकर स्त्री की अस्मिता को उभारने का प्रयास इनमें दिखाई देता है। परिवार, स्त्री के सामाजिक कर्त्तव्यों, स्त्री पीड़ा और स्त्री गौरव को वर्णनात्मक शैली में रूपायित किया गया है।'[45]

इसके अलावा 19वीं सदी के प्रारम्भ में साहित्येतिहास लेखन को लेकर एक प्रकार की बेचैनी दिखाई पड़ी।

'उन्नीसवीं सदी का नवजागरण एक प्रकार से नारी केन्द्रित था। पहली बार नारी को एक मानवी की तरह पहचानने की कोशिश की जा रही थी। जैसे ही यह कोशिश शुरू हुई यह साफ़–साफ़ दिखाई देने लगा कि साहित्य क्षेत्र से वह पूरी तरह निर्वासित है। नारी स्वयं भी चैतन्य हुई और उसकी अन्तःचेतना साहित्य में तथा बहिर्चेतना सामाजिक–राजनीतिक बिन्दुओं पर स्पष्ट हुई।'[46]

हिन्दी साहित्य में श्रीमती तोरन देवी की प्रसिद्धि का आधार *'रसिकमित्र'* नामक' समकालीन पत्रिका में प्रकाशित उनकी कविताएँ हैं, लेकिन इसके साथ उन्होंने *किशोरी का प्रश्न, कृष्ण कला* तथा *उमा का त्याग* आदि कहानियों की रचना भी की। ये रचनाएँ जाति–सुधार की भावना से प्रेरित होकर की गयी थीं। उन्होंने समाज में फैली दहेज प्रथा जैसी कुरीतियों के कारण अविवाहित रह जाने वाली, वृद्ध अथवा अल्पायु वर पाने वाली कान्यकुब्ज–बालाओं की पीड़ा को दर्शाया। *किशोरी का प्रश्न* कहानी का यह अंश दृष्टव्य है :

'किशोरी का भाई कुसुमकुमार जब उससे मिलने के लिए उसके पतिगृह गया तब उसने अपनी सखी कमला की कुशल–क्षेम पूछी। कुसुमकुमार ने बताया कि दहेज–प्रथा के कारण उसका विवाह एक वृद्ध से निश्चित हुआ है और कमला के सुयोग्य पिता की वेतन–वृद्धि भी नहीं हुई है, क्योंकि कार्यालय अधिकारी उनके जाति भाई हैं और उन्हें लोकनिन्दा का भय है। अपनी सखी के परिवार की हीन दशा से व्यथित होकर किशोरी ने कुसुमकुमार से प्रश्न किया कि कान्यकुब्ज समाज के ये दोष कब दूर होंगे?'[47]

उन्नीसवीं सदी के नवजागरण में स्त्री सम्बन्धी विभिन्न मुद्दों को उठाया गया, जिसका स्त्रियों को काफ़ी हद तक लाभ भी मिला। आरम्भिक काल की लेखिकाओं ने उस समय की प्रवृत्तियों को दिखाया लेकिन धर्म एवं रूढ़िवाद से अपने आपको मुक्त नहीं कर सकीं। तत्कालीन लेखकों द्वारा लिखी जा रही पुस्तकें भी उन्हें अपने पति एवं परिवार के प्रति कर्त्तव्यों को ही एक नये रूप में पालन करना सिखा रही थी। भारतेन्दु युग के लेखकों में बालकृष्ण भट्ट ने स्त्री सम्बन्धी लेख लिखे। हिन्दी प्रदीप में *महिला स्वातन्त्र्य* शीर्षक लेख में उन्होंने लिखा–

'जिस दिन हमारी सीधी–सादी ललना समाज में शिक्षा का असर पैदा हो गया, जैसे बंगाल में हो चला है फिर ये मन्दिर और देव–स्थान हिन्दुस्तान में एक पुरानी बात हो जायेंगे।'[48]

बालकृष्ण भट्ट स्त्री स्वाधीनता के पक्ष में थे। वहीं महावीर प्रसाद द्विवेदी का मत था कि स्त्री–स्वाधीनता नहीं होनी चाहिए। भारतेन्दु युग के साहित्यकारों के साथ साहित्य की जिस नयी धारणा का जन्म हुआ उसके ढंग, ढाँचे और नियमों की ठोस झलक द्विवेदी युग की रचनाओं में मिली। श्रीमती प्रियम्वदा देवी ने लिखा है :

'उन माताओं का शिक्षित होना कितना ज़रूरी है जिनकी सन्तान पर देशोन्नति निर्भर है। प्यारी बहन अपने जीवनपर्यन्त को स्त्री शिक्षा की वृद्धि करो। इसी शिक्षा का फल है कि आज जापान के साठ लाख छात्रों में लगभग आधी संख्या लड़कियों की पायी जाती है, फिर यदि जापान की उन्नति हुई तो आश्चर्य ही क्या? वीर वर नैपोलियन फ्रांस की उन्नति का आधार वहाँ की माताओं को मानते थे, उनका कहना था *The France Aims its glory to its mothers*. वर्तमान भारत की भाँति गत दस वर्ष से पहले चीन निवासी भी पराये घर का धन स्वरूप लड़की की शिक्षा में धन और समय को लगाना व्यर्थ समझते थे, अतः पुत्रियों का विवाह भी छोटे पन में ही कर दिया जाता था।'[49]

1874 ई. में भारतेन्दु हरिश्चन्द्र ने स्त्री–शिक्षा के लिए *'बाला–बोधिनी'* नामक पत्रिका निकाली थी। स्त्री–शिक्षा की ज़रूरत भारतेन्दु के लेखों से रेखांकित हुई। गौरीदत्त के उपन्यास *'देवरानी जेठानी की कहानी'* (1870) और श्रद्धाराम फिल्लौरी के *'भाग्यवती'* से स्त्रियों को शिक्षित करने के लिए पुरुष समाज–सुधारकों के प्रयासों के बारे में पता चलता है। लेकिन इन्होंने स्त्री आन्दोलन में कोई महत्त्वपूर्ण भूमिका नहीं निभायी। 20वीं शताब्दी तक आते–आते हिन्दी प्रदेश में स्त्री जागृति की लहर फैल चुकी थी। 19वीं सदी के पुरुष सुधारकों के बजाय 19वीं सदी के आखिरी दशकों में खुद स्त्रियों के नेतृत्व में उठे स्त्री–आन्दोलन का स्वर अग्रगामी था। 1909 में इलाहाबाद में पहली बार रामेश्वरी नेहरू ने प्रयाग महिला समिति का गठन किया और *'स्त्री दर्पण'* पत्रिका का आरम्भ किया। इस पत्रिका में स्त्रियों के सवाल उठाए गये और उनकी समस्याओं पर बहस चलाई गयी। सावित्री देवी ने लिखा–'बहने! आओ, हम सब मिलकर अविद्या के अन्धकार को विद्या रूपी दीपक से दूर करें और सुशिक्षिता बनकर पूर्ववत अहिल्या, सीता, गार्गी, द्रौपदी, तारा, महारानी लक्ष्मीबाई आदि का अनुकरण कर, एक बार इस गिरे भारत को फिर उठाने का प्रयत्न करें।'[50]

हिन्दी नवजागरण का जन्म पश्चिमोत्तर प्रान्त में आर्यसमाज के बढ़ते प्रभाव के कारण हुआ। हिन्दी नवजागरण के कुछ लेखकों ने दयानन्द सरस्वती और आर्यसमाज के सिद्धान्तों का विरोध किया। लेकिन प्रियम्वदा देवी जैसी लेखिकाओं ने आर्यसमाज और दयानन्द सरस्वती को लेकर अपने साहित्य में खूब लिखा :

'अन्य संस्थाओं के परोपकारी और उन्नति प्रदायक कार्यों पर फिर विचार करना आज सबसे प्रथम 'आर्यसमाज' के कार्यों पर ही दृष्टि डालो। जगत की कायाकल्प के लिए ऋषि दयानन्द सरस्वती ने इस संस्था की सृष्टि की। ...सचमुच आर्यसमाज ही एक ऐसी संस्था है जिसने विपक्षी हठवादियों का मुखभंजन कर विजयश्री प्राप्त की। यह आर्यसमाज ही है जिसने अभागी स्त्री जाति पर कुठाराघात चलाने वालों के 'पवित्र भावों' के पलटने का प्रयास ही नहीं किया वरन् सिद्धि लाभ की। बहना बिछुड़ी और पतिंत जातियों के उद्धार करने का घनघोर नाद आर्यसमाज ने ही बजाया। सत्यधर्म्म के जिज्ञासुओं के चित्त धर्मामृत पान करा आर्यसमाज ने ही तृप्त किया, और अब कहाँ तक कहूँ। भला जहाँ आर्यसमाज जैसी सर्वप्रिय धार्मिक संस्थाएँ काम कर रही हैं वहाँ उन्नति अवश्य होगी।'[51]

हिन्दी साहित्य के भारतेन्दु काल तथा द्विवेदी काल में राष्ट्रीय विचारधारा से ओतप्रोत प्रचुर साहित्य लिखा गया। समकालीन समाज में राष्ट्रभक्ति की लहर व्याप्त हो चुकी थी। महात्मा गाँधी के प्रभाववश विदेशी वस्तुओं के बहिष्कार एवं स्वदेशी के ओर जनता उन्मुख हो रही थी। 19वीं शताब्दी के अन्त में हिन्दी प्रदेश में जो नवजागरण आरम्भ हुआ वह अन्य प्रदेशों के नवजागरण से कई बातों में भिन्न है। वह प्राचीन संस्कृति पर गर्व करना सिखाता है किन्तु उसके विवेकपूर्ण पुनर्मूल्यांकन पर ज़ोर देता है। इस दिशा में द्विवेदीजी का कार्य वास्तव में क्रान्तिकारी है और उनका चिन्तन अनेक समकालीन विचारधाराओं से बहुत आगे है। द्विवेदी युग में राष्ट्रवादी आन्दोलनों के उभार के कारण समाज सुधार के प्रश्न क्षितिज से खिसक गये।

भारतेन्दु युग में जिन प्रवृत्तियों का सूत्रपात हुआ, द्विवेदी युग में उन्हीं प्रवृत्तियों को विकसित करते हुए नवजागरण का सन्देश दिया गया। द्विवेदी युग की प्रमुख प्रवृत्ति के रूप में राष्ट्रीयता की भावना प्रमुख रूप से उभर कर सामने आयी। पद्य में ही नहीं गद्य में भी इसका रूप देखा जा सकता था। आरम्भिक युग की लेखिकाओं की कुछ रचनाओं में राष्ट्रीयता की भावना, देश–प्रेम तथा गाँधीवादी विचार पढ़ने को मिल सकते हैं। इस काल की प्रमुख लेखिका बंग महिला (राजेन्द्र बाला घोष) में यह सबसे अधिक को मिली। समकालीन समाज में राष्ट्रभक्ति की लहर व्याप्त होने के कारण महात्मा गाँधी के प्रभाव से विदेशी वस्तुओं का बहिष्कार जन–जागरण के प्रति यथोचित ध्यान दिया। सुश्री जवन्द कौर ने अपनी

'चरखा' कहानी में गाँधीवादी सिद्धान्तों के अनुसार स्वदेशी के प्रचार और विदेशी के बहिष्कार पर बल दिया। इसमें समकालीन राष्ट्रीय जागृति का बोध होता है–

'सुनो रोहिणी...अब नैकटाई, बनियान, दस्ताने बनाना छोड़ दो अब तुम चरखा काता करो अब तुम्हारा इसी में भला है।'[52]

द्विवेदी युग से उभरे राष्ट्रवादी आन्दोलन में समाज सुधार के प्रश्न गौण हो गये थे। स्त्री–पुरुष समानता की धारणा का विकास अवश्य हुआ लेकिन स्त्री को पुरुष सत्तात्मक मूल्यों एवं कुरीतियों से मुक्त करने में कोई सहायता नहीं मिली। स्त्रियों ने अपने आपको पिछड़ेपन एवं कुरीतियों से मुक्त करने का ज़्यादा प्रयास नहीं किया, अन्ततः पुरुष वर्चस्व को मदद मिली। स्त्री को अधिकार तो दिये गये मगर केवल कागजों पर व्यावहारिक जीवन में वह अब भी अबला रही। समाज सुधार आन्दोलनों ने स्त्री के प्रति नजरिया बदला और नये मूल्यों एवं संस्कारों पर भी ज़ोर दिया। लेकिन स्त्री अपने पुराने संस्कृति एवं कर्त्तव्यों की अनदेखी नहीं कर पायी। इस काल की लेखिकाएँ घर की चारदीवारी से मुक्त नहीं हो पा रही थीं। हालाँकि कुछ लेखिकाओं ने अपने लेखन में प्रयास अवश्य किये। मुसम्मत ठकुरसुहाती, सुश्री जवन्द कौर, वनलता देवी, सरस्वती देवी आदि कुछ लेखिकाएँ ही राजनीतिक एवं राष्ट्रीय कहानियों में अपने विचार लिखने में सफल हुईं। महात्मा गाँधी के भाषण, स्त्रियों द्वारा चरखा चलाना, विदेशी वस्तुओं का बहिष्कार, खद्दर के वस्त्रों का प्रचार इनकी रचनाओं में मिलता है। इनकी कहानियों में महात्मा गाँधी के विचारों का हृदयग्राही समावेश मिलता है। महात्मा गाँधी द्वारा प्रवर्तित आन्दोलनों में चरखे के प्रति दी गयी महिलाओं की अभिरुचि पहले भी इनमें मौजूद थी। केवल अन्तर इतना था कि गाँधी ने 'स्वदेशी' की चर्चा करके इसे राजनीतिक गौरव प्रदान किया।

द्विवेदी युग के समय तक आरम्भिक लेखिकाओं को जिस प्रवृत्ति ने सबसे ज़्यादा प्रभावित किया वह थी सुधारवाद की भावना। इसका मुख्य स्रोत था सामाजिक समस्याओं का चित्रण करना। छुआछूत, दहेज–प्रथा, बाल–विवाह, स्त्री, धार्मिक रूढ़ियाँ प्रमुख थीं। वेदों के नाम पर कर्मकाण्ड इस देश में प्रचलित था, द्विवेदीजी ने इसकी आलोचना न करके पहले भारतीय संस्कृति के अन्तर्विरोधों को समझाया। रामविलास शर्मा ने कहा है :

सामन्ती व्यवस्था को बदलना सबसे मुश्किल काम है, सामाजिक कुरीतियों को मिटाना बहुत कठिन है, धार्मिक अन्धविश्वासों को निर्मूल करना दुष्कर है भारत में सामन्ती व्यवस्था बहुत पुरानी है, शायद दुनिया में सबसे ज़्यादा पुरानी है, उतना ही भारतीय जनता के मन में उसकी जड़ें गहरी हैं।'[53]

सामन्ती व्यवस्था में जिस तरह का आचरण स्त्रियों के लिए दुराचार बन जाता है, उसी तरह का आचरण पुरुषों के लिए सदाचार होता है। महावीर प्रसाद द्विवेदी ने *'सरस्वती'* पत्रिका में स्त्रियों एवं सामाजिक विषयों पर बहुत से लेख लिखे। आरम्भिक काल की लेखिकाओं की रचना में यह प्रवृत्ति देखी जाती थी।

आचार्य महावीर प्रसाद द्विवेदी आदर्शवाद एवं नैतिकता के प्रबल पक्षधर थे। स्वामी दयानन्द के आर्य समाज से प्रेरित एवं प्रभावित होकर द्विवेदीजी ने ब्रह्मचर्य, नैतिकता, आदर्शवाद, कर्त्तव्य पराणता, आत्मगौरव को बढ़ावा दिया। आरम्भिक काल की अधिकतर लेखिकाओं ने आदर्शवाद और नैतिकता की प्रवृत्ति अपनायी। इस काल की लेखिकाओं में सरस्वती गुप्ता, यशोदा देवी, प्रियम्बदा देवी, शारदा कुमारी, हेमन्तकुमारी चौधरानी, श्रीमती जानकी देवी, श्रीमती सुशीला देवी, श्रीमती कृष्णकला आदि ऐसी बहुत–सी लेखिकाएँ हैं जिन्होंने स्त्री–शिक्षा एवं स्त्री–पराधीनता को भी चित्रित किया। भारतेन्दु युग के बाद द्विवेदी युग तक आते–आते इतना अन्तर ज़रूर आया कि स्त्री–शिक्षा का प्रभाव नज़र आने लगा। द्विवेदी युग स्त्री–चेतना और स्त्री अधिकारों की लड़ाई का युग था। इसी युग में समानता का सिद्धान्त भी आया। स्त्रियों में अधिकारों की चेतना जागृत हुई। भारतेन्दु मण्डल एवं द्विवेदी युग के लेखकों ने स्त्री सम्बन्धी विचार को समान रूप में देखा।

मैनेजर पाण्डेय ने लिखा है :

'रामविलास शर्मा हिन्दी नवजागरण की विचारधारा का विवेचन करते समय कहते हैं कि इसमें जो कमजोरियाँ हैं वे बाहर से आयी हुई हैं रामविलास शर्मा की राय है कि 'हिन्दी नवजागरण पूरी तरह क्रान्तिकारी था। स्वतन्त्रता के बाद हिन्दी भाषी क्षेत्र की राजनीतिक चेतना का पिछड़ापन और हिन्दी साहित्य में यथार्थवाद विरोधी प्रवृत्तियों का प्रसार साबित करता है कि हिन्दी नवजागरण ऐसा क्रान्तिकारी न था जैसा उसे सिद्ध किया जाता है।'[54]

नवजागरण का मुख्य उद्देश्य सामाजिक धार्मिक–सुधारों के साथ–साथ स्त्री–शिक्षा पर सबसे ज़्यादा ज़ोर देना था। भारतेन्दु यह मानते थे कि भारतीय स्त्रियों को घर से बाहर निकलकर सामाजिक गतिविधियों में भाग लेना चाहिए। हिन्दी के आरम्भिक स्त्री–कथा लेखन में नवजागरण का यही रूप देखने को मिला जिसमें स्त्री की पारंपरिक भूमिका का महिमा मंडन किया गया है। इसकी शुरुआत बंग महिला ने की। लेकिन उनकी ग्रन्थावली के सम्पादक ने इसके बारे में कुछ अलग बातें कहीं :

'जो शिक्षा स्त्रियों को मेम या निर्लज्ज बना दे वह शिक्षा नहीं वरन् कुशिक्षा है। स्त्री–शिक्षा का मुख्य उद्देश्य है नम्र, सलज्ज और शान्त बनाना। गृहकार्यों में दक्ष करना, साथ ही उचित और अनुचित का ज्ञान पैदा करना। जो शिक्षा निर्लज्ज बनाती है उसके हम विरोधी हैं। हमारे देशवासी भी कैसे अन्धविश्वासी हैं। कई पढ़ी–लिखी स्त्रियाँ किसी समय विधवा हो गयी होंगी। बस यह अन्धविश्वास चल पड़ होगा। हेमाद्रिब्ज खण्ड में साफ़ लिखा है कन्या को पढ़ा–लिखा कर दान करना चाहिए। इसका बड़ा फल होता है। यदि वह बात सच होती कि पढ़ने से स्त्री विधवा हो जाती है तो ऋषिजन ऐसी बातें क्यों लिखते हैं।'[55]

इस काल की एक प्रमुख लेखिका सरस्वती गुप्ता ने समकालीन परिस्थितियों की ओर ध्यान दिया, लेकिन उससे तत्कालीन स्थितियों की यथार्थ अभिव्यक्ति दृष्टिगत नहीं होती। उन्होंने केवल कुप्रवृत्तियों के त्याग का सन्देश दिया। उनका उद्देश्य दुर्भावनाओं की निन्दा तथा सद्भावनाओं का प्रचार करना था। जबकि इसी काल की दूसरी लेखिका जिन्होंने अपना नाम गुप्त रखा ने पतिव्रत–धर्म, सहनशीलता, साहस जैसी विशेषताओं को रेखांकित किया। *'सरस्वती'* पत्रिका में स्त्री–शिक्षा के विरोधियों के विचारों का खण्डन करते हुए अनेक लेख लिखे गये। द्विवेदीजी ने अपने एक लेख में लिखा :

'पढ़ने लिखने में स्वयं कोई बात ऐसी नहीं जिससे अनर्थ हो सके। अनर्थ का बीज उसमें हरगिज नहीं। अनर्थ पुरुषों से भी होते हैं और वे व्यक्ति विशेष का चाल–चलन देखकर जाने जा सकते हैं। अतएव स्त्रियों को अवश्य पढ़ना चाहिए।'[56]

द्विवेदीजी ने स्त्रियों के निरक्षर रहने को एक सामाजिक अपराध बताया और उसे सामाजिक उन्नति में बाधक माना। द्विवेदीजी ने स्त्रियों के पक्ष में कहा कि यदि शिक्षा पुरुषों के लिए लाभदायक है तो स्त्रियों

के लिए भी लाभदायक हो सकती है। जिस दवा से पुरुषों का ज्वर जाता है उसी से स्त्रियों का भी। इसके बावजूद *स्त्रियों का सामाजिक जीवन* शीर्षक निबन्ध में उन्होंने मनुस्मृति के लेखक के विचारों का समर्थन किया। स्त्रियों की सामाजिक व्यवस्था खराब हो जाने का कारण पुराने आदर्शों का शिथिल हो जाना बताया।

स्त्री कथा–साहित्य में लेखन का आरम्भ बाल–विधवा ताराबाई शिन्दे, *सीमन्तनी उपदेश* पुस्तक की लेखिका तथा रमाबाई आदि ने किया। रमाबाई मानती थी कि शिक्षा का अर्थ मामूली अक्षर ज्ञान से नहीं बल्कि आत्मनिर्भर बनाना और सामाजिक कुरीतियों के ख़िलाफ़ आवाज उठाना है। बाल–विधवा ताराबाई शिन्दे जहाँ धर्म–शास्त्रों का पुनर्पाठ करते हुए पुरुष मानसिकता को उद्घाटित करती हैं, तो वहीं दूसरी ओर रमाबाई अनमेल–विवाह के ख़िलाफ़ आवाज उठाती हैं। *सीमन्तनी उपदेश* की लेखिका न केवल सुशिक्षित थी अपितु स्त्री मुद्दों के साथ संजीदगी से जुड़े समाज सुधारकों के निरंतर साहचर्य में थी। वह स्त्रियों को इन कुरीतियों से रू–ब–रू कराना चाहती थी। वे स्त्री–मुक्ति के लिए स्वयं स्त्रियों को आगे आने का आह्वान करती हैं,

'अब हमको खुद इस जेलखाने से निकलने की तदबीर करनी चाहिए...बेशक, पहले हमारी हिन्दी बहनों को बुरा मालूम होगा मगर जरा गौर कर दिल में जगह देंगी तब खुद मालूम कर लेंगी कि हम पर किस कद्र मुसीबत है।'[57]

ताराबाई शिन्दे, पण्डिता रमाबाई, अज्ञात हिन्दू महिला, रखमा बाई तथा दुखिनी बाला सभी ने पुरुष समाज और उसकी पितृसत्तात्मक व्यवस्था के दंश को झेला। इन्हीं लेखिकाओं के बाद हिन्दी साहित्य में स्त्रियों का पदार्पण हुआ। 1895 में एक जैनमती स्त्री ने *मर्द औरत का क़िस्सा* नामक कहानी लिखी। शुरुआती दौर में लिखी गयी यह कहानी पुरुष के दोषों को सामने लाती है। साहित्य में बंग महिला का ही नाम सबसे पहले लिया जाता है जिन्होंने कथा–साहित्य में शुरुआत कीं। यह 19वीं शताब्दी की पहली कहानी मानी जा सकती है।

'लेखिका ने कहानी के प्रारम्भ में ही लिखा है कि मर्दों ने जब कोई किताब लिखी है उसमें औरतों को बुरा कहा है, इस वास्ते मैं एक दास्तान, मर्द औरत की लिखती हूँ उसके देखने से मर्द अपने दिल में इन्साफ़ करे कि कौन बुरा और कौन अच्छा है।'[58]

बंग महिला ने अहिन्दी भाषी होते हुए भी अपने लेखन का प्रारम्भ 1904 में किया। इनकी रचनाएँ शुरुआत में *'सरस्वती'* और *'कन्या मनोरंजन'* पत्रिका में प्रकाशित हुई थीं। बाद में आचार्य रामचन्द्र शुक्ल ने 'कुसुम संग्रह' नाम से सम्पादित किया। बंग महिला ने लेखों के माध्यम से नारी शिक्षा का समर्थन करते हुए पतिभक्ति को नारी का आदर्श कहा इन्होंने मौलिक कहानी और लघु उपन्यासों का अनुवाद भी किया जो कि आधुनिक हिन्दी के विकास में महत्त्वपूर्ण साबित हुए।

'बंग महिला की सबसे बड़ी लेखकीय दुर्बलता यह है कि वे अपनी दृष्टि और सरोकारों को निर्भीक अभिव्यक्ति नहीं दे पाती थीं। क्या बंग महिला इसका अपवाद रही होंगी? क्या महिमा–मंडन के सारे तामझाम के बावजूद वे पुरुष के सुर में सुर मिला कर स्त्री की श्रेष्ठता की बात ह्रदय की गहराइयों से स्वीकार करती रही होंगी? अज्ञात हिन्दू महिला पण्डितों के साथ–साथ धर्मानुमोदित सारी आचार–संहिताओं को कसकर लात मार चुकी थी। पतिव्रता धर्म को *'मतलबी धर्म'* कहकर खारिज कर देना जिस नैतिक साहस की अपेक्षा रखता है, वह शीलवंती कुलवधू की भूमिका निभाती बंग महिला में नहीं। यदि कड़वे सत्य को नंगी आँखों से देखकर उतने ही कड़वे नंगे रूप में व्यक्त करने का नैतिक हौसला उनमें होता तो वे भी ज्योतिबा फुले, ताराबाई, रमाबाई अज्ञात हिन्दू महिला की तरह धर्मग्रन्थों को फूँककर 'मनुष्य धर्म' की स्थापना पर बल देती।'[59]

स्त्री कथा–साहित्य विभिन्न स्तरों पर पुरुष–कथा से प्रभावित रहा है। स्त्री साहित्य को वर्गीकृत नहीं किया जा सकता क्योंकि उसकी जद्दोज़हद में सामाजिक संकीर्णता कहीं न कहीं अवश्य शामिल है। उसके लिए सबसे पहले परिवार है। परिवार के मसलों को स्त्रियों ने बखूबी खोला जितना पुरुष भी नहीं खोल पाए। अभिव्यक्ति और पहचान अगर मिलती है एक स्त्री को तो वह परिवार, शिक्षा, राजनीति के द्वारा ही। आरम्भिक दौर में पितृसत्तात्मक मूल्य स्त्री पर हावी रहे। स्त्री के कथा–साहित्य पर गौर करें तो हम पाएँगे कि इनमें स्त्री की अस्मिता की पहचान धर्म, जाति, वर्ग के रूप में व्यक्त हुई है। वे किसी भी तरह उनकी सार्वभौम आकांक्षाओं को व्यक्त नहीं करतीं बल्कि घरेलू जीवन को प्रस्तुत करने वाली कहानियाँ जिनमें उनकी दबी हुई आकांक्षाएँ व्यक्त होती हैं, व्यक्त करती हैं। नवजागरण में उत्पन्न मुद्दों व उसके द्वारा किये गये कार्यों का स्त्रियों ने बड़ा जमकर उपयोग किया।

श्रीमती रामेश्वरी देवी नेहरू जो कि नवजागरण कालीन लेखिका थी ने *स्त्री दर्पण* पत्रिका निकाली। *स्त्री दर्पण* निकालने के थोड़े ही दिनों पीछे अपने पति की सलाह से *प्रयाग महिला समिति* नाम की एक सभा स्थापित की। 'इसके द्वारा स्त्रियाँ परस्पर मिलजुल कर एक दूसरे पर अपने विचार प्रकट करें, अपनी जाति के सुधार का यत्न करें, तथा भिन्न–भिन्न विषयों पर वाद–विवाद करके अपने ज्ञान की वृद्धि करें। इस कार्य में प्रयाग के सुप्रसिद्ध एडवोकेट डॉक्टर तेज बहादुर जी की गत साध्वी सुशीला पत्नी श्रीमती धनराज रानी सपरूजी ने आपकी सहायता की और समिति का पहला अधिवेशन आप ही के बंगले में हुआ। इस समिति ने प्रयाग की महिलाओं में सभा समितियों में आने जाने का शौक पैदा कर दिया। इस समिति के अधिवेशनों में वे बड़े उत्साह से आया करतीं और अनेक विषयों पर व्याख्यान देती हैं।'[60] नवजागरण ने भारतेन्दु के साहित्य के लिए नये विषयों की सूची जारी की। साहित्य में बाल–विवाह के दुष्परिणाम, जन्मपत्री मिलाकर विवाह करने की अवैज्ञानिकता, बालकों की शिक्षा, अंग्रेज़ी शिक्षा का कुप्रभाव, स्वधर्म चिन्ता जैसे विषय दिये।

प्रारम्भिक काल की अन्य लेखिकाओं की भाँति एक लेखिका ने भी अपना नाम गुप्त रखा। लेखिका के मन में इतिहास तथा पुराणों में अंकित वीरता, साहस, त्याग तथा बलिदान आदि का आकर्षण बहुत प्रबल था। इस काल में पूर्वजों एवं गुरुजनों के जीवन एवं उपदेशों के अनुसार आचरण करना ही सर्वश्रेष्ठ माना जाता था। लेखिका ने कथा के प्रारम्भ में समकालीन भारतीय स्त्रियों की शोचनीय अवस्था पर दुःख प्रकट किया है। लेखिका ने कहानी के माध्यम से समाज में रह रही स्त्रियों को पतिव्रत धर्म पालन का उपदेश दिया है। लेखिका का मानना है कि पतिप्राणा ललनाओं का आज अभाव है।

नवजागरण की लहर सबसे पहले बंगाल में फैली थी, वहीं से स्त्री लेखन की शुरुआत भी हुई। '19वीं सदी में बंगाल के नवजागरण ने कई लेखिकाओं को जन्म दिया था। केशवचन्द्र सेन की माँ शारदा सुन्दरी देवी (1811) ने जो 19 साल की उम्र में विधवा हो गयी थीं और जिन्होंने सास–ससुर से काफ़ी यातनाएँ पायी थीं–अपनी मानसिक दृढ़ता से सार्वजनिक जीवन में महत्त्वपूर्ण स्थान बनाया। बाद में उन्होंने बोलकर अपनी आत्मकथा लिखवाई जो 'बंग महिला' के रचनाकाल के दौरान 1913 में छपी। इससे भी महत्त्वपूर्ण थी रास सुंदरी देवी की आत्मकथा

'आमार जीबोन' जो 1870 के दशक में दो खण्डों में छपी। सबसे महत्त्वपूर्ण 1846 से 1873 तक लिखी गयी कैलाशवासिनी की डायरी थी जिसमें उसने अपने सुधारक पति प्यारीचाँद के साथ वैवाहिक जीवन के अन्दर विकसित हुए अपने गहरे मित्रतापूर्ण सम्बन्धों की कहानी लिखी जो 19वीं सदी के स्त्री–पुरुष सम्बन्धों में एक नया अध्याय था।'[61]

भारत स्वातन्त्र्य से पूर्व स्त्री का कार्य क्षेत्र परिवार तक ही सीमित था। श्रीमती यशोदा देवी एक ऐसी लेखिका हैं जिन्होंने बच्चों और महिलाओं से सम्बन्धित विषयों पर तो अनेक संक्षिप्त कृतियों की रचना की ही, साथ ही उन्होंने *स्त्री धर्म शिक्षक* पत्रिका का सम्पादन भी किया। उनकी रचनाओं में *आदर्श बालिका, सदाचारिणी, आदर्श हिन्दू विधवा, वीर पत्नी, पति–प्रेम की झाँकी, सुघड़ कन्या, अबला हितोपदेश* आदि प्रमुख रूप से गिनी जाती हैं। लेखिका ने उस समय की सामयिक परिस्थितियों को ध्यान में रखते हुए देश कालानुरूप कहानी लिखी। वीरता, पतिपरायणता, सतीत्व, सदाचार आदि विषयों को लेकर कहानी लिखी। यशोदा देवी ने उपन्यासों की भी रचना की। इनकी रचना उन्होंने स्त्री शिक्षा को केन्द्र में रखकर की है। पतिव्रत्य पर बल देने के निमित्त उन्होंने संयोगिता के दृढ़ संकल्प, पतिपरायणता, पति–प्रेम के सम्मुख पिता की विमुखता की चिन्ता न करना, पति की मृत्यु पर उनके शत्रुओं से बदला लेना और अन्त में पति की चिता के साथ सती होना आदर्शवादी रूप को दर्शाता है।

धर्म तथा नीति जो समाज के अविभाज्य अंग हैं, यह माना जाता है कि स्त्री में इनके प्रति निष्ठा अधिक होती है। प्रारम्भ की लेखिकाओं ने पुनर्जन्म, दान, पूजा आदि धार्मिक कर्मकाण्डों को केन्द्र में रख रचना की, क्योंकि उनके लिए तत्कालीन वातावरण के प्रभाव से मुक्त रहना सम्भव नहीं था। श्रीमती धर्मपत्नी पं. रामगोपाल ने 1913 में *'महारानी दुर्गावती'* कहानी लिखी जिसमें उन्होंने नायिका की पतिशक्ति तथा ओजपूर्ण स्वभाव का चित्रण किया है। उदाहरणार्थ– *'महारानी दुर्गावती'* कहानी में कही गयी ये पंक्तियाँ देखें :

'पतिव्रता रमणियों तुम्हारा साहस धन्य है। तुम्हारे सुन्दर नामों को लेकर भारत की महिलाएँ अब भी अपना मुख उज्ज्वल करती हैं और तुम्हारी प्रशंसा को सुन्दर–सुन्दर राग गाकर प्रफुल्लित होती है।'[62]

मल्लिका देवी प्रारम्भिक काल की स्त्री उपन्यासकारों में पहली उपन्यासकार हैं जिनका *कुमदिनी* उपन्यास 1877–1881 के बीच आया।

लेखिका ने बहुत सरल तरीके से उपन्यास की संरचना की है। यह वह समय था जब वे साहित्य के क्षेत्र में अपनी उपस्थिति दर्ज करा रही थीं लेकिन अन्य लेखिकाएँ भी अपना सहयोग दे रही थीं। *कुमुदिनी* का चरित्र हर रूप में लज्जा एवं शालीनता से परिपूर्ण है। भारतेन्दु हरिश्चन्द्र ने इस उपन्यास में एक महत्त्वपूर्ण भूमिका निभायी। नवजागरणकाल होने के कारण बांग्ला–हिन्दी का मिला जुला रूप इसका उदाहरण है। उस समय के सामाजिक प्रतिबन्धों के कारण स्त्रियाँ इतनी जागरूक नहीं थीं कि अपने अनुभवों एवं भावों को उपन्यास के विस्तृत कलेवर में लिख पातीं। इसी कारण इन लेखिकाओं का महत्त्व और भी बढ़ जाता है।

साध्वी सती पतिप्राणा अबला द्वारा लिखा गया *सुहासिनी* (1890) उपन्यास सामाजिक परिवेश में पत्नी द्वारा पति के लिए किये गये समर्पण को दिखाता है :

'सुहासिनी गुणवती भार्या थी, वह सब तरह के क्लेश अपने ऊपर लेकर अपने स्वामी को जहाँ तक बन पड़े सुखी रहने की चेष्टा करती थी, आप अर्द्ध भोजन करके अपने स्वामी को भोजन कराती थी, इस तरह दिन बितने लगे।'[63]

रचना की भाषा से यह स्पष्ट है कि वह मूलतः बंग–भाषा में लिखती थी। कुछ समीक्षकों का मानना है कि यह उपन्यास जिसकी लेखिका का नाम गुप्त है मल्लिका देवी ही है। उन्होंने ही बंग–भाषा से हिन्दी लेखन में शुरुआत की थी। ऐसे समय में जब स्त्री–शिक्षा पर सबसे ज़्यादा जोर दिया जा रहा था तब इस लेखिका ने उपन्यास का आरम्भ अंग्रेज़ी और अन्त संस्कृत के श्लोक से किया है। भाषा के स्तर पर अनेक त्रुटियाँ होने के बावजूद इस लघु उपन्यास की रचना कर हिन्दी लेखिकाओं का ध्यान इस ओर आकृष्ट कर इस लेखिका ने हिन्दी साहित्य के स्त्री–लेखन में अपना महत्त्वपूर्ण योगदान दिया।

श्रीमती कुन्ती देवी का उपन्यास 1909 में लिखा गया स्त्री धर्म का पालन करने और अपने पति की सेवा करने का सन्देश देने वाला उपन्यास है। इस उपन्यास का मुख्य उद्देश्य स्त्री–शिक्षा और स्त्री–पुरुष के परस्पर विरोध और कलह से उत्पन्न समस्याओं को दिखाना रहा है। लेखिका ने यह सन्देश देने की कोशिश की है कि पार्वती की तरह अपने स्त्री–धर्म का पालन करने और घररूपी राज्य का काम किस प्रकार सुधरे कि घर स्वर्ग बन जाये। लेखिका ने विभिन्न उदाहरण देकर नारी की शक्ति को दिखाया है।

'विचार और बुद्धि उसके आगे आगे चलती है और धर्म उसकी दाईं ओर रहता है अर्थात् वह जो कुछ काम करती है पहले उसे भली–भाँति समझ लेती है, धर्म के विरुद्ध कोई काम नहीं करती। मैं कहाँ तक कहूँ उसमें सब गुण ही गुण हैं इसीलिए मैं उसका नहीं बल्कि उसके गुणों का आदर करती हूँ मैं ही क्या ऐसी बालिकाओं का संसार भर में आदर होता है। यदि तुम भी सबसे अपना आदर और प्यार चाहती हो तो वैसे ही गुण धारण करो तब देखो मैं तुम्हें कितना प्यार करती हूँ।'[64]

श्रीमती हेमन्तकुमारी चौधरानी द्वारा लिखा गया उपन्यास *आदर्शकुमार* समकालीन सामाजिक कुरीतियों का चित्रण करने वाला उपन्यास है जैसे स्त्री–शिक्षा की कमी, बाल–विवाह तथा पुरुषों की अधीनता के कारण स्त्रियों के व्यक्तित्व का अविकसित रहना, स्त्रियों को घर से बाहर न जाने देना, अशिक्षित स्त्रियों की सन्तान का भी अशिक्षित रह जाना आदि। लाला रामनारायण उपन्यास के नायक की टिप्पणी गौर करने लायक है–

'हमारे देश के अधिकांश शिक्षित युवक भी जो नीति ज्ञान शून्य होते हैं सत्य असत्य का विचार नहीं करते, जरा से लोभ के वश में होकर झूठ–झूठी गवाही दे दते हैं और अपनी माता, बहिन और धर्मपत्नी का मर्यादा नहीं करते, इसका क्या कारण है?'[65]

तत्कालीन समाज में स्त्रियों की स्थिति दयनीय थी। बाल–विवाह के कारण विधवाओं की संख्या बहुत ज़्यादा बढ़ रही थी और समाज की ओर से उनके लिए जीविकोपार्जन का कोई प्रबन्ध नहीं था। यदि वे स्वयं इस दिशा में कोई प्रयास करतीं तो समाज उन पर भी उँगली उठाता था। लेखिका ने देश की समस्याओं को भली–भाँति समझा और सुधारवादी मनोवृत्ति का परिचय दिया।

जिस तरह भक्ति आन्दोलन में स्त्रियों ने अपनी भागीदारी निभायी उसी तरह उपन्यास विधा में भी सामाजिक पक्षों को उकेरा। सामाजिक, धार्मिक आन्दोलनों द्वारा उठाए गये क़दम भी इनमें दिखाई देते हैं। आरम्भिक स्त्री कथा–लेखन में जो परिवार दिखाई देता है वह मूलतः पितृसत्तात्मक है। इनमें पति या पिता परिवार का मुखिया होता है, उसके प्रति समर्पित होकर स्त्री का जीवन व्यतीत होता है। 19वीं सदी में स्त्री की मान–मर्यादा को बरकरार रखते हुए स्त्री–अस्मिता को निर्मित करना एक गम्भीर चुनौती थी। स्त्री की पति परायणता उसके पिछड़ेपन की निशानी नहीं बल्कि बचपन में उसे दिये गये संस्कारों एवं कर्त्तव्यों का एक रूप है।

स्त्री के प्रति रूढ़िबद्ध धारणाओं को समाप्त करना इनका प्रमुख लक्ष्य था। सामाजिक कुरीतियों का विरोध, स्त्री–शिक्षा की महत्ता, बाल–विवाह का निषेध और पुरुष वर्चस्व के अनेक प्रश्नों को इन लेखिकाओं ने उठाया। स्त्री को आदर्श रूप में प्रस्तुत करना इनकी रचनाओं की धुरी रही। स्त्री को आदर्श रूप में प्रस्तुत कर उसकी मुक्ति की कामना को जागृत करना इनका उद्देश्य था। *थेरीगाथा* में गौतमबुद्ध के समय की स्त्रियाँ तत्कालीन मूल्यों पर प्रश्नचिह्न लगाती हैं। जबकि *सीमन्तनी उपदेश* की लेखिका सामाजिक भयवश अज्ञात ही बनी रहती है। 19वीं शताब्दी में शुरू हुए समाज–सुधार आन्दोलनों के कारण ही स्त्री–मुक्ति के प्रश्नों को केन्द्रीय महत्त्व मिला। सामाजिक रूढ़ियों एवं बन्धनों को ढीला करके स्त्री की अवस्था में सुधार करने के प्रयासों में तेज़ी आयी। साहित्य में स्त्री के प्रश्नों को तब उठाया गया जब स्त्री की बड़ी ही शोचनीय अवस्था थी। सामाजिक, राजनीतिक, आर्थिक एवं सांस्कृतिक प्रत्येक क्षेत्र में स्त्रियों को कोई अधिकार नहीं दिया गया था। 19वीं सदी के उत्तरार्द्ध एवं बीसवीं सदी के पूर्वार्द्ध के स्त्री–लेखन और समकालीन लेखन में जो मौलिक अन्तर नज़र आता है वह स्त्री का प्रतिपक्ष पुरुष नहीं है, जड़ीभूत रूढ़ियाँ हैं जिनके विरुद्ध स्वयं स्त्रियाँ ही खड़ी हुई हैं। एक स्त्री अपनी रचना के माध्यम से पूरे स्त्री समाज को सम्बोधित करती है तथा यह सन्देश देती है–

देवियो क्या पतन अपना देखकर
नेत्र से आँसू निकलते हैं नहीं?
भाग्यहीना क्या स्वयं को देखकर
पाप से कुलपित हृदय जलते नहीं?[66]

भाषा का परिष्कृत रूप सामाजिक विकास की एक ऐतिहासिक आवश्यकता है। भारतेन्दु ने साहित्यिक हिन्दी को सँवारा, साहित्य के साथ हिन्दी के नये आन्दोलन को जन्म दिया, हिन्दी साहित्य में राष्ट्रीय और जनवादी तत्त्वों को प्रतिष्ठित किया। उनसे पहले साहित्य क्षेत्र में खड़ी बोली के उस रूप का व्यापक व्यवहार कम होता था जिसे हम हिन्दी कहते हैं...

भारतेन्दु हरिश्चन्द्र का हिन्दी आन्दोलन वास्तव में हिन्दुओं का सांस्कृतिक आन्दोलन था। उसने हिन्दुओं और मुसलमानों के मेलजोल से बनी हुई भाषा उर्दू का विरोध किया, एक कृत्रिम भाषा हिन्दी चलाई जिसके प्रभाव में दिन–पर–दिन अधिकाधिक जनता आती गयी।'[67]

द्विवेदी युग में भाषा का परिष्कृत रूप खड़ी बोली के रूप में मिला। खड़ी बोली हिन्दी का प्रयोग इस काल के कवियों ने किया। *'सरस्वती'* के माध्यम से द्विवेदीजी ने हिन्दी साहित्य के गद्य और पद्य की विभाजक रेखा को मिटा दिया। 1903 से पहले हिन्दी भाषा काफ़ी परिष्कृत हो चुकी थी। द्विवेदीजी का यह प्रयास था कि गद्य की भाषा बोलचाल की भाषा के निकट आये और साधरण लोग भी उसे पढ़ सकें। भारतेन्दु युग के गद्य और द्विवेदी युग के गद्य में मुख्य अन्तर तद्‌भव रूपों को लेकर है। द्विवेदी युग में नये तद्‌भव रूपों की कमी महसूस हुई जिसे द्विवेदीजी ने पूरा किया। द्विवेदीजी ने भाषा में परिवर्तन का कारण मनुष्य की स्थिति को माना। उन्होंने कहा :

'जैसे–जैसे मनुष्य की स्थिति में परिवर्तन होता है, वैसे ही भाषा में भी परिवर्तन होता है। भाषा मनुष्य की सहचारिणी है। यदि मनुष्य अपनी स्थिति में परिवर्तन होना रोक दे तो भाषा में परिवर्तन होना आप ही रुक जाये। पर यह बात मनुष्य के वश की नहीं।'[68]

आरम्भिक काल की लेखिकाओं की भाषा पर अगर नज़र डालें तो लेखन की शुरुआत एवं कम शिक्षित होने के कारण उनमें आम बोलचाल की भाषा का प्रयोग किया। जो लेखिकाएँ अधिक पढ़ी लिखी थीं उन्होंने व्याकरण सम्बन्धी अशुद्धियों का भी ध्यान रखा। द्विवेदीजी के व्याकरण की आवश्यकता ठीक–ठीक लिखने और बोलने के लिए है। यशोदा देवी की भाषा पर अगर ध्यान दें तो उनमें तद्‌भव शब्दों का प्रयोग, मुहावरों, लोकोक्तियों और अलंकारों के प्रयोग ने भाषा को सजीव बनाया था। उन्होंने भाषा विषयक एक रसता को दूर करने का पूरा प्रयास किया। लेकिन उनकी रचनाओं में अशुद्ध वाक्यों के कारण प्रौढ़ता नहीं आ सकी है। आरम्भिक दौर की लेखिकाओं जैसे सरस्वती गुप्ता, साध्वी सती पतिप्राणा अबला, यशोदा देवी की कुछ रचनाओं में भाषा शैली सम्बन्धी अनेक त्रुटियाँ हैं, इसका मुख्य कारण भाषा पर बांग्ला का प्रभाव लक्षित होना है। वहीं दूसरी ओर प्रियम्वदा देवी जैसी लेखिकाओं ने रचना अन्य पुरुष शैली में की है। लेखिका ने भाषा में व्यावहारिकता लाने के लिए संस्कृनिष्ठ शब्दों जैसे–कार्यसिद्ध, विमुख, श्रेयस्कारी, विरत, सुबद्धि, यथेष्ठ आदि का प्रयोग किया है। इस सन्दर्भ में रामविलास शर्मा ने कहा है :

'स्त्रियाँ और बालिकाएँ थोड़ा सा पढ़ना लिखना सीखकर बिना व्याकरण पढ़े ही पत्र लिखने लगती हैं और उनके लिखने का मतलब हम लोग समझ लेते हैं।'[69]

ऐतिहासिक एवं पौराणिक कथाओं को लेखिकाओं ने ज्यों का त्यों अपनी रचनाओं में लिया है। द्विवेदी युग तक आते–आते यथार्थ की प्रवृत्ति लक्षित होने लगी थी। 19वीं सदी में जब उपन्यास आया उस समय क्लासिक रचनाओं के पढ़ने की प्रवृत्ति थी। स्त्रियाँ अपने व्यक्तित्व का विकास करने के लिए उपन्यासों को पढ़ा करती थीं। स्त्री–लेखन ने लेखक एवं पाठक के रिश्ते को तोड़ा है, विशेषकर तयशुदा वर्णनात्मकता को अपनी अभिव्यक्ति की शैली बनाकर स्त्रियों ने गैर यथार्थवादी प्रतिमान बनाया। वर्णनात्मक शैली के ज़रिए लेखिकाओं ने पाठकों को स्त्री की वास्तविक ज़िन्दगी का परिचय देने की कोशिश की है। साथ ही 'कहानी' में निहित वर्चस्व एवं अधिकार भाव को अस्वीकार किया है। इन लेखिकाओं की वर्णनात्मक शैली का उनकी अन्तर्वस्तु से गहरा सम्बन्ध है।

उन्नीसवीं सदी में स्त्री की मान–मर्यादाओं को बरकरार रखते हुए स्त्री–अस्मिता को निर्मित्त करना गम्भीर चुनौती थी। स्त्री की पति परायणता उसके पिछड़ेपन का कारण बनती थी। परवर्ती लोगों ने तत्कालीन स्त्री की सामाजिक अस्मिता को लेकर द्वन्द्वात्मक मत व्यक्त किये हैं। 'स्त्री समानता' की धारणा 20वीं सदी के आरम्भ में शुरू हुए स्वाधीनता संग्राम की देन है। स्त्री के आधुनिक स्वरूप एवं अधिकारों की लड़ाई कहाँ से शुरू हुई यह प्रश्न अभी भी मौजूद है। 19वीं सदी में यह और भी जटिल था।

'स्त्री समानता' की धारणा 'स्त्री शिक्षा' के बगैर निर्मित्ती नहीं हो सकती उसी तरह 'स्त्री की पहचान' एवं 'आत्मनिर्भर' छवि, भी स्त्री शिक्षा के बगैर सम्भव नहीं थी।'[70]

हिन्दी भाषी क्षेत्रों में नवजागरण के असफल हो जाने का बड़ा कारण है स्त्री–शिक्षा के प्रसार का अभाव। स्त्री के जीवन को धर्म के ज़रिए निर्देशित किया गया है, यह धर्म और धर्मशास्त्र वस्तुतः पुरुष की सृष्टि थी और इसी धर्म और धर्मशास्त्र के विरोध में आन्दोलन हुए।

'समस्या तो स्त्री लेखन की अपनी पहचान की और रचनाधर्मिता की है। यदि खामोश है, मूक है तब भी बात बनती है क्योंकि कम से कम अपनी अलग आवाज उठाने की कोशिश तो कर रही है। हो सकता है यह अपनी भाषा ईज़ाद करने की प्रारम्भिक स्थिति हो क्योंकि सत्ता की भाषा के माध्यम से शोषित अपने शोषण से कैसे अवगत होगा। परम्परा से मिले हुए शब्दों, मुहावरों एवं विचारों के केंचुल को उतार फेंकना उसकी पहली ज़रूरत है।

यह स्थिति नहीं चलेगी कि या तो खामोश रहे या फिर जो कुछ भी लिखे वह पुरुष के मानदण्डों के अनुसार उसके मुहावरे में हो।'[71]

प्रारम्भ काल की लेखिकाओं में दो प्रकार की प्रवृत्तियाँ लक्षित होती हैं पहली, अलौकिक घटना प्रसार द्वारा विस्मय, कौतूहल तथा चमत्कार की सृष्टि। दूसरी, नैतिकता एवं सदाचार के प्रति आदर्शवादी दृष्टिकोण। प्रारम्भकालीन लेखिकाओं द्वारा रचित कथा–साहित्य में भाव, शिल्प एवं अभिव्यंजना की दृष्टि से अनेक दुर्बलताएँ हैं, बावजूद इसके उनकी उपेक्षा नहीं की जा सकती। उनकी इन कमियों के लिए लेखिकाओं की अपेक्षा समकालीन परिस्थितियाँ अधिक उत्तरदायी हैं, एक तो युगरुचि की साहित्यिक सीमाएँ ही अत्यन्त संकुचित थीं। दूसरे, स्त्री–शिक्षा के अभाव के कारण लेखिकाएँ अशिक्षित थीं–जिससे रचनाओं में कलात्मक पक्ष अव्यव्यस्थित सा रहा। चूँकि उनका लक्ष्य प्रभावशाली ढंग से अपना सन्देश समकालीन स्त्री–वर्ग को देना था, इसलिए उन्होंने सरसता अथवा अभिव्यंजना कौशल का उतना ध्यान नहीं रखा। इसके बरअक्स इन्होंने भावी लेखिकाओं के लिए पथ–निर्देश किया, यही अपने आप में बड़ी बात है।

सन्दर्भ

1. *नवजागरण और आचार्य रामचन्द्र शुक्ल*, बली सिंह में उद्धृत, पृ. 9
2. *नवजागरण और आचार्य रामचन्द्र शुक्ल*, बली सिंह में उद्धृत, पृ. 9
3. वही, पृ. 9
4. *हिन्दी आलोचना की पारिभाषिक शब्दावली*, डॉ. अमरनाथ, पृ. 563
5. *नवजागरण और आचार्य रामचन्द्र शुक्ल*, बली सिंह में उद्धृत, पृ. 3
6. *हिन्दी नवजागरण और संस्कृति*, शम्भुनाथ, पृ. 161
7. *महावीर प्रसाद द्विवेदी और हिन्दी नवजागरण*, डॉ. रामविलास शर्मा, पृ. 9–12
8. *हिन्दी आलोचना की परिभाषिक शब्दावली*, डॉ. अमरनाथ, पृ. 564
9. *दूसरे नवजागरण की ओर*, शम्भुनाथ, पृ. 2
10. *स्वाधीनता संग्राम : बदलते परिप्रेक्ष्य*, रामविलास शर्मा, पृ. 122
11. *महावीर प्रसाद और हिन्दी नवजागरण*, रामविलास शर्मा, पृ. 10
12. *दूसरे नवजागरण की ओर*, शम्भुनाथ, पृ. 5
13. *हिन्दी आलोचना की पारिभाषिक शब्दावली*, डॉ. अमरनाथ, पृ. 565
14. *आर्य महिला*, माघ–फाल्गुन सन् 1920, पृ. 377
15. *स्त्री दर्पण* (पत्रिका), सन् 1928, पृ. 6
16. *मिरात–उल–उरुस*, नजीर अहमद, पृ. 21

17. *नवजीवन* (पत्रिका), 1917 जुलाई, पृ. 13, अंक 11
18. *सती भूषण*, यशोदा देवी (भूमिका) , पृ. 3
19. *नवजीवन* (पत्रिका), सन् 1918 जुलाई, पृ. 1, अंक 18
20. *हिन्दी कथा–साहित्य के विकास में महिलाओं का योग*, उर्मिला गुप्ता, पृ. 11
21. वही, पृ. 86
22. *गृहलक्ष्मी 1917*, पृ. 84
23. *ज्ञान का स्त्रीवादी पाठ*, सुधा सिंह, पृ. 274
24. *स्त्री–दर्पण*, सितम्बर 1926, चिर दुःखिनी (एक बाल विधवा)
25. *रस्साकशी*, वही, पृ. 187
26. *स्त्री दर्पण*, वही, सन् 1919 अंक–2
27. *बंग महिला ग्रन्थावली*, पृ. 113
28. *भ्रमर* (पत्रिका), अक्टूबर 1923, पृ. 379
29. *एक अनपढ़ स्त्री की यात्रा*, सन् 1917, पृ. 1, 11
30. *सौन्दर्यकुमारी*, पृ. 86
31. *सच्चा पतिप्रेम*, 1910, पृ. 12
32. *आधुनिक साहित्य और रामविलास शर्मा*, सुधा सिंह, स्वराज प्रकाशन, दिल्ली, 2002, पृ. 86
33. *रस्साकशी*, वही, पृ. 202
34. *सुशीला और ललिता*, 1914, पृ. 460
35. *स्त्री दर्पण*, वही, सन् 1919
36. *स्त्री दर्पण*, मार्च 1917, पृ. 160
37. *रस्साकशी*, वही, पृ. 7
38. *स्त्री भूषण* (पत्रिका) 1928, पृ. 29
39. वही
40. *सीमन्तनी उपदेश* : लेखिका एक अज्ञात हिन्दू औरत, सं. धर्मवीर, वाणी प्रकाशन, दिल्ली, 2004, पृ. 40
41. *सती भूषण*, यशोदा देवी (भूमिका), पृ. 3
42. *ज्ञान का स्त्रीवादी पाठ*, वही, पृ. 276
43. वही, पृ. 277
44. *सती सुकन्या*, रमणी पंचरत्न, 1917, पृ. 261
45. *स्त्रीवादी साहित्य विमर्श*, जगदीश्वर चतुर्वेदी, पृ. 118
46. *हिन्दी साहित्य का आधा इतिहास*, डॉ. सुमन राजे, पृ. 61
47. *किशोरी का प्रश्न*, 1917, पृ. 206
48. *हिन्दी प्रदीप*, अप्रैल–जून, 1891
49. *भारत के पतन से स्त्री जाति का सम्बन्ध*, प्रियम्वदा देवी, 1915
50. *सरस्वती* (पत्रिका), स्त्रियों की स्वतन्त्रता (लेख), जून, 1910
51. *नवजीवन*, उद्यान की बातें (लेख), 1916

52. *ज्योति*, 1921 जून, पृ. 387
53. *महावीर प्रसाद द्विवेदी और हिन्दी नवजागरण*, वही, पृ. 107
54. *भारतेन्दु हरिश्चन्द्र और हिन्दी नवजागरण की समस्याएँ*, वही, पृ. 41
55. *बंग महिला ग्रन्थावली*, सुधाकर पाण्डेय, पृ. 113
56. *महावीरप्रसाद द्विवेदी, महिला मोद*, कृष्णाकुमारी (सं.), पृ. 29
57. *सीमन्तनी उपदेश*, सं. धर्मवीर, पृ. 45
58. *मर्द औरत का क़िस्सा*, नवलकिशोर प्रेस, एक जैनमती स्त्री, पृ. 2
59. *बहुवचन* पत्रिका, सं. राजेन्द्र कुमार, अक्टूबर–दिसम्बर 2009, पृ. 207
60. *मर्यादा* (पत्रिका), अगस्त सन् 1911, सं. कृष्णकान्त मालवीय
61. *रस्साकशी*, वही, पृ. 222
62. *नवजीवन* (पत्रिका) सं. केशव देव, काशी, नवम्बर 1913, पृ. 44
63. *सुंहासिनी*, पृ. 3
64. *पार्वती*, कुन्ती देवी, 1909, पृ. 70
65. *आदर्शकुमार*, हेमन्तकुमारी चौधरानी
66. *हिन्दी साहित्य का आधा इतिहास*, वही, पृ. 308
67. *भारतेन्दु हरिश्चन्द्र और हिन्दी नवजागरण की समस्याएँ*, वही, पृ. 154
68. वही
69. *महावीरप्रसाद द्विवेदी और हिन्दी नवजागरण*, वही, पृ. 259
70. *ऋतुएँ मन की*, सुभद्राकुमारी चौहान, पृ. 191
71. वही

चतुर्थ अध्याय

आरम्भिक हिन्दी स्त्री कथा-साहित्य : शिल्प

प्रारम्भ काल की गद्य की अन्य विधाओं की भाँति कहानियों और उपन्यासों का भी प्रवर्तन काल था। हिन्दी कथा–साहित्य को विकास के सही अवसर नहीं मिल पा रहे थे, जिसके प्रमुख कारण सामाजिक, राजनीतिक, धार्मिक एवं साहित्यिक परिस्थितियाँ थीं। मौलिक चिन्तन के अभाव में सबसे पहले बंगला से अनूदित रचनाएँ कथा–क्षेत्र में सम्मुख आईं। वैदिक युग में नारी मन्त्र दृष्टा रही है। नारी ने अपने गहन ज्ञान, अनुभव और तपस्या से मन्त्र दर्शन किये। वैदिक ऋषियों के साथ अनेक नारियों के नाम मन्त्रों से जुड़े हैं। यह जुड़ाव ही उन्हें सम्मान का अधिकारी बनाता है। उसके कोमलादपि कोमल शरीर में एक विराट शक्ति निवास करती है, उसके शक्ति के चमत्कारों का पूरा इतिहास है। सतयुग में नारी और नर एक दूसरे के पूरक सिद्ध हुए। त्रेतायुग में नारी दोयम दर्जे पर आ गयी। द्वापरयुग में नारी की अश्रु कथा का प्रारम्भ होता है। स्त्री साहित्य आरम्भ से ही एक लोकप्रिय विषय रहा है। चाहे वह प्राचीन काल की बात हो अथवा आज के उत्तर आधुनिक काल की। नारी को देखने, समझने और उसकी अभिव्यक्ति की दृष्टि में एकरूपता न उस समय थी और न ही आज है। प्राचीन काल में वह जहाँ एक ओर माता, पुत्री, बहन, भाभी, प्रेयसी और पत्नी के साथ–साथ सहचरी, सखी और देवी के रूप में वर्णित हुई, वहीं दूसरी ओर पुरुषों के लिए भोग्या और विलास को साधन मात्र बनकर उसके समक्ष रही। भक्तिकालीन साहित्य में नारी का उदात्त निरूपण छोड़ दिया जाये, तो शेष अन्य काल के साहित्य में निरूपित नारी की स्थिति भयावह अवश्य हो जाती है। भारतेन्दु एवं उनके सहयोगियों को इस क्षेत्र में पहले–पहल शंखनाद करने का श्रेय जाता है।

फलस्वरूप धीरे–धीरे नारी जीवन के अनेक अँधेरेमय प्रकोष्ठ आलोकमय हो उठे। अब उसका वासनामय स्वरूप तिरोहित हुआ और नया स्वरूप उभरने लगा।

भक्तिकालीन समस्त सन्तों–भक्तों की नारी–दृष्टि की गहन पड़ताल उनकी ब्राह्मणवादी–पितृसत्तात्मक समाज की पृष्ठभूमि को रेखांकित कर देती है। कबीर कहते हैं–नानि नसावै तीन गुण' यह स्त्रियों के प्रति सहानुभूति के द्वारा कबीर ने कही होगी। क्या स्त्रियों की यह टीस कबीर सामाजिक पाखण्डों को तोड़ने वाली महिला दृष्टि के साथ लिख रहे हैं? स्वतन्त्रता पूर्व अठारहवीं शताब्दी में धार्मिक आडम्बर, रूढ़िगत विचार, परम्परागत सामाजिक संस्कारों ने मिलकर अन्धकार का ऐसा परिवेश भारतीय जीवन के चारों ओर निर्मित कर दिया था कि उसे तोड़ सकना सहज और सम्भव नहीं था। इस बर्बर युग में नारी उद्धार के लिए प्रार्थना समाज, ब्रह्म समाज, आर्य समाज तथा थियोसोफिकल सोसाइटी का निर्माण हुआ और राजा राम मोहन राय, ईश्वरचन्द्र विद्यासागर, स्वामी विवेकानन्द तथा दयानन्द सरस्वती के प्रयासों से यह ताना–बाना विशृंखल हुआ। अनेक अत्याचारों को समाप्त कर स्त्री शिक्षा का प्रबन्ध किया तथा शिक्षा पर बल दिया। इसके परिणामस्वरूप साहित्य में नारी का सजग रूप प्रस्तुत किया। भारत में लम्बे समय तक विदेशी राज्य होने के कारण यहाँ असहयोग तथा भारत छोड़ो आन्दोलन चले। पर यह आन्दोलन स्त्री के सहयोग के बिना सफल नहीं हो सकते थे। कवियों ने अपने काव्य के माध्यम से स्त्री का आह्वान किया। आधुनिक हिन्दी काव्य भारतेन्दु, द्विवेदी, छायावाद, प्रगति, प्रयोग, नयी कविता, समकालीन कविता, साठोतरी कविता के विभिन्न प्रारूपों, गठबन्धन एवं विकास का समग्र बोध है। भारतीय नारी की असहायता, उपेक्षित स्थिति का संकेत कर महादेवी वर्मा ने कहा है–

मैं नीर भरी दुख की बदली
परिचय इतना इतिहास यही
उमड़ी कल थी मिट आज चली[1]

पराधीन भारत में स्त्री सती–प्रथा, बाल–विवाह, पर्दा–प्रथा, विधवा–विवाह आदि कुरीतियों से जकड़ी थी। स्त्री को इन कुप्रथाओं से बाहर निकालने के लिए काव्य ही एक सशक्त माध्यम था। भारत में किसी नारीवादी आन्दोलन के अभाव के बावजूद भारतीय समाज में नारी की दुखदायी स्थिति साहित्य, विशेषकर कविता में अभिव्यक्त होने से रुकी नहीं है।

'जब तक औरतें नहीं लिख रही थीं, तब तक पुरुषों ने उनका काम किया। 1882 में अनाम हिन्दू औरत की किताब मिली है *सीमान्तनी उपदेश'* उस समय जब बोलने की छूट उसे नहीं थी, नाम बताने का साहस उसमें नहीं था, तब भी स्त्री–विमर्श अपनी उपस्थिति दर्ज करा रहा था। एक भ्रम है कि जब पश्चिम में *सीमोन द बुआ* की किताब आयी तभी यह विमर्श भी आया। पण्डिता रमाबाई हमारे निकट भविष्य में रही है। महादेवी वर्मा की *'शृंखला की कड़ियाँ* स्त्री विमर्श के लिए नींव का पत्थर है। उसमें स्पष्ट लिखा है कि भारतीय परिप्रेक्ष्य में पढ़ी–लिखी आधुनिक औरत कैसी होनी चाहिए और उसके साथ पुरुष का सहकार कैसा होना चाहिए।'[2]

आरम्भिक काल की लेखिकाओं ने सामाजिक, राजनीतिक, ऐतिहासिक, पौराणिक, धार्मिक तथा नीतिपरक कथा–साहित्य की रचना की, जहाँ सामाजिक कहानियों और उपन्यासों का मुख्य प्रतिपाद्य समकालीन सामाजिक एवं कौटुम्बिक समस्याएँ थी। कुछ रचनाओं में बाल विवाह, विधवा–विवाह निषेध, पर्दा–प्रथा, स्त्री–अशिक्षा आदि सामाजिक रूढ़ियों का विरोध भी लिया गया है, किन्तु अधिकांश कृतियों में उक्त सामाजिक मर्यादाओं को अनिवार्य मानकर उनका निर्वाह किया गया है। स्त्रियों के लेखन और स्त्रियों पर लेखन से यह जाहिर होता है कि स्त्री मात्र वैचारिक नहीं, सामाजिक–राजनीतिक कैटेगरी है। स्त्रियों के लेखन में परम्परा और इतिहासबोध का तीव्र आग्रह मिलता है जो 'पुंसवादी सचेत स्मृतिलोप' के विरोध में दिखाई देता है। भूले जाने या भुला दिये जाने के ख़िलाफ़ सचेत ढंग से परम्परा और इतिहासबोध से लगाव।

यह परम्परा कौन सी है–यह लोक या जन की परम्परा न होकर स्त्री परम्परा है स्त्री जब बात करती है तो हमेशा अपनी दादी–नानी के सन्दर्भ से। कहानी के साथ भी नानी का सन्दर्भ लोक विश्रुत है। लेकिन स्वयं स्त्री कथा लेखन की ज़्यादातर भुला दी गयी या भूली हुई विशृंख परम्परा है।'[3]

इस काल की प्रायः सभी लेखिकाओं ने समकालीन नारी वर्ग को शिक्षा एवं उपदेश देने के लिए कहानियों और उपन्यासों की रचना की है। राजनीतिक कहानियों में सामयिक असहयोग–आन्दोलनों का उल्लेख किया गया है, स्वदेशी वस्तु–प्रयोग पर बल दिया गया है एवं चरखे को गौरव प्रदान किया गया है। कृतियों में उद्देश्य की प्रधानता रही है।

इसी भावना से प्रेरित होने से लेखिकाओं ने पात्रों को 'आदर्श' की भूमि पर प्रतिष्ठित किया है। ऐतिहासिक और पौराणिक कथा–साहित्य में इतिहास और पुराणों से गौरवपूर्ण स्त्री चरित्रों को लेकर कथानक प्रस्तुत किये गये हैं। उच्च कोटि की विधायिनी प्रतिभा एवं मौलिक चिन्तन के अभाव में ये रचनाएँ इतिहासों एवं पुराणों की आंशिक प्रतिरूप ही बन सकी है।

'धार्मिक एवं नीतिपरक कहानियों में 'हितोपदेश' की कहानियों का आधार लेकर अथवा लोक–कथाओं द्वारा अथवा कल्पना–प्रसूत कथानकों द्वारा दान, धर्म, अहिंसा, पुनर्जन्म आदि के प्रति पाठकों की निष्ठा जागृत करने का प्रयास किया गया है। सभी प्रकार की रचनाओं में प्रायः धर्म की जय एवं पाप की पराजय दिखाई गयी है। प्रायः सभी रचनाएँ आदर्शात्मक एवं सुखान्त हैं।'[4]

रचनाओं की नायिकाएँ प्रायः सुन्दरी, गुणवती, पति–परायणा एवं धर्म–भीरू हैं और पुरुष धार्मिक एवं सरल कर्म की अपेक्षा भाग्य को अधिक महत्त्व देने के कारण लेखिकाओं ने पात्रों के चरित्रों को स्वतन्त्र विकास के अवसर नहीं दिये। कुछ लेखिकाओं ने प्रारम्भ काल और विकास काल के संधि युग में साहित्य–रचना की थी।

'तद्युगीन कहानीकारों को यह विश्वास ही नहीं था कि समाज के युगीन प्रश्न भी लेखकीय सन्दर्भ बन सकते थे। परन्तु बंग महिला ने यह दुष्कर कार्य कर दिखाया। उन्होंने एक छोटे से दायरे में ठहरी हुई रचनाधर्मिता और स्टीरियोटाइप्ड शिल्प को गतिशीलता प्रदान की। समकालिक कहानीकारों के बीच अपने जिये हुए क्षणों और अनुभूत घटनाओं को पकड़ने में वे अकेली लेखिका रहीं। चारों ओर बिखरी हुई स्थितियों के भीतर से कहानी कथ्य को संचित करके और उसे जीवन के व्यापक सन्दर्भों में परख करके कहानी लिखने का काम इन्होंने ही किया।[5]

प्रारम्भकालीन लेखिकाओं का लक्ष्य कथा प्रणयन नहीं था, अपितु प्रभावशाली ढंग से अपना सन्देश समकालीन नारीवर्ग को देना था। अतः उन्होंने अपनी कमियों का ध्यान न रखते हुए भी भावी लेखिकाओं के लिए पथ–निर्देश किया।

'स्त्री की भाषा' को परिभाषित करना एक जटिल कार्य है। विभिन्न स्त्रीवादी लेखिकाएँ भी इसे लेकर किसी सर्वमान्य निष्कर्ष तक नहीं पहुँची हैं। पर यह निर्विवाद है कि स्त्री की भाषा, उसकी संरचना, वाक्य गठन, पठन शैली और सन्देश के सम्प्रेषण की प्रक्रिया पुरुषों से भिन्न होती है।

...आचार्य रामचन्द्र शुक्ल ने चमत्कारवाद पर प्रहार करते हुए और महिला लेखन की साहित्यिक उपस्थिति को अत्यन्त हल्के ढंग से रेखांकित करते हुए लिखा :

'पुरुष लेखकों द्वारा नायिकाओं की कटार सी प्रभाव वाली आँखों का बहुत वर्णन हो चुका, अब कई महिला लेखिका भी साहित्य लेखन कर रही हैं, उन्हें चाहिए कि पुरुष दाढ़ी–मूँछों की तुलना उमड़ती मेघ राशियों से करें।'[6]

गद्य की अन्य विधाओं की भाँति भारतेन्दु युग में ही औपन्यासिक लेखन का आरम्भ हुआ। लाला श्रीनिवासदास, किशोरीलाल गोस्वामी, लज्जाराम शर्मा, अयोध्या सिंह, उपाध्याय, देवकीनन्दन खत्री आदि लेखकों ने हिन्दी साहित्य में मौलिक उपन्यासों की रचना कर उसमें श्रीवृद्धि की। साहित्य के क्षेत्र में महिलाओं ने इस दिशा में कम अभिरुचि दिखाई, हालाँकि कुछ लेखिकाओं ने इस ओर सराहनीय प्रयास भी किये। प्रारम्भिक लेखिकाओं में मल्लिका देवी, सरस्वती गुप्ता, प्रियम्वदा देवी, हेमन्तकुमारी चौधरानी, यशोदा देवी, कुमारी, हुक्मदेवी गुप्ता का नाम उल्लेखनीय है। इनके उपन्यासों को 'लम्बी कहानी' की संज्ञा न देने का कारण है कथावस्तु की सम्भावनाओं और परिच्छेद विभाजन का औपन्यासिक होना। मल्लिका देवी प्रारम्भिक काल की पहली उपन्यासकार हैं जिनका *कुमुदिनी* उपन्यास 1877 से 1881 के बीच की अवधि में लिखा गया। *कुमुदिनी* उपन्यास उस समय समाज में फैली कुरीतियों को पाठक वर्ग के सामने लाता है, जिसमें विधवा विवाह भी एक महत्त्वपूर्ण विषय था। उस समय समाज में स्त्रियों के विधवा हो जाने पर उन्हें उपेक्षा का सामना करना पड़ता था। बंगाल के साहित्यिक क्षेत्र में इसकी गम्भीर गूँज थी। लेखिका के लेखन में प्रकृति–वर्णन उद्दीपन अधिक है, आलम्बनगत कम। किसी भी लेखक की जन्मभूमि का प्रभाव उसकी रचनाओं में किसी न किसी रूप में दिखाई देता है। *कुमुदिनी* उपन्यास में लेखिका का बांग्ला को ग्रहण करना स्वाभाविक था। लेखिका की बोली और संस्कृति का चित्रण प्रधान हो गया है। हिन्दी विभक्ति चिह्नों का प्रयोग, विशेषणों का लिंग निर्धारण, चन्द्र बिन्दु एवं विराम चिह्नों के उपयोग जो अन्यत्र शायद ही किसी और रचना में मिले।

भारतेन्दु हरिश्चन्द्र ने इस उपन्यास के उन्नयन में एक महत्त्वपूर्ण भूमिका निभायी। इसमें बांग्ला–हिन्दी का मिला–जुला रूप देखने को मिलता है। उस समय के सामाजिक प्रतिबन्धों के कारण स्त्रियाँ इतनी जागरूक नहीं थीं कि अपने अनुभवों एवं भावों को उपन्यास के विस्तृत कलेवर में लिख पातीं। इसी क्रम में बंग महिला भी आती हैं। बंग महिला के लेखन के सन्दर्भ में श्री जगन्नाथ प्रसाद शुक्ल ने लिखा है:

'लेखन शैली सरल, मधुर और भावोत्पादक है। यदि पढ़ने वाले को यह न मालूम होने पावे कि इसकी लेखिका एक बंगाली स्त्री है तो कदाचित वे ताड़ भी न सकें कि यह कृति एक स्त्री की, जो भी अन्य भाषा भाषी स्त्री की है।'[7]

बंगभाषी लेखकों की भाषा में अनेक अशुद्धियाँ रहती हैं। जिसमें लिंग वचन सम्बन्धी हैं। लेखिका ने इन्हें दूर करने का प्रयास किया है। लेकिन कहीं न कहीं यह दोष आ ही गया है। बंग महिला की भाषा यह विशेषता है कि उसमें हास्य–व्यंग्य का पुट सर्वत्र विद्यमान है। लेखिका ने व्यंग्य का सहारा लिया जिसमें हास्य रस की तरंगें उद्वेलित हो उठती हैं। उदाहरणतः–

'मिरजापुर में पेटराम की शिकायत शुरू हुई। उसने सुझाया कि इलाहाबाद पहुँचने में अभी देरी है। चलने के झंझट में अच्छी तरह उसकी पूजा किये बिना ही वंशीधर ने विलायत छोड़ा था।'[8]

बंग महिला ने भाषा में व्यावहारिकता के लिए देशज शब्दों का प्रचुर प्रयोग किया है। इससे भाषा में जहाँ सजीवता आयी है, वहाँ कतिपय स्थलों पर व्याकरण दोष भी आ गया है।

भारतेन्दु ने गद्य शैली के विविध रूपों की नींव डाली और भाषा का एक परिमार्जित और चलता रूप स्थिर किया। प्रताप नारायण मिश्र भारतेन्दु से काफ़ी प्रभावित थे उन्होंने भाषा में व्यंग्य, पूरबी कहावतें, मुहावरे, संस्कृत, अरबी और फ़ारसी की उक्तियों के प्रयोग में कोई संकोच नहीं दिखाया। बावजूद इसके वह बोलचाल की भाषा ही बनी रही। बालकृष्ण भट्ट जो कि भारतेन्दु मण्डल के ही लेखक थे मिश्रजी की अपेक्षा शिष्ट भाषा लिखने का प्रयास कर रहे थे। भाषा पर भट्ट जी का पूरा अधिकार था। भाषा सम्बन्धी भट्टजी की देन अत्यन्त महत्त्वपूर्ण है, किन्तु खड़ी बोली के आदर्श स्वरूप का निर्माण वे न कर सके। इनकी भाषा चटपटी, तीखी और चमत्कारपूर्ण अवश्य थी। भारतेन्दु हरिश्चन्द्र, बालकृष्ण भट्ट तथा प्रतापनारायण मिश्र के सद्‌द्‌प्रयासों से हिन्दी का

गद्य साहित्य निश्चय ही और परिपक्व हो रहा था। भारतेन्दु की चमत्कार रहित एवं व्यावहारिक शैली के ठीक विपरीत यह शैली थी। उनकी भाषा की सबसे बड़ी विशेषता उसकी कलात्मकता थी। वाक्य विशालता केवल गद्य–काव्यात्मक प्रबन्धों में ही आबद्ध नहीं रही वरन् साधारण रचनाओं और भूमिका लेखन में भी दिखाई पड़ी। भाषा के पुराने प्रयोग संस्कृत के बने बनाये शब्दरूप अन्य लेखकों की भाँति इनकी भाषा में भी देखे गये। भारतेन्दु काल के सभी लेखकों को भाषा की पूरी जानकारी होने के कारण ऐसे शब्दों को लिया गया जिसका प्रयोग शिष्ट समाज के लिए प्रचलित था। भारतेन्दु से प्रेरित होकर और भी लेखक साहित्य सेवा में लगे।

उन्नीसवीं शताब्दी में जब पुस्तकों के अलावा पत्रिकाओं का भी ज़ोर बढ़ने लगा था, तब इन पत्रिकाओं में फुटकर लेख और निबन्ध अनेक विषयों पर लिखे गये। हिन्दी साहित्य के विकास में पत्र–पत्रिकाओं ने बहुत महत्त्वपूर्ण भूमिका निभायी, हिन्दी का प्रथम पत्र *उदंत्त मार्तण्ड* था जिसे युगल किशोर शुक्ल ने कलकत्ता से 1826 में निकाला। जिसके बाद पाक्षिक, साप्ताहिक पत्रिकाएँ और कुछ मासिक पत्रिकाएँ उल्लेखनीय थीं। बीसवीं शताब्दी में पत्रों की संख्या में वृद्धि हुई। गद्य शैली का विकास, दैनिक साहित्य तथा सामयिक साहित्य का सृजन हुआ। पत्र–पत्रिकाओं का यही प्रमुख उद्देश्य था। इससे पहले 1874 में भारतेन्दु ने *बाला बोधिनी* पत्रिका अपने सम्पादन में निकाली। *कविवचन सुधा* और *हरिश्चन्द्र मैगजीन* के बाद तो राजनीतिक, सामाजिक, आन्दोलनों के कारण हिन्दी में पत्रों की बाढ़–सी आ गयी। 1897 में *नागरी प्रचारिणी* पत्रिका के प्रकाशित होने से हिन्दी पत्र–पत्रिकाओं के इतिहास का 'स्वर्णिम युग' का प्रारम्भ हुआ।

हिन्दी साहित्य के इस युग में महिलाओं ने भी अपना योगदान दिया, जिनमें श्रीमती भाग्यवती देवी ने *बनिता हितैषी* पत्रिका का 1892 में सम्पादन कर मुख्य भूमिका निभायी। इस पत्रिका को बराबर आर्थिक कठिनाई का सामना करना पड़ा। यह समय आधुनिक हिन्दी साहित्य का बाल्यकाल था। गद्य में अपरिपक्व भाषा में लेख निकलते थे। बीसवीं शताब्दी के प्रारम्भिक वर्षों में केवल सामाजिक साहित्य का सृजन हुआ और पत्र–पत्रिकाओं के द्वारा ही उसका प्रचार होता रहा, जिससे नये लेखकों और पाठकों की संख्या में वृद्धि हुई। *अल्मोड़ा अख़बार, काशी पत्रिका, हिन्दी प्रदीप, आनन्द कादम्बिनी* जैसी पत्रिकाएँ भी आयीं।

1900 के प्रारम्भ में *सरस्वती पत्रिका* का प्रकाशन प्रारम्भ हुआ जिसने अपने समय को रूपायित करने में अहम भूमिका निभायी। इस पत्रिका ने अपने प्रथम पच्चीस वर्षों में हिन्दी भाषा और साहित्य की अपूर्व सेवा की। यह समय था जब साहित्य की मुख्य विधा कहानी ने भी अपने को नये रूप में प्रस्तुत कर अपनी पहचान दर्ज की।

बंग महिला की भाषा में एक वैचारिक पक्षधरता थी, यानी भाषा को देश की अस्मिता से जोड़ने की आवश्यकता। भाषा को जन–भावना का हिस्सा बनाकर उसमें नयी स्फूर्ति भरने को ही उन्होंने लेखन की भाषा माना। हिन्दी कहानी के प्रथम दशक में कहानी की भाषिक संरचना के विषय में बहुत कम सोचा गया। 'सन् 1910 में पण्डित मदनमोहन मालवीय ने इस प्रकार स्वीकार किया है, 'बंगाल में भाषा का बड़ा सुधार हुआ। एक अंश में सर माइकल मधुसूदन को लीजिए। हेमचन्द्र, बंकिमचन्द्र इत्यादि बंगाली बड़े–बड़े कवि हुए हैं। उन्होंने उपन्यास, इतिहास और काव्य से अपनी भाषा को बनाया, सजाया। इस प्रान्त में भाषा की उन्नति का बीज सबसे पहले बोया गया, किन्तु आज उसी प्रान्त की हिन्दी भाषा अपनी और बहनों के सामने मुँह मोड़े खड़ी है।'[9] (प्रथम हिन्दी साहित्य सम्मेलन, काशी में सभापति के पद से भाषण ना. प्र. स., रिपोर्ट पृ. 14, 15)

आरम्भिक काल की लेखिकाओं की प्रथम और दूसरी दोनों पीढ़ियों में कुछ चीज़ें सामान्य थीं। इन लेखिकाओं ने प्रायः वर्णनात्मक शैली का इस्तेमाल किया। जिससे रचनात्मकता का मूल कल्पना का अभाव दिखता है। प्रारम्भ काल की अन्य लेखिकाओं की भाँति यशोदा देवी ने भी अपनी रचनाओं में इतिवृत्तात्मक शैली का प्रयोग किया। उनकी कहानी '*स्त्री का साहस*' में देखिए–

'रानी को धोखा देकर लोगों ने पटियाला चलने के लिए उद्यत कर लिया। राह में सेना ने रानी को ढोढन के किले में बन्द कर दिया।'[10]

इतिवृत्तात्मक शैली के कारण उनकी भाषा में तद्भव शब्दों की प्रधानता रही है। रचना शिल्प की दृष्टि से यशोदा देवी की कहानियों में रोचकता, संक्षिप्तता, स्वाभाविकता और विविधता की सहज स्थिति रही है, हिन्दी में ऐतिहासिक कहानियों की रचना करने वाली वे प्रथम लेखिका हैं। यद्यपि यह भी सत्य है कि शैलीगत सजीवता, सरसता आदि विशेषताओं को लक्ष्य में रखते हुए समीक्षकों ने बंग महिला को इस युग की प्रमुख महिला लेखिका के रूप में मान्यता दी है।

'श्रीमती यशोदा देवी प्रारम्भ काल की प्रतिनिधि लेखिका है। इसका कारण यह है कि इस युग की अन्य कहानी लेखिकाओं की प्रमुख प्रवृत्तियाँ बंगमहिला की कहानियों में प्रतिबिम्बित नहीं हैं। यशोदा देवी की कहानियों में समकालीन नारी लेखिकाओं की कहानी कला का पूर्ण प्रतिबिम्ब प्राप्त है। इसके अतिरिक्त उन्होंने धर्म, नीति, प्रचलित नारी समस्याओं एवं इतिहास से प्रेरणा लेकर कहानियों की रचना की है, जबकि बंग महिला ने केवल दो मौलिक कहानियों की रचना की है। समकालीन लेखिकाओं में संख्या की दृष्टि से भी यशोदा देवी की कहानियाँ सर्वाधिक हैं, जिनका एक अप्रत्यक्ष लाभ यह अवश्य हुआ है कि वे कहानी लेखन के प्रति कुछ अन्य लेखिकाओं को भी आकृष्ट कर सकीं।'[11]

नवजागरण कालीन स्त्री लेखन में यह वैशिष्टय पाया जाता है कि रचनाएँ चाहे किसी भावबोध की हों किन्तु मूल स्वर राष्ट्रीय होता था। तोरनदेवी लली हों या रामेश्वरी मिश्र दोनों के कथ्य का आधार भी राष्ट्रीय रहा है। इसी प्रकार सुभद्रा कुमारी चौहान, महादेवी वर्मा, सरोजिनी नायडू, उषा देवी मित्रा आदि ने राष्ट्रीय आन्दोलन में सक्रिय भूमिका अदा की थी इसलिए उनके कथ्य का मूल स्वर राष्ट्रीय हुआ करता था। इस काल में जहाँ एक ओर हिन्दी साहित्य पुनरूत्थान की ओर बढ़ रहा था, वहीं पाश्चात्य साहित्य की ओर भी अभिरुचि बढ़ने लगी थी, जिसके परिणामस्वरूप साहित्य की चिन्तन पद्धति एवं प्रतिपादन शैली दोनों में परिवर्तन आने लगा।

'स्त्रीवादी लेखिकाओं के अनुसार भाषा, जिसके ज़रिए हम अपनी विश्वदृष्टि का निर्माण करते हैं, केवल सम्प्रेषण का माध्यम नहीं है यह ज्ञान के विविध क्षेत्रों में अपनी उपस्थिति दर्ज कराने, अस्मिता के निर्माण और दुनिया को परिभाषित करने का ज़रिया भी है। इसमें अभिव्यक्ति भाषिक सम्बन्ध हमारे सामाजिक सम्बन्धों की छाया होते हैं। भाषा के अध्ययन के ज़रिए सामाजिक सम्बन्धों के अध्ययन का रास्ता खुलता है। हमारी भाषा में स्त्री–अर्थ, व्यवहार, इच्छा, जीवन–शैली, स्त्री–चेतना और स्त्री–संस्कृति आदि को अभिव्यक्त करने वाले भाषिक रूप बहुत कम मिलते हैं। स्त्री के नितांत निजी अनुभवों को जिन शब्दावलियों में व्यक्त किया गया है, वे स्त्री के नहीं हैं।'[12]

भाषा अभिव्यक्ति का माध्यम है। स्त्री की भाषिक अभिव्यक्ति चाहे साहित्यिक हो यह सामान्य पुरुषों की भाषा से ही जुड़ी होती है।

स्त्री–पुरुष लेखन में भी यह साफ़ तौर पर देखा जा सकता है। नामवरजी का भी कहना है–

'यह सही है स्त्री का स्त्री के लिए लेखन साहित्य को नयी भाषा, नया पाठ और नयी दृष्टि देता है जिनका स्वागत और रेखांकन अनिवार्य है। परन्तु इसे स्त्री तक सीमित करने से जहाँ पुरुष 'स्त्री विषय' से बाहर का व्यक्ति हो जाता है। स्त्री भी 'स्त्री विषय' तक सीमित हो जाती है और कई बार स्त्री लेखन को दोयम दर्जे का लेखन समझे जाने के खतरे भी उठाने पड़ते हैं।'[13]

साहित्य के लिए जिस भाषा का प्रयोग किया जाता है, आरम्भ में वह बोलचाल की सामान्य भाषा ही होती है और किसी बोली को साहित्यिक भाषा का पद तभी मिलता है, जब उसे विशेष आश्रय मिल जाये। स्त्रियों के सवालों पर स्त्रियों द्वारा साहित्य रचना उस युग की विशेषता थी। *'स्त्री–दर्पण'* पत्रिका में स्त्री–शिक्षा, परदा प्रथा और पुरुषों के हाथों स्त्रियों के अपमान और अत्याचार पर स्त्रियों की लिखी कई कहानियाँ और कविताएँ छप रही थीं। 1918 में इन्दौर में हिन्दी साहित्य सम्मेलन हुआ। उसमें एक विषय था : '*हिन्दी भाषा में स्त्रियों के योग्य साहित्य*।' गाँधीजी इस सम्मेलन के सभापति थे। उठते हुए नारी आन्दोलन की लहर में पहली बार हिन्दी साहित्य सम्मेलन में सात सौ स्त्रियों ने भाग लिया। सम्मेलन में श्रीमती गंगाबाई, श्रीमती हेमन्त कुमारी चौधरानी, पण्डिता मनोरमा बाई, श्रीमती रेणुबाई और श्रीमती भगनबाई ने स्त्रियों की शिक्षा तथा दूसरे सवालों पर भाषण दिया।'[14]

भाषा वैज्ञानिकों ने भाषा पर जो तथ्य दिये उनमें एक यह भी था कि बोलचाल की भाषा में साधारण गीतों, कहावतों, मुहावरों, किंवदन्तियों आदि से ही साहित्य रचना आरम्भ होती है। मल्लिका देवी प्रारम्भिक काल की स्त्री–उपन्यासकारों में पहली उपन्यासकार हैं जिनका *कुमुदिनी* उपन्यास 1877 से 1881 के बीच की अवधि में लिखा गया। लेखिका ने बहुत सरल तरीके से उपन्यास की रचना की है। कुमुदिनी का चरित्र हर रूप में लज्जा एवं शालीनता से परिपूर्ण है। रजनीकान्त से आगरा में उसकी यह वार्तालाप भाषा में साधारण एवं उसके बाल सुलभ भोलेपन को व्यक्त करता है–

अच्छा अब हम पानी में डूबते हैं तुम वहि प्रकार अब कि बंचाबो तो देखे?... आपकौन हैं रक्षा कीजिए, हमारा भगिनीपति अभी पानी में डूबा उसको बंचाबो आगतुंक अति क्रोध से और उग्र स्वर से बोले कुमुदिनी।'[15]

कुमुदिनी का भोलापन इसमें नज़र आता है। लेखिका ने प्रेम को प्रमुखता देते हुए इस गीत को भी स्थान दिया है–

सोनार वर्ण होलो कालो
गुण देखे, आभार मन हराल।[16]

किसी भी लेखक की जन्मभूमि का प्रभाव उसकी रचनाओं में किसी न किसी रूप में दिखाई देता है। *कुमुदिनी* उपन्यास में लेखिका का बांग्ला को ग्रहण करना स्वाभाविक था। लेखिका की बोली और संस्कृति का चित्रण प्रधान हो गया है। हिन्दी विभक्ति चिह्नों का प्रयोग, विशेषणों का लिंग निर्धारण, चन्द्र बिन्दु एवं विराम चिह्नों के उपयोग में सावधानी आदि बांग्ला हिन्दी के ऐसे प्रसंगों को दर्शाते हैं जो अन्यत्र शायद ही किसी और रचना में मिले। भारतेन्दु हरिश्चन्द्र ने इस उपन्यास के उन्नयन में एक महत्त्वपूर्ण भूमिका निभायी। बांग्ला–हिन्दी का मिला–जुला रूप इसका उदाहरण है। उस समय के सामाजिक प्रतिबन्धों के कारण स्त्रियाँ इतनी जागरूक नहीं थीं कि अपने अनुभवों एवं भावों को उपन्यास के विस्तृत कलेवर में लिख पातीं।

प्रेमचन्द पूर्व कहानी चाहे वह छोटी हो या बड़ी अधिकतर वर्णनात्मक शैली में लिखी गयी थीं। एक वर्णन को उस समय के लेखकों ने विस्तार दिया। जिसके कारण पाठक कल्पना में जा ही नहीं पाता था। जिससे वर्णनात्मक शैली के कारण ही कहीं–कहीं कहानी बोझिल होने लगती है। यह काल खड़ी बोली गद्य का प्रारम्भिक काल था। वर्णनात्मक शैली का प्रयोग आरम्भिक काल की सभी लेखिकाओं के लेखन में मिलता है। *'सुहासिनी'* में भी यह देखने को मिला।

'सुहासिनी गुणवती भार्या थी, वह सब तरह के क्लेश अपने ऊपर लेकर अपने स्वामी को जहाँ तक बन पड़े, सुखी रखने की चेष्टा करती थी आप अर्द्ध भोजन करके अपने स्वामी को भोजन कराती थी, इस तरह दिन बीतने लगा।'[17]

भाषा पर बांग्ला का प्रभाव स्पष्ट दिखाई देता है। श्वसुराल, ख्याल, एतना; एकेले, शायेद, रोसई आदि बांग्ला शब्दों का प्रयोग किया गया है। प्रत्ययों का आधार जैसे–अतुलनीय, सुन्तरताई, सोहागिनी आदि शब्दों को भी प्रयुक्त किया गया है।

'जिस्को स्वामी से एक मुहूर्त के लिए भी बिछोड़ नहीं हुआ उसक अदृष्ट के वश में होकर उदरान्न के लिए कहाँ छोड़ जाते हैं–यह क्या कहा जा सकता? यह क्या सुहासिनी को समान रमणी रत्न से सहा जा सकता।[18]

इस उक्ति में लेखिका ने प्रश्नात्मक शैली का भी प्रयोग किया है। लेखिका की भाषा–शैली से यह स्पष्ट हो जाता है कि वह मूलतः बंगभाषा में लिखती थी। कुछ समीक्षकों का मानना है कि यह उपन्यास जिसकी लेखिका का नाम गुप्त है मल्लिका देवी है। उसने ही बंगभाषा से हिन्दी लेखन में शुरुआत की थी। उपन्यास की लेखिका के बारे में यह कहना ग़लत न होगा कि वह बहुत शिक्षित थी। भाषा की ओर अगर ध्यान दिया जाये तो बांग्ला का प्रभाव इस समय की लगभग सभी लेखिकाओं की भाषा में जाता है–

'ज्ञानलता जब आठ बरस कि हुई उस बखत उसकि मा जाति रहि। स्त्री के मरने के बाद से कभि कभि मणिराम शिल्पी राज बहोत चिन्ता करते, ज्ञानलता को अब किस तौर से शिक्षा दैवें और उसके वास्ते अच्छा वर कहाँ मिलेगा, लेकिन वह कभि घबड़ाते नहिं।'[19]

साहित्य में जो परम्परा चली आ रही थी उससे लेखक प्रभावित थे। अलंकृत और संस्कृत गर्भित भाषा का और सहज तथा उर्दू के पुट के साथ व्यवहार की भाषा का भी प्रयोग किया गया। वास्तविकता यह थी कुछ लेखकों का ध्यान भाषा की ओर उतना नहीं था जितना उसकी नाटकीयता की ओर था। रानी खांगारोत जी की कहानी *'सुजानसिंह जी'* में संवाद–योजना का विशेष आश्रय नहीं लिया गया। भाषा शैली में व्यावहारिकता लाने के लिए उन्होंने उर्दू शब्दों (मौक़ा, वसूल, सलाह आदि)[20] की पर्याप्त योजना की है, किन्तु कहीं कहीं 'गोली बरसाना आरम्भ कर दी जैसे व्याकरण–विरुद्ध प्रयोग भी मिलते हैं।

प्रियम्वदा देवी का उपन्यास *'लक्ष्मी'* की भाषा शुद्ध न होकर उसमें उर्दू तथा प्रान्तीय भाषाओं के शब्दों का मिश्रण मिलता है। कुछ जगहों पर आलंकारिक भाषा शैली ने एक विचित्र समा बाँध दिया है–

'सौतन के मुँह से ऐसी मीठी–मीठी बातें सुनकर और ख़ासकर पिछली बात ने लक्ष्मी के दिल पर मानिन्द छुरी ने काट दिया क्योंकि उसको फिर गयी गुजरी शमशेर बहादुर की याद ने एक बार तलमला दिया और मन में अन्दर ही अन्दर चुटकियाँ भरने लगी।'[21]

इस उद्धरण में भाषा शैली के व्यावहारिक रूप का प्रौढ़ दर्शन उपलब्ध होता है और इसकी प्रवाहपूर्ण चारूता से इंशाअल्ला खाँ की गद्य शैली का स्मरण हो जाता है। लेखिका ने अनेक जगह उर्दू पद्य भी उद्धृत किये हैं–

सच है तुम से रश्क उठाया ना जायेगा।
अब प्रेम बढ़ा है हममें रकीब में।[22]

ऐसे दौर में जब भाषा का विवाद केन्द्र में था मसलन कविता खड़ी बोली में लिखी जाये या ब्रजभाषा में। अपने तमाम प्रयासों के बावजूद भारतेन्दु इस निष्कर्ष पर पहुँचे थे कि कविता के लिए ब्रजभाषा ही ठीक है। अवधी जो ब्रज और खड़ी बोली की इस लड़ाई में गौण हो गयी थी उसका कुछ अंश भी बचा हुआ था या कहिए कोई बचाए हुए था। सृजनात्मक गद्य लेखन का समृद्ध रूप हमें देखने को मिलता है। दलित लेखिका श्रीमती मोहनी चमारिन की कहानी *'छोटे के चोर'* में यह कहानी अवधी के उस रूप को प्रयोग में लेकर लिखी गयी जिसमें लोक की गन्ध तो थी पर शायद ही किसी और लेखिका ने इसको अपनी कहानी की भाषा के रूप में अपनाया था। अवधी में लिखी गयी यह कहानी तीन भाइयों की कहानी है। लोकभाषा के गद्य रूप में लोक प्रचलित मुहावरों की ऐसी संगति भाषा और उससे जुड़ी सांस्कृतिक चेतना की गहरी समझ को दर्शाता है–जैसे 'कछू थूकन सतुआ सनात है'[23] होम करत हाथ जरगा।[24] प्रारम्भ काल में जहाँ एक ओर श्रीमती मोहनी चमारिन जैसी लेखिकाएँ अपने दलित समाज एवं वर्ग की पीड़ा को अपनी कहानो का विषय बना रही थी, वहीं दूसरी ओर अन्य लेखिकाएँ पति आचरण, धर्म की रक्षा, रीति–रिवाजों का पालन आदि का सन्देश अपनी रचनाओं के माध्यम से पाठक वर्ग को दे रही थीं।

हिन्दी क्षेत्र में स्त्री की राजनीतिक हिस्सेदारी और मुक्ति की माँग से पहले स्त्री शिक्षा का प्रश्न उठा था। उस समय के कथाकारों को स्त्री से सम्बन्धित विभिन्न समस्याओं से रूबरू होना पड़ा। भाषा अभिव्यक्ति का एक सशक्त साधन है। 19वीं शताब्दी के उत्तरार्द्ध में जब कुछ कथाकारों का ध्यान कहानी की ओर गया तो उनके लिए यह आवश्यक हो गया था कि कहानी जैसी छोटी विधा में वे अपनी सम्पूर्ण अनुभूतियों की अभिव्यक्ति कर सकें। भाषा में व्याकरण की अशुद्धियाँ तथा प्रादेशिकता का प्रभाव अधिक था। स्त्री साहित्य में यह अधिक देखने को मिला।

भारतेन्दुकालीन कुछ लेखकों पर ब्रजभाषा का प्रभाव भी देखने को मिला। यद्यपि ब्रजभाषा का प्रभाव भाषा पर यद्यपि नहीं पड़ा है पर खड़ी बोली का ही प्राचीन रूप है। 1907 में लिखित कहानी *'पतिव्रता का द्रष्टान्त'* में लेखिका ने भाषा में रवानगी लाने को ब्रजभाषा का भी प्रयोग किया।

ब्रजभाषा के शब्दों–राजधानी में आय दम लिया, दवा सुंघाय बेसुध कर दिया' आदि। तोरनदेवी की कहानियों में समकालीन समाज का बखूबी वर्णन किया गया है। समाज की कुरीतियों को समस्याओं के रूप में दिखाया है। वृद्ध विवाह, पुत्री तथा पत्नी की उपेक्षा, जातीय बन्धुओं के प्रति अन्याय आदि समस्याएँ इन कहानियों में सर्वत्र दृष्टिगत होती हैं। लेखिका ने समाज को नवीन चेतना प्रदान करने के लिए और नारी को जागृत करने का सन्देश देने के प्रयास में विविध समस्याओं को दिखाया है। प्रारम्भ काल की अन्य लेखिकाओं की भाँति, भाषा में लिंग, वचन तथा वर्तनी सम्बन्धी दोष दृष्टिगत नहीं होते। उनकी तरफ विशेष ध्यान दिया गया है। कुप्रवृत्तियों को व्यंग्यात्मक शैली में दिखाया गया है। चरित्र–चित्रण में वर्णनात्मक शैली है।

श्रीमती हेमन्तकुमारी की भाषा शैली की कतिपय विशेषताओं को सहज ही लक्षित किया जा सकता है। उन्होंने संयुक्त वाक्यों का प्रयोग न करके सरल वाक्यों का प्रयोग किया। उनकी भाषा सरल और प्रवाहपूर्ण है, लेकिन तद्‌भव शब्दों के साथ ही संस्कृत के सरल तत्सम शब्दों का भी प्रयोग किया। उनके उपन्यास *'आदर्श माता'* में उन्होंने कहीं–कहीं पंजाबी भाषा के शब्दों को लिया है। उदाहरणार्थ–''छाया को अपने मामे के घर आये 5–6 महीने बीत गये परन्तु अभी तक हरनारायण की ख़बर नहीं आयी।''[25] पंजाबी भाषा के प्रभाव के फलस्वरूप उन्होंने 'मुझे' सर्वनाम का प्रयोग भी अशुद्ध रूप में किया है। इसका प्रयोग सम्प्रदान कारक के लिए होता है, किन्तु लेखिका ने इसे अपादान कारक के लिए इस्तेमाल किया है। समकालीन प्रवृत्तियों के सन्दर्भ में लेखिका को अनुरूप सफलता मिली है।

श्रीमती ब्रह्म कुमारी भगवान देवी दुबे द्वारा लिखित उपन्यास की भाषा सामान्य बोलचाल की हिन्दी है, वर्णनात्मक एवं उपदेशात्मक प्रसंगों की प्रधानता है, उर्दू के शब्दों का भी मिश्रण रूप देखने को मिलता है। लेखिका ने देवकीनन्दन खत्री जैसे आरम्भिक उपन्यासकारों की भाँति जगह–जगह पाठकों को सम्बोधित करके भावनाओं की अभिव्यक्ति की है। लेखिका ने प्रथम परिच्छेद समाप्त होने से पहले ही दूसरा परिच्छेद शुरू कर दिया है। शैली विषयक शिथिलता के अतिरिक्त वाक्य रचना भी सटीक नहीं है। श्रीमती हुक्मदेवी गुप्ता द्वारा लिखित उपन्यास *'गूढ़ भाव प्रकाश'* एक सामाजिक उपन्यास है। इस उपन्यास में उस समय समाज में

प्रचलित व्यावहारिक भाषा–शैली का प्रयोग हुआ है। लेखिका ने पात्रों के मनो–विश्लेषणात्मक, भाषागत आदि की ओर ध्यान न देकर वर्णन–विवरण शैली को अपनाया। उपदेशात्मकता आरम्भिक काल की सभी लेखिकाओं की रचनाओं में देखने को मिलती है साथ ही अपने साहित्य के माध्यम से वह भारतीय स्त्रियों को उपदेश ही देना चाहती थीं।

''प्यारी बहिनो! कुलटाओं का संग कभी मत करो, उनके संग से न जाने कब क्या दोष तुममें भी उत्पन्न हो जावे। लाज को कभी मत छोड़ो लाज ही स्त्री का प्रधान भूषण और गुण है।''[26]

नवजागरणकालीन लेखकों की भाँति इस काल की लेखिकाओं ने व्यंग्य का भी सहारा लिया। श्रीमती देवता देवी की कहानी *'चुटिया क्या हुई'* व्यंग्यात्मकता का अच्छा उदाहरण है।

''भाई साहब हँसना मत न तो मुझे रंज पैदा होगा। एक दिन मैं भूलकर नीचे वाली से भेंट न कर झट ऊपर जाने लगा। बड़ी दुल्हन ने यह देख लिया। वह लपककर मेरे स्वागत के लिए सीढ़ी पर चली। उधर से छोटी देवी जी भी आगे बढ़ीं। एक ने मेरा पैर नीचे से पकड़ा और ऊपर वाली ने चुटिया दोनों स्वागत करने लगीं। मैं कन्हैया जी की तरह बीच में हिंडोला झूलने लगा।[27]

यह रचना हास्य प्रधान उत्तम पुरुष शैली में की गयी है।

आरम्भिक काल की रचनाओं में संस्कृत, ब्रज, अवधी, खड़ी सभी प्रकार की भाषाओं का प्रयोग हुआ था। भाषा व्यक्ति और परिवेश के संश्लिष्ट रूप को वहन करती हुई अभिव्यक्ति का माध्यम बनती है। शिल्प की दृष्टि से इस युग की कृतियों में बहुत सी त्रुटियां हैं, लेकिन लिंग, वचन, वर्ण–विन्यास, वाक्य रचना आदि का कुछ लेखिकाओं ने ध्यान रखा है। बांग्ला का प्रभाव इस समय की कुछ लेखिकाओं में पाया जाता है। कुछ लेखिकाएँ उस समय के लेखकों से इतनी अधिक प्रभावित थीं कि उनकी शैली के अनुकरण पर रह–रहकर पाठकों को सम्बोधित करती हैं। इतिवृत्तात्मक शैली का प्रयोग प्रायः सभी लेखकों ने किया है। श्रीमती सुन्दर रानी ने देवकीनन्दन खत्री का अनुकरण किया। यथा–

''पाठकगण! यह सज्जन वही हमारे पूर्व परिचित डॉक्टर साहिब हैं और जो स्त्री समुद्र में गिर गयी है वह इनकी पत्नी है।''[28]

मुहावरे, व्यंग्यात्मक शैली, संवाद शैली का प्रयोग इन लेखिकाओं की रचनाओं में मिला। प्रारम्भिक काल की लेखिकाओं के साथ ऐसे और भी

नाम हैं जिनके नामों का उल्लेख तो मिलता है परन्तु वे आज सुलभ नहीं हैं। इनमें श्रीमती सुन्दर देवी, श्रीमती सुभद्रा देवी, श्रीमती विश्वेश्वरी देवी, श्रीमती इन्द्रकला देवी, कुमायूँ महिला, श्रीमती गुलाब देवी चतुर्वेदी, श्रीमती गौरी देवी, श्रीमती धनवती देवी, श्रीमती रामप्यारी सेठ, सुश्री मंधुलिका, श्रीमती गायत्री देवी आदि। शायद इन लेखिकाओं की रचनाओं से भाषा का कुछ नया रूप एवं नयी रचनाओं को देखा जा सकता था।

समाजशास्त्र और मनोविज्ञान से लेकर इतिहास तथा कहानी तक सभी कुछ आख्यान है। लेकिन कथा आख्यान का विशिष्ट चरित्र है। यह अवधारणा आधारित नहीं बल्कि टेढ़े–मेढ़े यथार्थ की पहचान और उसे प्रस्तुत कर सकने की शक्ति रखने वाला होता है। क्योंकि अवधारणाएँ सरलीकृत होती हैं जबकि यथार्थ टेढ़ा होता है जिसे प्रस्तुत करना कठिन होता है। आख्यान से सम्बन्ध भाषा से भी है। शब्द के अर्थ का ही हम कहानी के मूल तक पहुँचते हैं। आख्यानों की परम्परा में महाभारत का बहुत बड़ा उदाहरण है जिसमें दो शिष्य अपने गुरु के साथ हैं। गुरु कहीं बाहर गया हुआ है और उसकी जो गुरु पत्नी है वो शिष्य से इस तर्क पर कि उसका ऋतुकाल समाप्त हो गया है, उसके साथ रहने का आग्रह करती है। अगर वो इस प्रस्ताव को मान लेता है तो एक गुरु–पत्नी के साथ यह कर्म करेगा, जो एक तरह का पाप होगा, लेकिन दूसरी तरफ अगर वो ऐसा नहीं करता, इस आग्रह को ठुकराता है, तो यह भी धर्म विरुद्ध आचरण होगा। आख्यानों के यथार्थ को खुलकर व्यक्त किया जाता था जो कि आधुनिक काल की कहानियों में कम देखा जाता है। आख्यान के अन्तर्गत कहानी, उपन्यास और कविताएँ जैसी विधाएँ भी हैं। आख्यान पहले काव्य एवं लोककथाओं में अधिक रूप में लिखा गया। कविता की अपेक्षा कहानी की विधा में बहुत कम होता है कि उसका जो बनाया रूप है, आकार है, ढाँचा है और उसके पीछे जो छुपी अवधारणा है, उसको तोड़ने की कोशिश कम की गयी है। कहानियों की अपनी सीमाएँ होती हैं जिसके कारण वह उसमें बहुत ज़्यादा परिवर्तन नहीं कर सकता।

आरम्भिक स्त्री कथाकारों ने कहानी और उपन्यासों के माध्यम से अपने जीवन के यथार्थ को पाठक वर्ग तक पहुँचाने की कोशिश की। लेकिन उस समय की सामाजिक, राजनीतिक, साहित्यिक परिस्थितियों ने उन्हें एक सीमा में बाँधकर रखा। वहीं कुछ लेखिकाएँ थीं जिन्होंने पूरी तरह खुलकर अपनी बात रखने का प्रयास किया। आरम्भिक काल की कहानी में

जो आख्यान दिखाई देता है उसमें जानकारी कम और स्त्री–पुरुष सम्बन्धों, समाज या प्रकृति के वर्णन पर ज़्यादा ध्यान दिया जाता था। पाश्चात्य देशों में एडगर एलन पो, कहानी के जन्मदाताओं में प्रमुख माने जाते हैं उन्होंने कहानी की परिभाषा देते हुए कहा है–

'छोटी कहानी एक ऐसा आख्यान है, जो इतना छोटा है कि एक बैठक में पढ़ा जा सके और जो पाठक पर एक ही प्रभाव उत्पन्न करने के उद्देश्य से लिखा गया हो। वह स्वतः पूर्ण होती है।'[29]

लघु कहानी में केवल एक ही मूल भाव होता है। जिसमें उसका आदि और अन्त ही विशेष महत्त्व का होता है। महाभारत के आख्यान की बात करें तो उसमें इस तरह की तमाम घटनाएँ लगातार घट रही हैं और उसमें किसी भी तरह के यथार्थ को छुपाया नहीं जा रहा है। ऐसे बहुत से पाप हैं। और बहुत से ऐसे पुण्य हैं, जिन्हें हम छिपाते हैं। आरम्भिक काल की लेखिकाओं में कुछ ऐसी लेखिकाएँ थीं जिन्होंने अपनी कहानी में यथार्थ को पूरी तरह जगह दी थी। इनकी लिखी कहानियों में *'महारानी दुर्गावती'* और *'कान्ता'* प्रमुख हैं। *'कान्ता'* में कल्याणी नगर के राजकुमार कर्ण ने पतिपरायणा कान्ता को काराबद्ध करके उसका सतीत्व नष्ट करना चाहा, किन्तु कान्ता के दृढ़ निश्चय के सामने वह हार मान गयी। लेखिका ने नायिकाओं की भाँति नायकों के व्यक्तित्व को भी विशेष महत्त्व दिया है। लेखिका ने लिखा है–

'धन्य है पतिव्रता रमणियो तुम्हारा साहस धन्य है। तुम्हारे प्रशंसा के सुन्दर–सुन्दर राग गाकर प्रफुल्लित होती है कृपापी कर्ण का रोम–रोम प्रफुल्लित हो गया। अपना काम साध जान वह बोला तू कान्ता की विश्वासपात्र दासी है उसे जाकर समझा उसके सम्मुख मेरी प्रशंसा कर राज्य का लोभ दिखा यदि वह किसी प्रकार न माने तो उससे कहना कि शूरसेन और जय शिखरी युद्ध में मारे गये और तुम भी कर्ण की बात न मानेंगे तो वह हमें जीता न छोड़ेगा, सरला तू बड़ी चतुरा है।'[30]

लेखिका ने अपनी कहानियों में देशकाल की अभिव्यक्ति की, क्योंकि राजपूतों के शासन काल में अधिकतर युद्ध एवं उत्पात स्त्री को लेकर ही होते थे और क्षत्रिय वीर एवं वीरांगनाएँ अपनी मान एवं प्रतिष्ठा की रक्षा के लिए सहज ही अपने प्राणों पर खेल जाती थीं। वहीं श्रीमती विद्यादेवी द्वारा लिखित कहानी *बसन्तबाला* में भी उसका आख्यान पौराणिक कथा राजा हरिश्चन्द्र की गाथा पर आधारित है। मूल पौराणिक कथा में

राजा हरिश्चन्द्र ने मुनि विश्वमित्र को स्वप्नावस्था में अपना राज–पाट दान दिया था, किन्तु इस कहानी में मुगल सम्राट अकबर द्वारा जैसलमेर नरेश की पुत्री बसन्तबाला को मीना बाज़ार में नवाब कालू खां के विलास की सामग्री बनाने का प्रयत्न, बसन्तबाला द्वारा अपने धर्मभाई वीर राजपूत कला जी के सहयोग से अकबर के छक्के छुड़ाकर वीर गति को प्राप्त होना आदि घटनाओं द्वारा बसन्तबाला की वीरता एवं क्रिया–चातुरी का उन्मेष किया गया है। लेखिका ने कहानियों में घटनागत रोचकता और पात्रों के चरित्र की आदर्शवादिता पर विशेष बल दिया है। किसी आख्यान की घटनाएँ तभी अर्थपूर्ण होती हैं जब उन्हें स्पष्ट भौतिक तर्कों पर रखा जाता है। रूढ़िमूलक आख्यान 'स्त्री' की पुंसवादी धारणा को अपने भीतर समाहित किये हुए होता है जिससे स्त्री का पूरा आख्यान उसमें समाहित होता है।

श्रीमती शान्ता देवी की कहानी का आख्यान पूरी तरह यथार्थ एवं आदर्श का सुन्दर सम्मिश्रण प्रस्तुत करता है। कहानी में मृगु पण्डित का वृत्तान्त लिखा है, जो अग्निकोट के राजा देवपाल के राजपण्डित थे। एक बार उन्होंने राजा के समक्ष उनके अन्याय की चर्चा की, जिस पर कुपित होकर उन्होंने उनका सर्वस्व हरण कर लिया। पिता के कष्टों के निवारण हेतु मृगु की कन्या रेवती ने मालिन का वेश धारण किया और राजा के पास एक नीति–श्लोक लिखकर भेजा, जिसके परिणामस्वरूप उसके पिता की सम्पत्ति लौटा दी गयी। उदाहरणार्थ मृगु की निर्भीकता, साहस तथा सत्यवादी प्रकृति का वर्णन किया है,

'तब मृगु ने राजा से क्षमादान माँगकर निवेदन किया है देवपाल तुम्हारी इस अपकीर्ति की स्तुति और प्रशंसा–लोभी और लोलुप पुरुष ही करेंगे, सत्यवादी मृगु कदापि न करेगा क्योंकि निर्बल चतुर्भुज का सपरिवार तुमने अपनी मूर्खता, अभिमान और अन्याय से गुणवती उसकी कन्या के मोहवश वध कराया है इसमें तुम्हारी कीर्ति और यश ही क्या है, इसमें तो तुम्हारा उल्टा अपयश है।'[31]

आरम्भिक काल की कथा–नायिकाओं के चरित्रों को रोचक एवं उत्कर्ष प्रदान करने के लिए घटनाओं का तदनुरूप संयोजन किया गया है। कहानियों में लेखिकाओं ने इतिहासानुरूप देशकाल का विधान किया है। प्राचीन भारतीय वीरांगनाओं के उज्ज्वल चरित्र प्रस्तुत करके लेखिकाओं ने समकालीन नारी समाज को चरित्रोत्कर्ष करना इन कथाओं

के आख्यानों का प्रमुख लक्ष्य रहा है। *'सीताजी का पतिव्रत'* में श्रीमती केश खुंवरि देवी नैतिक आदर्शों की प्रतिपति है :

'आज मैं आपकुलबन्धुओं के लाभार्थ वाल्मीकीय रामायण से हमारी सर्व शिरोमणि सीता देवी के पतिव्रत धर्म सम्बन्धी बातें शिक्षा गृहणार्थ लिखती हूँ।'[32]

लोकगाथाओं में आख्यान का रूप दिखाई देता था। ऋग्वेद के संवाद सूक्तों को प्राचीनतम लोकगाथा माना जा सकता है। पुराणो और महाभारत में भी इस तरह की लोकगाथाएँ शिष्ट साहित्यिक रूप धारण कर समाविष्ट हो गयी हैं। लोकगाथाओं की उत्पत्ति सर्वप्रथम तब हुई जब समाज अविभक्त और एक इकाई के रूप में था। लोक गाथाएँ प्रारम्भिक रूप में समूचे समाज को अभिव्यक्त करती थीं। लोकगाथा में कोई कथा अवश्य होती है, जबकि लोक–गीतों के लिए कथा तत्त्व आवश्यक नहीं है। लोकगाथा के सामान्य रूप में गीतात्मकता और कथात्मकता दोनों होती हैं। हिन्दी भाषा–भाषी विभिन्न प्रदेशों में भिन्न–भिन्न लोक गाथाएँ पायी जाती हैं। कुछ लोकगाथाओं ने तो विकसित होकर गाथाचक्र और लोक महाकाव्य का रूप धारण कर लिया था।

'लोकगाथा', 'लोककण्ठ में निर्मित और विकसित होती है और उसमें छन्दोबद्ध कथा भी होती है। 'लोकगाथा' मानव समाज का आदिम साहित्यिक रूप है। मानव जब कबीलों में रहता था, तब उसकी सामाजिक मनोभावना की अभिव्यक्ति सामूहिक नृत्य गीत के रूप में होती थी। देवी–देवताओं या पूर्व पुरुषों की कल्पना उदित होने पर उनसे सम्बन्धित व्याखान भी उन नृत्य गीतों के वर्ण्य विषय बन गये। ये ही आख्यानक नृत्य गीत लोकगाथा के प्रारम्भिक रूप थे।'[33]

लोकगाथाओं का प्रचार अधिकतर कम शिक्षित लोगों में ही होता है। शिक्षा का प्रचार ज्यों–ज्यों बढ़ता जाता है, लोकगाथाओं के प्रति पढ़े–लिखे लोगों की रुचि कम होती गयी, धीरे–धीरे उनका कहानी एवं उपन्यास जैसी विधा की ओर रुझान हो गया। आल्हाखण्ड ऐसा महाकाव्य है जिसने लोक महाकाव्य का रूप धारण किया। आख्यान की एक प्रमुख विशेषता यही मानी जाती है कि कोई भी कहानीकार जब कहानी लिख रहा होता है तब उसकी नज़र यथार्थ पर होनी चाहिए, अगर यथार्थ एल्पक्षोय, अधूरा या एकांगी होगा तो उसका आख्यान कमज़ोर होता है। कहानी का सारा आख्यान, अपने लोक से, अपने जीवन से, अपने समाज से,

परम्परा से बँधा हुआ होता है। आख्यान की परम्पराओं को पूरी तरह अपनाने से आप यथार्थ को पूरी तरह सामने रख सकते हैं।

श्रीमती प्रियम्वदा देवी की कहानी *'आनन्दमयी रात्रि का स्वप्न'* जिसमें देशकाल और भारतीय समाज की प्रचलित कुरीतियों (बाल–विवाह, विधवा विवाह निषेध, पर्दा–प्रथा, बहुदेववाद, अशिक्षा, धार्मिक अन्धविश्वास आदि) का वर्णन किया गया है और 'स्त्री शिक्षा' को इन समस्याओं का एकमात्र समाधान बताया गया है। लेखिका ने सम्बोधित करते हुए लिखा है :

'आशा है कि आप इसको पढ़ सुन विद्या प्रचार कर जननी जन्मभूमि के उद्धार करने का उद्योग करेंगी।'[34]

लेखिका ने समकालीन समाज के उद्देश्यपरक चित्रण पर बल दिया है। *'भारत कब सुखी हो सकता है'* कहानी से भारत के धनियों को देश हितार्थ धन व्यय करने की प्रेरणा दी गयी है। भारत में धन के अभाव में देश की सेवा में लगी संस्थाएँ अपने सिद्धान्तों को सही ढंग से कार्यान्वित नहीं कर पातीं। लेखिका का मत है :

'भारत के भाग्य में सुख की सुर्खी लगाना यहाँ के धनिकों का काम है।'[35]

अन्य कहानियों में उन्होंने बाल–विवाह के दुष्परिणामों, नारी–शिक्षा की आवश्यकता तथा नारी के गृहस्थ–धर्म की ओर ध्यान आकृष्ट किया है। अभिप्राय यह है कि उन्होंने सोद्देश्य कथा–रचना की है। उन्होंने सर्वत्र यथार्थ के अंकन द्वारा आदर्श की प्रेरणा दी है। अतः उनकी कहानियों में आदर्शोन्मुख यथार्थवाद की स्थिति सहज स्पष्ट है।

आरम्भिक काल में इतिहास और पुराणों के आधार पर लिखित कहानियों में प्रायः एकरूपता रही है। इस काल की उल्लेखनीय प्रवृत्ति यह रही कि उन्होंने इतिहास के गर्भ से केवल उन्हीं कहानियों का चयन किया है जिनमें नारी वर्ग की चरित्र, गरिमा, समाज में निहित मूल्यों की अभिव्यक्ति हुई है। इसके अतिरिक्त इन कहानियों में नैतिक आदर्शों की अनिवार्य व्याप्ति रही है, जिनके मूल में लेखिकाओं के आस्तिक हृदय के अन्तःस्पर्श विद्यमान है। इस समय की लेखिकाएँ अधिक शिक्षित नहीं थीं, लेकिन वही लेखिकाएँ अधिक चेतनाशील थीं। केवल सामाजिक उपन्यासों में ही नहीं अपितु धार्मिक एवं ऐतिहासिक उपन्यासों में भी उन्हीं आख्यानों को स्थान दिया गया है, जिनमें नारी का गौरव सिद्ध हो सके और समकालीन नारी वर्ग कुछ शिक्षा ग्रहण कर सके।

'वीर पत्नी', 'सती दमयन्ती' और *'सती सावित्री'* इसी प्रकार के उपन्यास हैं। इनमें मौलिकता की प्रवृत्ति बहुत कम है—ऐतिहासिक और पौराणिक कथाओं को ज्यों का त्यों लिया गया है। अर्थात् मूल कथा में किसी प्रकार की मौलिक उद्भावनाएँ नहीं की गयीं। सामाजिक उपन्यासों में कुछ के कथानक काल्पनिक हैं, कुछ में लोकगाथाओं को लिया गया है। *'सुहासिनी'* उपन्यास पर सत्यवादी हरिश्चन्द्र के कथानक का प्रभाव है। वैसे, इन उपन्यासों को पढ़कर यह नहीं लगता कि उपन्यास पढ़ रहे हैं, अपितु ऐसा प्रतीत होता है कि किसी का जीवन चरित्र पढ़ा गया है।'[36] लेकिन धीरे–धीरे कहानियों में यथार्थवाद समाप्त होता जा रहा है जिनसे आख्यानों की भूमिका भी संकट की ओर है।

प्रतीक का शाब्दिक अर्थ 'चिह्न' है। प्रतीक ऐसे चिह्न अथवा शब्द चिह्न को कहते हैं जिसके माध्यम से अन्य वस्तु का बोध होता है। 'प्रत्येक शब्द का प्रयोग उस दृश्य अथवा गोचर वस्तु के लिए किया जाता है जो किसी अदृश्य (अगोचर या अप्रस्तुत) विषय का प्रति विधान उसके साथ अपने साहचर्य के कारण करती है। अथवा कहा जा सकता है कि किसी अन्य स्तर की समानुरूप वस्तु धारा किसी अन्य स्तर के विषय का प्रतिनिधित्व करने वाली वस्तु प्रतीक है। जैसे अदृश्य या अप्रस्तुत ईश्वर, देवता अथवा व्यक्ति का प्रतिनिधित्व उसकी प्रतिमा या अन्य कोई वस्तु कर सकती है।'[37] श्रीमती प्रियवदा देवी ने अपनी कहानी *'अशिक्षित और शिक्षिता'* में पात्रों को व्यक्तिगत स्तर की अपेक्षा वर्ग–प्रतीक के रूप में प्रस्तुत किया है। उन्हीं की दूसरी कहानी सरोजिनी उस कहानी की मुख्य पात्रा जो शिक्षित कन्याओं के उस वर्ग की प्रतीक है जो शिक्षा काल में घरेलू कामों का अभ्यास नहीं करती और विवाहोपरान्त अनेक प्रकार की कठिनाइयों का सामना करना पड़ता है। आटा गूँथते समय पुस्तकीय ज्ञान के अनुसार एक सेर आटे में एक पाव पानी डालना अथवा इसी प्रकार के अन्य कार्य करना मनोविज्ञान सम्मत होने के अतिरिक्त मनोरंजनकारी भी हैं। *'माता की आन्तरिक इच्छा'* कहानी में चन्द्रकान्ता की माता संस्कारग्रस्त अशिक्षित स्त्रियों का प्रतिनिधित्व करती है। उनकी इच्छा पूर्ति के लिए चन्द्रकान्ता बाल विवाह की वेदी का बलि बनती है, उसके पिता शिक्षित पुरुष वर्ग के प्रतीक हैं, अतः बाल–विवाह का विरोध करते हैं।

आरम्भिक काल की कुछ लेखिकाओं में ही प्रतीक शैली देखने को मिली। समकालीन परिस्थितियों, शिक्षा, विवाह, त्याग जैसी कुरीतियों को

दर्शाने का प्रयास किया जा रहा था। वर्णन को प्रभावपूर्ण बनाने के लिए विविध स्थलों पर प्रतीक शैली को अपनाया गया। *'उमा का त्याग'* शीर्षक कहानी में यह पंक्तियाँ देखिए–

'कहते हैं।, यह सुनने के कुछ ही क्षण के अनन्तर उमा के पैर में एक काँटा लग गया जिसकी पीड़ा से वह कुछ देर रोई भी थी। हा समाज यह तेरा अत्याचार है।'[38]

यहाँ काँटा उस वेदना का प्रतीक है जो उमा को अपने मनोनीति वर को न पाने पर हुई। आचार्य रामचन्द्र शुक्ल ने 'प्रतीक' शब्द की व्याख्या करते हुए लिखा है :

'किसी देवता का प्रतीक सामने आने पर जिस प्रकार उसके स्वरूप और उसकी विभूति की भावना मन में आ जाती है। उसी प्रकार काव्य में आयी कुछ वस्तुएँ विशेष मनोविकारों या भावनाओं को जागृत कर देती हैं।'[39]

मनुष्य का समस्त जीवन प्रतीकों से परिपूर्ण है। वस्तुतः मनुष्य मूलतः प्रतीकों के माध्यम से ही सोचता है। श्रीमती विद्या देवी की कहानी *'बसन्तबाला'* में हरिश्चन्द्र और शैव्या सत्यवादिता एवं सहन–शीलता के आदर्श हैं तथा बसन्तबाला वीरता एवं बुद्धि–कौशल का प्रतीक है। *बसन्तबाला* राजा हरिश्चन्द्र की प्रसिद्ध पौराणिक कथा *'सत्यता'* को प्रस्तुत करती है।

प्रतीकों का सर्वाधिक प्रयोग, विकास और महत्त्व धार्मिक क्षेत्र में दृष्टिगत होता है। प्रतीकों के माध्यम से लेखक सामान्य बात में भी, विशिष्ट अर्थ गौरव का समावेश देते हैं। प्रतीकों के प्रयोग से सूक्ष्म एवं विशिष्ट अनुभूतियों को सहज और ग्राह्य बना दिया जाता है। डॉ. भगीरथ मित्र ने प्रतीकों, ऐतिहासिक प्रतीक, जीवन व्यापार सम्बन्धी प्रतीक और शास्त्रीय या वैज्ञानिक प्रतीक। यशोदा देवी की कहानियों में प्रतीकों का प्रयोग किया है। बसन्त ऋतु है। पेड़ों में नयी–नयी पत्तियाँ निकल रही हैं। रंग–बिरंगे फूलों से दिशाएँ जगमगा गयी हैं, उनके कारण पृथ्वी ने एक नया ही रूप धारण किया है, उन अनेक प्रकार के फूलों की गन्ध फैल रही है। आम की बौरों के आस–पास दिन रात मधुमक्खियों की भिनभिनाहट, मानो सदावर्त पर भिक्षुओं का गोल जुटा है। दक्खिनी वायु मतवाले के समान धीरे–धीरे झूम रहा है। कभी किसी फूल की पंखड़ियों को और कभी लताओं को धूम–धूम कर हिला रहा है।'[40]

प्राकृतिक प्रतीकों में प्रकृति के पदार्थ किसी भावना या विचार का प्रतिनिधित्व करते हुए चित्रित किये जाते हैं। समाज के उस पक्ष को दर्शाते हैं जिसमें पुरुष और स्त्रियों को पृथ्वी के विभिन्न फल–फूलों के रूप में दर्शाया गया है। प्रतीकों का प्रयोग काव्य में अधिक महाभारत, रामायण, पुराण आदि से लिए जाते हैं। इस काल की रचनाओं में प्रयुक्त प्रतीक स्त्रियों को जागृत करने के उद्देश्य से लिए गये हैं। श्रीमती केशरकुंवरि देवी की कहानी *'कृष्णकुमारी'* में उदयपुर नरेश भीमसिंह की पुत्री कृष्णकुमारी से विवाहार्थ जोधपुर तथा जयपुर के राजाओं का एक ही समय में उदयपुर पर रक्षार्थ विषपान आदि घटनाक्रम से कृष्णकुमारी के त्याग एवं बलिदान का गौरव का गान किया गया है।

'सीताजी का पतिव्रत की रचना रामवनगमन के प्रसंग को लेकर की गयी है और सीता द्वारा उनके साथ जाने के दृढ़ निश्चय को पति–भक्ति का प्रतीक माना गया है।'[41]

आरम्भिक काल की लेखिकाएँ पुरुषों की तुलना में उतनी सफल नहीं हो सकीं लेकिन उन्होंने उसकी प्रवृत्तियों का कुछ हद तक निर्वाह भी किया और उसमें वे सफल भी रहीं। लेकिन उनका मूल्यांकन तत्कालीन साहित्यिक परिस्थितियों और लेखिकाओं के कर्तव्य की सीमाओं अनुसार ही किया जाना चाहिए।

हिन्दी साहित्य के आरम्भिक और मध्य युग में कथा–साहित्य का विकास नहीं हुआ था, परन्तु उन्नीसवीं शताब्दी तक आते–आते गद्य का प्रसार होने से उसका आगमन हुआ। हिन्दी साहित्य का आरम्भ हिन्दी गद्य के आविर्भाव के साथ हुआ। भारतेन्दु युग में खड़ी बोली गद्य का प्रयोग होने लगा था। लेखक कुछ सीमित साहित्यिक रुचि वाले एक वर्ग विशेष के लिए ही लिखते थे, उस वर्ग में सभी लेखक भी थे और पाठक भी। जैसे–जैसे सामाजिक, राजनीतिक, धार्मिक परिस्थितियाँ बदलती गयीं, वैसे–वैसे हिन्दी गद्य में कुछ प्रगति होने लगी। गद्य की प्रगति का अर्थ है–भाषा को साहित्यिक रूप मिलने के साथ–साथ उसमें उच्च कोटि के साहित्य का निर्माण करना। आधुनिक काल से पहले साहित्य की भाषा ब्रज भाषा ही थी और खड़ी बोली का प्रयोग ज़्यादातर बोलचाल के रूप में किया जाता था।

खड़ी बोली को लेकर उर्दू साहित्य भी खड़ा हुआ। उर्दू का रूप मिलने से पहले भी खड़ी बोली अपने देसी रूप में विद्यमान थी।

पद्य में खड़ी बोली का प्रथम ज्ञात लेखक हम अमीर खुसरो को ही मान सकते हैं। बोलचाल की इस सामान्य भाषा का प्रचार बढ़ता गया और भक्तिकाल के आरम्भ में हमें कबीरदास की रचनाओं में खड़ी बोली का रूप देखने को मिला। गद्य में भी खड़ी बोली के कुछ प्राचीन रूप मिले जिसमें अकबर के समय में गंगकवि द्वारा लिखी पुस्तक *'चन्द बद बरनन की महिमा'* है। जहाँ एक ओर आचार्य शुक्ल ने खड़ी बोली के आरम्भ को लेकर जो मत दिया है दूसरी ओर बच्चन सिंह ने इसकी प्रामाणिकता पर सन्देह व्यक्त करते हुए लिखा है :

'वस्तुत यह जाली ग्रन्थ है। यह पृथ्वीराज रासो को प्रामाणिक सिद्ध करने की दृष्टि से आविष्कृत किया गया। कथावस्तु और ऐतिहासिकता के आधार पर इसकी अप्रमाणिकता स्वतः ही सिद्ध हो जाती है।'[42] लेकिन इससे यह स्पष्ट हो रहा था। गंगकवि के बाद 1741 में रामप्रसाद निरंजनी ने भाषा योगवशिष्ट की रचना की। जिसकी भाषा खड़ी बोली गद्य के निकट मिलती है। रामप्रसाद निरंजनी की रचना का प्रमाणित होना या न होना इस बात को अवश्य प्रमाणित करता है कि पंजाब में खड़ी बोली की परम्परा 17वीं शताब्दी में विद्यमान थी। इस समय की और जितनी भी पुस्तकें प्राप्त हुईं उनमें यह पुस्तक सबसे प्राचीन मानी जाती है, जिसमें गद्य का परिमार्जित रूप दिखाई दिया। भक्तिकाल में भी ब्रजभाषा को अपनाया तो गया लेकिन साथ ही साथ खड़ी बोली के शब्दों का भी प्रयोग निरन्तर होता गया जिसने खड़ी बोली गद्य के प्रसार का मार्ग प्रशस्त किया। रीतियुग के समाप्त होने से पहले ही भारत में अंग्रेज़ों का प्रभुत्व स्थापित होता जा रहा था। खड़ी बोली के साथ–साथ उस समय में उर्दू का भी ज़ोर था। हिन्दुओं द्वारा अपनायी जा रही खड़ी बोली में अवधी, ब्रज, बुंदेली, संस्कृत, प्राकृत, अपभ्रंश आदि के सरल शब्दों का मिश्रित रूप था। गद्य के विकास पर टिप्पणी करते हुए चतुर्वेदी कहते हैं, 'पुस्तकों के सुलभ न होने से जनता के कंठ में कविता तो उतर सकती है, किन्तु गद्य कंठस्थ नहीं हो सकता। इसलिए गद्य बहुत पिछड़ा हुआ था।'

हिन्दुओं द्वारा अपनायी जा रही बोली में अवधी, ब्रज, बुंदेली, संस्कृत, प्राकृत, अपभ्रंश आदि के सरल शब्दों का मिश्रित रूप था। मुसलमानों ने भाषा में अंग्रेज़ी, फ़ारसी के शब्दों का प्रयोग किया जिस पर विदेशी फ़ारसी शैली का प्रभाव पड़ने लगा। अट्ठाहरवीं शताब्दी के अन्त तक आते–आते इसका प्रारूप हिन्दुओं द्वारा प्रयुक्त होने वाली खड़ी बोली से

भिन्न होने लगा जिसे उर्दू नाम दिया गया। अंग्रेज़ों ने गद्य के इन दोनों ही रूपों को अपनाया क्योंकि खड़ी बोली उस समय एक व्यवहारिक भाषा बन चुकी थी, और उर्दू का सम्बन्ध यहाँ की राजभाषा से था।

भारतेन्दु की दृष्टि में *'हरिश्चन्द्र मैगजीन'* का प्रकाशन वर्ष ही हिन्दी के नये रूप में ढलने का वर्ष था। भारतेन्दु के व्यक्तित्व से प्रभावित होकर उनके अल्प जीवनकाल में लेखकों का एक अच्छा ख़ासा मण्डल तैयार हो गया, जिनमें प्रताप नारायण मिश्र, बदरीनारायण चौधरी 'प्रेमघन', ठाकुर जगमोहन सिंह, बालकृष्ण भट्ट आदि प्रमुख रूप से गिने जाते हैं। भारतेन्दु तथा उनके मण्डल के लेखकों की भाषा में जो सजीवता, स्वच्छदंता और उमंग पायी जाती है, वह पूर्ववर्ती गद्य लेखकों में नहीं मिलती। अधिकांश लेखक किसी न किसी पत्र–पत्रिका का सम्पादन कर रहे थे। इन पत्र–पत्रिकाओं और इन लेखकों की प्रतिभाशाली रचनाओं से भाषा में सजीवता और प्रौढ़ता आने लगी थी। भारतेन्दु ने हिन्दी गद्य को अनेक रूपों में ढाला। जैसे निबन्ध, नाटक, इतिहास, आत्मकथा, उपन्यास आदि। इन विधाओं में केवल नाटक ही ऐसी विधा है जो काफ़ी पुरानी थी बाकी सभी नयी विधाएं थीं। बच्चन सिंह ने भारतेन्दु के निबन्धों को 'ठेठ हिन्दी का ठाठ' कहा भारतेन्दु ने देशवासियों की अज्ञानता और संकीर्णता पर प्रहार करते हुए उन्हें जाग्रत करने का प्रयास किया। 'भारतवर्ष की उन्नति कैसे हो सकती है' व्याख्यान में उन्होंने कहा–

'वैसे ही हिन्दुस्तानी लोगों को चलाने वाला हो तो ये क्या नहीं कर सकते? इनसे इतना उतना कह दीजिए 'का चुप साधि रहा बलवाना' फिर देखिए हनुमान जी को अपना बल कैसे याद आता है।'[43]

हिन्दी साहित्य में जब भारतेन्दु युग का आगमन हुआ था, तब स्त्रियों ने भी अपनी बात कहने के लिए उपन्यास, कहानी जैसी विधा को इस्तेमाल किया। *'मर्द औरत का क़िस्सा'* नामक कहानी में लेखिका ने हिन्दी के साथ उर्दू मिश्रित भाषा का प्रयोग किया है।

'मर्दों ने जब कोई किताब लिखी है उसमें औरतों को बुरा कहा है, इस वास्ते मैं एक दास्तान, मर्द औरत की लिखती हूँ उसके देखने से मर्द अपने दिल में इन्साफ़ करे कि कौन बुरा और कौन अच्छा है।'[44]

बंग महिला जो उस समय की लेखिकाओं में प्रमुख थी ने *दुलाईवाली* के बाद बहुत सी कहानियों का अनुवाद भी किया। बंग महिला अपनी समकालीन लेखिकाओं से अलग थी। इन्होंने सरस एवं मनोवैज्ञानिक कहानियाँ लिखी।

अपनी कहानी के रोचक कथानक और व्यंग्यपूर्ण शैली से अपनी श्रेष्ठता साबित कर चुकी है। इस काल की प्रमुख लेखिकाओं यशोदा देवी, हेमन्तकुमारी चौधरानी, श्रीमती ठकुरानी, शिवमोहिनी, श्रीमती तोरन देवी, प्रियम्वदा देवी, श्रीमती ब्रह्मकुमारी भगवान दुबे, श्रीमती हुक्मदेवी गुप्ता आदि ने भाषा एवं गद्य की प्रवृत्तियों को ध्यान में रखकर रचना की। अवधी, ब्रज एवं खड़ी बोली का रूप भी देखने को मिला। इस युग की लेखिकाओं का उद्देश्य उपदेश देना था ना कि कहानी या उपन्यास की रचना करना। ये लेखिकाएँ अपने युग की कुछ अधिक चेतनाशील महिलाएँ थीं लेकिन अधिक शिक्षित न थीं। उस युग में स्त्री शिक्षा का अभाव था यहाँ तक कि नारी जाति सुचारु ग्रह–संचालन और सन्तान–पालन जैसे व्यवहारिक ज्ञान में भी उतनी पारंगत न थी। नाटकीयता का प्रयोग उन्होंने प्रमुख रूप से किया जिसके कारण कथानक में रोचकता आ सके।

'बिम्ब' एक प्रकार का भाव गर्भित शब्द चित्र है जो हमारी चक्षु–इन्द्रिय को ही तृप्त नहीं करता, अन्य इन्द्रियों की भूख को भी मिटाता है। बिम्ब को परिभाषित करते हुए डॉ. नगेन्द्र ने लिखा है,

'काव्य बिम्ब शब्दार्थ के माध्यम से कल्पना द्वारा निर्मित एक ऐसी मानस–छवि है जिसके मूल में भाव की प्रेरणा रहती है।'[45]

बिम्ब के स्वरूप को निर्मित करने वाले तत्त्व हैं–अनुभूति, भाव और ऐंद्रियता। बिम्ब निर्माण में अनुभूति का स्थान अत्यन्त महत्त्वपूर्ण है। बिम्बों के माध्यम से स्मृतियों को नवीन रूप एवं सौंदर्य प्रदान किया जाता है जबकि भाव से तात्पर्य संवेदना, विचार, आवेश आदि से है। हिन्दी साहित्य में बिम्बों का प्रयोग बहुत पहले से होता आया है और यह एक सामान्य परिपाटी बन चुकी है।

हिन्दी साहित्य की गद्य विधा में भी बिम्बों का प्रयोग देखने को मिलता है। आरम्भिक स्त्री–लेखिकाओं में जिन्होंने रोचक एवं भावपूर्ण कहानियाँ एवं उपन्यास लिखे उन्होंने बिम्बों को आधार बनाया। तोरन देवी शुक्ल लली की कहानी *'उमा का त्याग'* की नायिका उमा शिक्षिता एवं सुशीला कन्या है, इस कहानी में लेखिका ने अनुभूति का सहारा, विचारों का समावेश किया। श्याम से उसका प्रणय परिणय का रूप न ले सका, क्योंकि उमा की माता ने अपनी कान्यकुब्ज जाति की उच्चता के वर्ग में श्याम की माता के आग्रह को टाल दिया। फलतः उमा ने आजन्म अविवाहित रहने का प्रण करके देश सेवा का व्रत ले लिया। लेकिन कथावस्तु से कहानी अपेक्षाकृत अधिक रोचक एवं सजीव है।

जबकि उनकी अन्य कहानियाँ भाव प्रधान हैं। कान्यकुब्ज जाति के अवगुणों को लक्ष्य में रखने के कारण वह अपने विचारों एवं कल्पनाओं से अलग नहीं हो पायी है। बिम्ब भाषा को संक्षिप्त, केन्द्रित और संघटित करती है। शब्द की अपेक्षा बिम्ब अधिक सन्दर्भ सापेक्ष होता है। श्रीमती हेमन्त कुमारी चौधरानी की कहानी *'घूँघट वाली'* में उसका भाव नारी समाज को उन्नयन की प्रेरणा देने के लिए किया है। इसको दिखाने के लिए कल्पना एवं अनुभूति का सहारा लिया गया है जिससे उसका बिम्ब साफ़ तौर पर नज़र आया है जिसमें स्त्री–शिक्षा का अभाव, पर्दा–प्रथा जैसी सामाजिक कुरीतियों को दिखाना है। इसमें एक ऐसी नवविवाहिता वधू का चित्रण किया गया है जिसका पति उसे जनाने डिब्बे में बैठाकर स्वयं बारात के साथ मर्दाने डिब्बे में बैठा था। वह प्रत्येक स्टेशन पर उससे वार्तालाप करने आता था और 'घूँघटवाली' कहकर सम्बोधित करता था। यह देखकर एक ठग उसके आने के पूर्व ही एक स्टेशन पर उसे 'घूँघटवाली' कहकर पुकारा और गहनों सहित उतारकर ले गया। यह घटना अशिक्षा तथा पर्दा–प्रथा के कारण घटित हुई, फलतः इस कथा का उद्देश्य इन कुरीतियों के नाश की प्रेरणा देना है।

सुश्री कृष्णाकुमारी की *'रामदीन की कहानी'* भावात्मक कहानी है जिसमें भाषा–शैली सरल, सुबोध एवं प्रवाहमयी है। लघु कथा में ऐसे वृद्ध पुरुष का चित्रण किया है, जो धर्मानुसार आचरण करता था और अपने सम्पर्क में आने वाले व्यक्तियों को भी सत्पथ के अवलम्बन की प्रेरणा देता था। एक बार उसने एक बालक को चिड़ियों का शिकार करते हुए देखकर उसे यह समझाया कि जीव हत्या पाप है और उससे तीर–कमान लेकर अपने घर में रख लिया। जब उसकी मृत्यु हुई तो पड़ोसियों ने तीर कमान देखकर यह विचार किया कि वह कोई गुप्त शिकारी रहा होगा। इस शंका के समाधान के बिना ही कथानक का अन्त हो गया है। इस कथा में लेखिका ने जो भाव व्यंजित करने का प्रयास किया उसमें वह पूरी तरह सफल रही है। लेखिका का उद्देश्य धर्मप्राणा रामदीन के व्यक्तित्व पर प्रकाश डालना है। बिम्ब ऐसा होना चाहिए जिससे नवीनता, ताजगी तथा वह इतना स्पष्ट होना चाहिए कि वह पाठक वर्ग का ऐन्द्रिक साक्षात्कार कर सके।

श्रीमती हेमन्तकुमारी चौधरानी की कहानी *'हिन्दी माता का विलाप'* शीर्षक यथार्थवादी एवं प्रतीकात्मक है। अंग्रेज़ों के काल में हिन्दी की उपेक्षा की जाती थी। लेखिका ने हिन्दी की एक भुक्तकेशी वनदेवी के

रूप में कल्पना की है, जो अपनी अवहेलना पर रुदन करती हुई, ब्रजभूमि में यमुना में देह त्याग को तत्पर होती है कि तभी कर्मवीर गाँधी भारत के अनेक सुपुत्र–सुपुत्रियों को लेकर आते हैं और हिन्दी माता को सान्त्वना देते हैं कि समाज के विविध वर्गों के व्यक्ति हिन्दी के पुनरूत्थान के लिए कटिबद्ध हैं। लेखिका के शब्दों में हिन्दी भाषा का प्रयोग किया है–

'आज छोटे से बालक पर्यन्त अंग्रेज़ी फ़ारसी बोलकर मन बहलाते हैं। ...मेरी सती साध्वी कन्याएँ भी तुलसी रामायण के बदले शेक्सपीयर, मिल्टन के काव्य और नाटक पढ़ने के लिए उत्सुक हो रही हैं। वह भी विदेशीय भाषा से मण्डिता होने में अपना गौरव समझती हैं।... परमात्मा तूने मुझ अभागिनी को कौन से महापाप के लिए यह कठोर दण्ड दिया है।'[46] इस कहानी की रचना भावपूर्ण व्यास शैली में हुई है।

'बिम्ब' स्थूल शब्द चित्र मात्र का बोधक न रहकर, मनुष्य की सम्पूर्ण जटिल मानसिक प्रक्रिया का बोधक बन जाता है। बिम्ब–विधान की सफल तभी मानी जाती है जब वह संवेदनों को उद्बद्ध करने में सक्षम हो। उदाहरण के लिए मर्यादापालन की दृष्टि से राम, रसिकता की दृष्टि से कृष्ण, वीरता की दृष्टि से अभिमन्यु, आदि में बिम्ब–विधान है। बिम्ब विधान का प्रमुख कार्य किसी भी रचना जिसमें भाव, अनुभूति, भाषा, यथार्थपरकता का निर्वाह करना होता है। आरम्भिक काल की कुछ लेखिकाओं ने इसको ध्यान में रखते हुए अपने भाव एवं अपनी अनुभूति को पाठक वर्ग के सामने रखने का प्रयास किया।

सन्दर्भ

1. महादेवी वर्मा, *यात्रा*, पृ. 233
2. *स्त्री विमर्श : विविध पहलू*, सं. कल्पना वर्मा, पृ. 43
3. *ज्ञान का स्त्रीवादी पाठ*, सुधा सिंह, पृ. 272
4. *हिन्दी कथा साहित्य के विकास में महिलाओं का योग*, डॉ. उर्मिला गुप्ता, पृ. 402
5. *बंग महिला : नारी मुक्ति का संघर्ष*, भवदेव पाण्डेय, पृ. 95
6. *ज्ञान का स्त्रीवादी पाठ*, सुधा सिंह, पृ. 257
7. *सुधानिधि*, 1911, पृ. 260–161
8. *कुसुम संग्रह*, पृ. 80
9. *बंग महिला : नारी मुक्ति का संघर्ष*, भवदेव पाण्डेय, पृ. 98
10. *बंग महिला : नारी मुक्ति का संघर्ष*, भवदेव पाण्डेय, पृ. 98
11. *हिन्दी कथा–साहित्य के विकास में महिलाओं का योग*, पृ. 38

12. *ज्ञान का स्त्रीवादी पाठ*, सुधा सिंह, पृ. 136
13. *स्त्री–विमर्श : विविध पहलू*, कल्पना वर्मा, पृ. 67 से उद्धृत
14. *राष्ट्रीय नवजागरण और साहित्य*, सुधा सिंह, पृ. 129
15. *कथादेश* (पत्रिका) सं. हरिनारायण, सहयात्री प्रकाशन, दिल्ली, पृ. 21
16. वही, पृ. 20
17. *सुहासिनी*, साध्वी सती पतिप्राणा अबला, (उपन्यास), पृ. 3
18. *सुहासिनी*, पृ. 20
19. *राजकुमार* (उपन्यास), सरस्वती गुप्ता, पृ. 89
20. *चन्द्रप्रभा* (पत्रिका), सितम्बर पृ. 26
21. *लक्ष्मी* (उपन्यास), प्रियम्वदा देवी, पृ. 41–39
22. *लक्ष्मी* (उपन्यास), प्रियम्वदा देवी, पृ. 41–39
23. *कन्या मनोरंजन* (पत्रिका), अगस्त 1915, पृ. 307
24. वही, पृ. 308
25. *चाँद*, अप्रैल–मई, 1916, पृ. 2
26. *स्त्री धर्म्म शिक्षक* (पत्रिका), लज्जा (कहानी), 1911, पृ. 326
27. *महिला दर्पण*, जनवरी 1920, पृ. 17
28. *कुमारी दर्पण*, अप्रैल 1917, पृ. 260
29. *हिन्दी आलोचना की पारिभाषिक शब्दावली*, डॉ. अमरनाथ, पृ. 163
30. *नवजीवन*, अप्रैल–मई, 1914, पृ. 66
31. *कन्या मनोरंजन*, दिसम्बर 1916, पृ. 85
32. *ज्योति*, मार्गशीर्ष, 1979, पृ. 441
33. *हिन्दी आलोचना की परिभाषिक शब्दावली*, डॉ. अमरनाथ, पृ. 452
34. *आनन्दमयी रात्रि का स्वप्न*, श्रीमती प्रियम्वदा देवी, पृ. 48
35. *हिन्दी कथा–साहित्य के विकास में महिलाओं का योग*, उर्मिला गुप्ता, पृ. 135
36. *हिन्दी कथा–साहित्य के विकास में महिलाओं का योग*, उर्मिला गुप्ता, पृ. 135
37. *हिन्दी आलोचना की पारिभाषिक शब्दावली*, वही, पृ. 330
38. *श्री कान्यकुब्ज हितकारी*, सितम्बर 1922, पृ. 4
39. *चिन्तामणि, भाग–2*, आचार्य रामचन्द्र शुक्ल, पृ. 55
40. *वीर–पत्नी, यशोदा*, देवी, पृ. 15
41. *हिन्दी कथा–साहित्य के विकास में महिलाओं का योग*, वही, पृ. 102
42. *आधुनिक हिन्दी साहित्य का इतिहास*, डॉ. बच्चन सिंह, पृ. 1999
43. *हिन्दी साहित्य का इतिहास*, बच्चन सिंह, पृ. 325
44. *मर्द औरत का क़िस्सा*, एक जैनमती स्त्री, 1895, पृ. 2
45. *हिन्दी आलोचना की परिभाषिक शब्दावली*, वही, पृ. 355
46. *मनोरमा*, मई 1927, पृ. 157

पंचम अध्याय

आरम्भिक हिन्दी स्त्री कथा-साहित्य : स्त्री एवं पुरुष लिखित साहित्य दृष्टि

19वीं शताब्दी में स्त्रियों को लेकर उनकी अच्छाई–बुराई, प्रकृति, क्षमताएँ एवं उर्वरा पर गर्मागर्म बहस की जा रही थी। 19वीं सदी के मध्य तक बंगाल, ख़ासतौर से कलकत्ता में स्त्रियों की शिक्षा का मुद्दा उदार हिन्दुओं, ब्राह्मणों और प्रगतिशील छात्रों के लिए आन्दोलन का विषय बन गया। 19वीं सदी की शुरुआत में जहाँ मिशनरी स्कूलों में अधिकांश लड़कियाँ निम्न परिवारों की थीं, वहीं दूसरी ओर खुले नये स्कूलों में ऊँची जातियों एवं परिवारों की लड़कियाँ पढ़ने गयीं।

'स्त्रियों की शिक्षा का एक उद्देश्य तो यह था कि ऊँची जातियों की महिलाओं को 'असभ्य स्त्री समुदाय' से किसी भी प्रकार का सम्पर्क स्थापित करने से रोका जाये और दूसरा यह कि उनके अन्दर निहित अशिष्टता की बुराई का इलाज किया जा सके।'[1]

स्त्री–शिक्षा को लेकर कुछ लोगों में सहमति–असहमति का दौर शुरू हुआ, कुछ मानते थे कि स्त्री शिक्षा व्यावसायिक होनी चाहिए, वहीं दूसरी ओर व्यवहार विशेष को लेकर उनमें मतभेद नज़र आये। लेकिन सबसे प्रभावशाली विचार यह था कि स्त्रियों को अपनी गृहस्थी पर ध्यान देना चाहिए ताकि वह अपने पति और बच्चे दोनों को सम्भाल सकें। स्त्रियों को जीवन दशा सुधारने की आवश्यकता इसलिए महसूस नहीं हुई कि वे बहुत कठिन दौर से गुज़र रही थीं, बल्कि उनकी दशा में सुधार उनके पति तथा बच्चों के लिए भी ज़रूरी था।

19वीं सदी के नवजागरण के पश्चिमोत्तर प्रान्त ने किसी भी लेखिका को जन्म नहीं दिया, जबकि उसी दौर में बंगाल, महाराष्ट्र और पंजाब

के क्षेत्रों में कई महत्त्वपूर्ण लेखिकाएँ थीं जो सामने भी आयीं। जिन्होंने स्त्री–पुरुष सम्बन्धों, स्त्री–प्रश्न, स्त्री–शिक्षा पर जो नजरिया रखा वह पुरुष–सुधारकों से अलग था। इनमें सबसे महत्त्वपूर्ण पंजाब की एक अज्ञात हिन्दू औरत थी जिसने *'सीमन्तनी उपदेश'* नाम की किताब लिखी। दूसरी पुस्तक महाराष्ट्र की ताराबाई शिन्दे की *'स्त्री–पुरुष तुलना'* है। इन लेखिकाओं ने स्त्रियों की सामाजिक स्थिति का खुलकर वर्णन किया। उन्होंने उस समय सक्रिय रहे समाज सुधारकों के बारे में भी लिखा

'ख़ासतौर से पंजाब के नवजागरण में सक्रिय मुंशी कन्हैयालाल अलखधारी, पण्डित शिवनारायण अग्निहोत्री, नवीनचन्द्र राय और स्वामी दयानन्द का नाम लिया जिन्होंने बहुत तरीके से यह साबित किया है कि औरतों को भी इन्सान समझना चाहिए।'[2]

उस काल की लेखिकाओं ने यह पहचान लिया था कि उनकी टकराहट विचारों, धर्म, ब्राह्मणवाद, पितृसत्ता से है। हिन्दी साहित्य में स्त्री साहित्य का आगमन उस समय हुआ जब पुरुष साहित्य में स्त्री विषय चरम पर था। कुछ लेखकों ने उन्हें अपने साहित्य में जगह भी दी लेकिन बँधी–बँधायी परिपाटी में।

'स्त्री कथा को पढ़ते हुए यह बराबर लगता है कि स्त्री कथा का वर्गीकरण सम्भव नहीं है। स्त्री की लड़ाई बहुत जटिल है। उसकी जद्दोज़हद में निजी नहीं सामाजिक सन्दर्भ शामिल हैं। समाज की पहली इकाई परिवार है। परिवार के मसले को पुरुष लेखकों ने इतना नहीं खोला जितना स्त्रियों ने। अभिव्यक्ति और पहचान के स्तर पर परिवार पहली सीढ़ी है। दूसरी सीढ़ी है शिक्षा की और तीसरी सीढ़ी है राजनीति की। पुरुष का लेखन पहली दो सीढ़ियों पर नहीं शुरू होता है। पुरुष का लेखन शुरू होता है तीसरी सीढ़ी से।'[3]

किसी भी स्त्री के लिए सबसे बड़ी चुनौती पितृसत्तात्मक मूल्यों पर आधारित समाज और उसके मूल्यों से लड़ना है और इन मूल्यों की इकाई 'परिवार' है, जिसे हिन्दी साहित्य की पहली कहानी से लेकर आज तक की कहानी में भी देखा जा सकता है। आरम्भिक काल में सामाजिक व्यवस्था को बदलने की ज़रूरत थी। स्त्रियाँ शिक्षित हों, घर से बाहर निकलें, घरेलू कामकाज के अलावा अन्य चीज़ों में भी भागीदारी करें। नवजागरण काल में सबसे ज़्यादा स्त्री–शिक्षा पर ज़ोर दिया। भारतेन्दु उस समय के प्रमुख लेखक माने जाते हैं, *नीलदेवी* की भूमिका में अंग्रेज़

स्त्रियों की निन्दा की है। अंग्रेज़ स्त्रियों से भारतीय स्त्रियाँ पतिव्रत की महिमा, आदर्श माता, आदर्श बहू, घर के कामकाज आदि गुणों के आधार पर श्रेष्ठ थीं।

हिन्दी साहित्य में पुरुष साहित्यकारों में से कुछ ने स्त्रियों की पीड़ा को समझा था व उनके बारे में भी लिखा। 'हिन्दी साहित्य में पुरुष साहित्यकारों के समक्ष अपनी अद्‌भुत प्रतिभा के समान प्रकाशमान कुछ ऐसी देवियाँ हैं जिन्होंने अपनी प्रतिभा और कृतियों द्वारा हिन्दी साहित्य में चार चाँद लगा दिये हैं, उसके मस्तक को और भी उन्नत कर दिया है...उनकी कृतियों से हिन्दी–साहित्य को प्रगतिशील जीवन की अनुप्रेरणा मिली है...इतना होने पर भी आज तक हिन्दी साहित्य में कोई ऐसी पुस्तक नहीं लिखी गयी जिससे उन साहित्यिक देवियों का परिचय और उनकी कृतियों की झाँकी देखने को मिल सके।'[4]

स्त्री और पुरुष दोनों ही अनादि काल से साहित्य रचना की ओर प्रवृत्त रहे। सामान्यतः साहित्य के क्षेत्र में उनके योगदान का वर्गीकरण करना असंगत प्रतीत हो सकता है। लेकिन आरम्भिक काल के बाद आज अगर स्त्री–पुरुष साहित्य के कार्य–प्रणाली का तुलनात्मक अध्ययन किया जाये तो यह संगत होगा। उसका अध्ययन करने के लिए उस समय के सामाजिक, साहित्यिक एवं साहित्य–प्रवृत्ति में बाधक कारणों को जानना होगा, उनकी बौद्धिक क्षमताओं में तो अन्तर नहीं है फिर भी सामाजिक विषमताओं एवं स्वभावगत विशेषताओं के कारण उनमें रुचि–भेद होना स्वाभाविक है।

उन्नीसवीं शताब्दी के उत्तरार्द्ध में पाश्चात्य जगत में कहानी का अभूतपूर्व विकास हुआ, चेखव, तोलस्ताय, मार्क ट्वेन, डिकेन्स, हार्डी, कोनार्ड जेम्स जॉयस, ई. एम. फोस्टर जैसे पाश्चात्य कथाकारों ने उच्चकोटि की कहानियाँ लिखीं। पाश्चात्य साहित्य में जैसे–जैसे कहानी का विकास होता गया, साहित्यशास्त्रियों ने कहानी की परिभाषा, तत्त्व, विशेषता आदि का विवेचन करना आरम्भ कर दिया। हिन्दी में आज जिसे 'कहानी' के नाम से जाना जाता है, कहानी के उस रूप का आगमन भारत में अंग्रेज़ों के साथ आये उनके अंग्रेज़ी साहित्य के प्रभाव से ही हुआ था। हिन्दी में कहानी की परम्परा हज़ारों साल पहले से चली आ रही है, केवल शैली की दृष्टि से कहानी का आधुनिक रूप यूरोपीय साहित्य से लिया। हिन्दी कहानी अपने शुरुआती दौर में मनुष्य की

सम्पूर्ण अनुभूतियों की अभिव्यक्ति का माध्यम बनी। कहानी की अपेक्षा उपन्यास का फलक अधिक विस्तृत होता है। 19वीं सदी के आरम्भ में कहानी वर्तमान की वस्तुस्थिति से जुड़ी हुई थी। वह एक नये मार्ग की खोज में थी। कहानी को मनोरंजक तथा रोचक बनाने की धारणा स्वाभाविकता तथा चमत्कारिकता के नीचे दब गयी थी। कथानक, चरित्र चित्रण तथा वातावरण–निर्माण की कला विकसित नहीं हो पायी थी। नवीनता का अभाव कहानियों में बना रहा, कहानियाँ केवल उपदेशात्मकता तक ही सीमित रह गयीं। जिस साहित्यिक विधा के रूप में आज कहानी प्रतिष्ठित हो पायी है उसका आरम्भ *रानी केतकी की कहानी, ग्यारह वर्ष का समय, दुलाईवाली, राजा भोज का सपना, इन्दुमती, प्लेग की चुड़ैल* आदि इसी प्रकार की कहानियों से हुआ।

हिन्दी की खड़ी बोली का यह शैशव काल था। अतः परिपक्व भाषा भी उनके पास नहीं थी। इस दौर की कहानियों में भले ही रचनात्मक प्रौढ़ता नहीं थी, जिसे आगामी दशक की कहानियों में देखा गया, लेकिन आदर्श और बलिदान की चाश्नी में पगी होने पर भी उस समय की आहट को इनमें सुना जा सकता था। *इन्दुमती* जो 19वीं शताब्दी के अन्तिम वर्ष में पण्डित किशोरी लाल गोस्वामी ने लिखी थी, को कुछ विद्वानों ने अपनी कहानी माना, परन्तु यह कहानी कथा की दृष्टि से अगर देखा जाये तो मौलिक न होकर शेक्सपीयर के *टेम्पेस्ट* नाटक की कथा का छायानुवाद भर है। वहीं दूसरी ओर हिन्दी कहानी की परम्परा में 1895 में *'मर्द औरत का क़िस्सा'* कहानी जिसे एक अग्रवाल श्रेष्ठकुल की कुलीन जैनमती स्त्री ने लिखा था। शुरुआती दौर में लिखी गयी यह कहानी अपने विषय के अनुरूप स्त्री–पुरुष वार्ता से पुरुष कल्पित दोषों को सामने लाती है। यह वह काल था जब स्त्रियाँ केवल परिवार तक ही सीमित थीं और उस समय की सामाजिक समस्याओं को वह परिवार के वृत्त में ही देखने की आदी थी। यही कारण है कि उस समय की लेखिकाओं को सामाजिक क्षेत्र का अनुभव न होकर पारिवारिक जीवन का था। इसलिए उनकी रचनाओं में एवं सामाजिक कहानियों में समाज का तटस्थ विश्लेषण न होकर परिवार की समस्याओं का ही आकलन हुआ। यह कहानी स्त्री–पुरुष के पक्ष–विपक्ष को लेकरं लिखी गयी। भाषा शैली में हिन्दी के साथ उर्दू मिश्रित बोली का प्रयोग किया गया है, कहानी में वर्णनात्मकता इतनी अधिक है कि कहानी उलझाऊ बन गयी है।

हिन्दी कहानी के विकास में आचार्य महावीर प्रसाद द्विवेदी ने बड़ी महत्त्वपूर्ण भूमिका निभायी। 1903 में *सरस्वती* का सम्पादन दायित्व सम्भाला। परिवर्तन के साथ सामाजिक समस्याएँ भी उठीं। 1903 में पं. गिरिजादत्त वाजपेयी की रचना *पण्डित और पण्डितानी* व्यंग्य का पुट लिए लिखी गयी।

'विरोधी स्वभाव के प्रति पत्नी का यह संवाद अन्त में पण्डित जी को समर्पण पर ले जाता है। पत्नी के लिए तोता लाने पर राजी हो जाने पर उन्हें अपना सपना पूरा कर पाने का मौक़ा मिलता है। *'सरस्वती'* पत्रिका में 1903 में प्रकाशित और अनमेल विवाह पर आधारित यह रचना ख़ास तरह का प्रवाह लिए है।'[5]

यदि *इन्दुमती* (1900), *गुलबहार* (1902), *ग्यारह वर्ष का समय* (1903) जैसी कहानियों को पुरोहित का आत्म–त्याग, पण्डित और पण्डितानी के आमने सामने रखा जाये तो पहले वर्ग की कहानियों में रूढ़ परम्परा और पौराणिक आदर्शवाद दिखाई देगा, जबकि दूसरी वर्ग की कहानियों में आधुनिकता और सामाजिक यथार्थवाद की टकराहट मिलेगी।

अंग्रेज़ी में निकलने वाली पत्रिकाओं में छोटी–छोटी आख्यायिकाएँ या कहानियाँ छपती थीं। कुछ वैसी ही कहानी 'गल्प' के नाम से बंगभाषा में लिखी गयी। हिन्दी की आरम्भिक लेखिकाओं में बंग महिला प्रमुख लेखिका हैं। अहिन्दी भाषी होते हुए भी यह हिन्दी की अनन्य अनुरागिनी थी। बंग महिला ने अपने लेखन का प्रारम्भ 1904 में किया। उनकी रचनाएँ शुरुआत में *'सरस्वती'* और *'मनोरंजन'* पत्रिका में प्रकाशित हुई थीं। बंग महिला ने लेखों के माध्यम से नारी शिक्षा का समर्थन करते हुए पतिभक्ति को नारी का आदर्श कहा सामाजिक कुप्रथाओं के कारण स्त्री समस्याएँ इतनी प्रबल थीं कि लेखिकाओं का ध्यान इन्हीं पर केन्द्रित रहा। पुरुष साहित्य की भाँति स्त्री साहित्य ने भी यथार्थ अथवा आदर्श को अपनाया और परिस्थिति का इतिवृत्त–रूप में ही कथन का निर्माण किया। आरम्भिक काल की लगभग सभी लेखिकाओं की रचनाओं में इतिवृत्तात्मक शैली का प्रयोग किया गया है। बंग महिला द्वारा *'दुलाईवाली'* की रचना करते समय उस समय में फैली राष्ट्रभक्ति की लहर का काफ़ी प्रभाव पड़ा। महात्मा गाँधी के प्रभाव से विदेशी वस्तुओं का बहिष्कार होने लगा था जिसे लेखिका ने अपनी कहानी में दिखाने का प्रयास किया। ऐय्यारी और तिलस्मी तत्त्वों की सहायता से रचनाओं को रोचक बनाना भी उस

समय की प्रवृत्ति थी। हास्य को माध्यम बनाते हुए समाज–सुधार का सन्देश तथा स्त्रियों की आत्मनिर्भरता और शिक्षा का सन्देश इस कहानी में दिया गया है। कहानी में रोचक कथानक, मनोवैज्ञानिक चरित्र–चित्रण, व्यंग्यपूर्ण शैली, मुहावरों का प्रयोग आदि किया गया है जिससे उसमें कहानी के बहुत से गुण पाये जाते हैं।

पुरुष–लिखित साहित्य 'घटनाप्रधान–से 'चरित्रप्रधान' और भावप्रधान की ओर मुड़ गयी। *'प्लेग का चुड़ैल'* कहानी का मूल उद्‌देश्य था सामन्तवादी प्रकृति और उपभोक्तावादी पुरोहित संस्कृति के विरुद्ध आवाज उठाना। यह कहानी समाज में व्याप्त असामाजिकता की कहानी है। कथ्य और शैली जैसी विशेषताएँ साफ़ झलकती हैं। 1909 में वृंदावनलाल वर्मा की कहानी *राखीबंद भाई* प्रकाशित हुई। पाँच खण्डों में विभाजित इस कहानी का प्रारम्भ विवरण से होता है और दृश्यों में परिवर्तित हो जाता है। वृन्दावनलाल वर्मा की *सरस्वती* में प्रकाशित *राखीबंद भाई* राजपुर के राजा रूद्र सिंह की वीरता, साहस, कर्त्तव्यबोध और त्याग की घटना पर आधारित है। *सरस्वती* पत्रिका के साथ ही 1910 में अम्बिकाप्रसाद गुप्त ने *इन्दु* पत्रिका का भी सम्पादन किया। *इन्दु* के प्रकाशन का मुख्य उद्‌देश्य *सरस्वती* के समकक्ष खड़ा होना था, लेकिन इस पत्रिका ने हिन्दी कहानी के विकास में अपनी तरह से रचनात्मक योग दिया। 1906 से 1910 तक हिन्दी साहित्य में और भी लेखिकाएँ आ चुकी थीं जिन्होंने सामाजिक, राजनीतिक, ऐतिहासिक, पौराणिक, धार्मिक कहानियाँ लिखीं।

धर्म और नीति जो समाज के अविभाज्य अंग हैं, यह माना जाता है कि स्त्रियों में इनके प्रति निष्ठा अधिक होती है। प्रारम्भिक लेखिकाओं ने पुनर्जन्म, दान, पूजा आदि धार्मिक कर्मकाण्डों पर रचना की, क्योंकि उनके लिए तत्कालीन वातावरण के प्रभाव से मुक्त रहना सम्भव नहीं था। इस काल की सभी लेखिकाओं की कहानियों का मूल था स्त्रियों को जागृत करना जबकि पुरुषों में यह प्रवृत्ति देखने को नहीं मिली। *दो सखियों का संवाद* शीर्षक कहानी में लेखिका ने अन्धविश्वासों और अशिक्षा को नारी–जाति की मूढ़ता के लिए उत्तरदायी मानकर वैदिक जीवन–मर्यादा की पुनर्प्राप्ति के लिए नारी–शिक्षा पर बल दिया है।

'आपकई बार कह चुके हैं कि आर्यसमाज की गति मन्द हो रही है। आज उसी विषय पर सरला के साथ बहुत देर तक बातचीत होती रही। उसने मुझे भलीभाँति यह दर्शाया कि जब तक आर्य देवियाँ स्वयं अपने

पैरों पर खड़ी होकर धर्म प्रचार तथा अपने सुधार के साधनों पर नहीं विचारेंगी तब तक यह मन्द गति प्रचण्ड नहीं हो सकती।'

इस तरह की कहानियाँ श्रीमती गौरी देवी, पंची देवी, श्रीमती गार्गी बाई, श्रीमती सुवीरा, श्रीमती कृष्णकुमारी, श्रीमती ललिता आदि ने भी लिखी हैं। लेकिन इन लेखिकाओं ने केवल धर्म एवं नीति के द्वारा जागृत करना था जिसके कारण उन्होंने भावुक दृष्टि अपनायी।

भारतेन्दु काल तथा द्विवेदी काल में राष्ट्रीय विचारधारा से अनुप्राणित साहित्य लिखा गया। यह काल केवल काव्य तक सीमित नहीं था बल्कि गद्य की विभिन्न विधाओं में भी इसका रूप देखने को मिलता है। इस विचारधारा से प्रेरित लेखिकाओं में मुसम्मात ठकुर सुहाती, जवन्द कौर, वनलता देवी, सरस्वती देवी और हेमन्तकुमारी चौधरानी के नाम मुख्य हैं। इस समय में पर्दा–प्रथा, बाल–विवाह, दहेज प्रथा आदि सामाजिक कुप्रथाओं ने स्त्री जाति को आवेष्टित किया हुआ था। 1914–1916 की अवधि की कहानी–रचना के लिए काफ़ी नयापन लेकर आयी। इस समय *इन्दु, नवजीवन, मर्यादा, गृहलक्ष्मी, हिन्दी मनोरंजन* जैसी पत्रिकाएँ निकलीं। इनमें ऐसे लेखकों की कहानियाँ छपीं जो वस्तुविधान और शिल्प में वैविध्य को लेकर सामने आये। 1910 में *इन्दु* में जयशंकर प्रसाद की *ग्राम* कहानी प्रकाशित हुई। यह कहानी 'शरणागत' के कई अर्थ सामने लाती है। इस काल की लेखिकाओं ने द्विवेदी युग की प्रवृत्तियों को ग्रहण तो किया पर पूरी तरह नहीं। कुछ रचनाओं में बाल–विवाह, विधवा–विवाह–निषेध, पर्दा–प्रथा, स्त्री–शिक्षा आदि सामाजिक रूढ़ियों का विरोध तो किया गया, किन्तु अधिकांश कृतियों में उक्त सामाजिक मर्यादाओं को अनिवार्य मानकर उनका पालन किया गया है। राजनीतिक कहानियों में कहीं–कहीं असहयोग आन्दोलनों, स्वदेशी वस्तु प्रयोग पर बल देने हेतु चरखे को गौरव प्रदान करने आदि को माध्यम बनाया गया है। जबकि धार्मिक एवं नीतिपरक कहानियों में हितोपदेश की कहानियों का आधार लेकर एवं लोक कथाओं के द्वारा दान, धर्म, अहिंसा, पुनर्जन्म आदि के प्रति पाठकों की निष्ठा जागृत करने का प्रयास किया गया है। स्त्री के जीवन को धर्म के ज़रिए निर्देशित किया गया है। यह धर्म और धर्मशास्त्र वस्तुतः पुरुष की सृष्टि थी और इसी धर्म और धर्मशास्त्र के विरोध में आन्दोलन हुए।

'समस्या तो स्त्री लेखन की अपनी पहचान की और उसकी रचनाधर्मिता की है। यदि खामोश है, मूक है तब भी बात बनती है क्योंकि

कम–से–कम अपनी अलग आवाज उठाने की कोशिश तो कर रही हैं। हो सकता है यह अपनी भाषा ईजाद करने की प्रारम्भिक स्थिति हो क्योंकि सत्ता की भाषा के माध्यम से शोषित अपने शोषण से कैसे अवगत होगा। परम्परा में मिले हुए शब्दों, मुहावरों एवं विचारों के केंचुल को उतार फेंकना उसकी पहली ज़रूरत है। यह स्थिति नहीं चलेगी कि या तो वह खामोश रहे या फिर जो कुछ भी लिखे वह पुरुष के मानदण्डों के अनुसार उसके मुहावरे में लिखे।'[6]

19वीं शताब्दी के उत्तरार्द्ध में पाश्चात्य सभ्यता के संस्पर्श और विविध आन्दोलनों के खड़े होने से हिन्दी साहित्य में नवयुग का आविर्भाव हुआ। जिससे गद्य साहित्य में आश्चर्यजनक वृद्धि हुई। 'उपन्यास' इसी आविर्भाव का एक अंश है। 'उपन्यास' साहित्य की प्रमुख विधाओं में सबसे आधुनिक है। डॉ. गोपाल राय ने उपन्यास के आरम्भ को लेकर लिखा है कि :

'ईस्वी सन् की पहली सहस्राब्दी में दुनिया की किसी भी भाषा में उपन्यास नहीं मिलता। सम्भवत: उपन्यास के उदय और विकास के लिए जो परिस्थितियाँ अपेक्षित थीं वे प्रथम सहस्राब्दी तक अस्तित्व में नहीं आयी थीं।'[7]

19वीं सदी में जब उपन्यास आया उस समय क्लासिक रचनाओं के पढ़ने की प्रवृत्ति थी तथा स्त्रियाँ भी अपने व्यक्तित्व का विकास करने के लिए उपन्यासों को पढ़ा करती थीं। स्त्री लेखक ने लेखक एवं पाठक के रिश्ते को तोड़ा है, विशेषकर वर्णनात्मकता को अपनी अभिव्यक्ति की शैली बनाकर स्त्रियों ने गैर यथार्थवादी प्रतिमान बनाया। वर्णनात्मक शैली के ज़रिए लेखिकाओं ने पाठकों को स्त्री की वास्तविक ज़िन्दगी का परिचय देने की कोशिश की है। साथ ही 'कहानी' में निहित वर्चस्व एवं अधिकार भाव को अस्वीकार किया है। इन लेखिकाओं की वर्णनात्मक शैली का उनकी अन्तर्वस्तु से गहरा सम्बन्ध होता है।

19वीं सदी में स्त्री की मान–मर्यादाओं को बरकरार रखते हुए स्त्री अस्मिता को निर्मित करना गम्भीर चुनौती थी। स्त्री की पति परायणता उसके पिछड़ेपन का कारण बनती थी। परवर्ती लोगों ने तत्कालीन स्त्री की सामाजिक अस्मिता को लेकर द्वन्द्वात्मक मत व्यक्त किये हैं। 'स्त्री समानता की धारणा 20वीं सदी के आरम्भ में शुरू हुए स्वाधीनता संग्राम की देन है। स्त्री के आधुनिक स्वरूप एवं अधिकारों की लड़ाई कहाँ से शुरू हुई यह प्रश्न अभी भी मौजूद है।

'19वीं सदी में तो यह और भी जटिल था। स्त्री समानता की धारणा 'स्त्री शिक्षा' के बगैर निर्मित नहीं हो सकती उसी तरह 'स्त्री की पहचान' एवं 'आत्मनिर्भर' छवि भी स्त्री शिक्षा के बगैर सम्भव नहीं थी।'[8]

हिन्दी भाषी क्षेत्रों में नवजागरण के असफल हो जाने का बड़ा कारण है स्त्री शिक्षा के प्रसार का अभाव। प्रारम्भिक उपन्यासों की रचना मूलतः सुधारवादी भावनाओं की प्रेरणा द्वारा ही सम्पन्न हुई। तत्कालीन लेखकों में मानवता एवं नैतिकता की भावना विद्यमान थी। जनसाधारण के लिए उपदेशात्मक नीति अपनाने के साथ–साथ लेखकों ने पाठकों के मनोरंजन की ओर ध्यान दिया। यूरोप में आधुनिक युग के साथ नयी ऐतिहासिक चेतना का विकास हुआ और उस चेतना के विकास के साथ कलात्मक माध्यम के रूप में 'उपन्यास' का उदय हुआ।

'उपन्यास' और 'कहानी' दोनों ही गद्य के रूप हैं, लेकिन इनमें कुछ मूलभूत अन्तर भी होते हैं जो उपन्यास को कहानी से अलग करते हैं। साहित्य में जब लघु कहानी (शार्ट स्टोरी) जैसी विधा का जन्म नहीं हुआ था तब उपन्यास के आकार को लेकर कोई निश्चित अवधारणा नहीं थी। उस समय पत्रिकाओं में प्रकाशित होने वाली रचनाएँ जो धारावाहिक रूप से प्रकाशित होती थीं 'उपन्यास' नाम दिया गया।

'उपन्यास का मुख्य उद्देश्य है पाठक को एक काल्पनिक पर यथार्थ संसार में ले जाना।'[9]

इसी सम्बन्ध में मिशेल जेराफ़ा ने भी लिखा है कि 'उपन्यास एक ऐसी कला है जिसमें मनुष्य सामाजिक और ऐतिहासिक दृष्टि से निरूपित होकर सामने आता है।'[10]

19वीं शताब्दी के पूर्व जब खड़ी बोली का विकास हो रहा था। उस समय केवल दो मौलिक गद्यकथा पुस्तकें मुल्ला वजही कृत *सबरस* (1636) और सैयद इंशा अल्ला खाँ कृत *रानी केतकी की कहानी* (1800) उपलब्ध होती हैं। हिन्दी उपन्यास में उपन्यासों से पहले उर्दू में दास्तानों की एक समृद्ध परम्परा आ चुकी थी। पं. गौरीदत्त ने पहली बार परम्परा से हटकर कथा कहने का प्रयास किया। समाज के साधारण परिवार को लेकर राजा, सामन्त, सेठ की कथा न कहकर देवरानी–जेठानी की कहानी लिखी।

प्रेमचन्द–पूर्व युग में साहित्य चेतना दो प्रमुख प्रवृत्तियों से परिचालित थी एक प्रवृत्ति मनोरंजन की थी दूसरी सामाजिक जागरण की।

देवरानी जेठानी की कहानी में संरचना विषयक कोई नवीनता नहीं है, कथा ऐतिहासिक कालक्रम में ही प्रस्तुत की गयी है। लेखक का उद्देश्य शिक्षित एवं अशिक्षित स्त्री के कार्य व्यवहार का तुलनात्मक विवेचन करके स्त्री–शिक्षा के महत्त्व को प्रतिष्ठित करना था। कथ्य की दृष्टि से यह उपन्यास की शर्त को पूरा करती है। *भाग्यवती* उपन्यास के कथा संसार की सबसे बड़ी कमज़ोरी जो आयी, वह आदर्शोन्मुख अविश्वसनीयता है। यह रचना कला की दृष्टि से उतनी सफल रचना नहीं मानी जा सकती पर उपन्यास कला की ओर कुछ ज़रूर बढ़ी है। डॉ. गोपालराय ने राधाकृष्ण दास रचित *निःसहाय हिन्दू* को पहला विशुद्ध उपन्यास माना है। लाला श्रीनिवास दास के *परीक्षा गुरु* (1882) को अधिकांश विद्वानों ने वस्तु, शिल्प, भाषा आदि सभी दृष्टियों से अंग्रेजी ढंग का पहला मौलिक उपन्यास माना। भारतेन्दु हरिश्चन्द्र ने उपन्यास के प्रचार–प्रसार में काफ़ी योगदान दिया। प्रेमचन्द पूर्व युग के उपन्यासों का मुख्य उद्देश्य घटना प्रधान रचनाओं से मनोरंजन करना और सुधारवादी दृष्टिकोण अपनाना था। इसके अतिरिक्त तिलिस्मी तथा जासूसी उपन्यासों का मुख्य उद्देय मनोरंजन प्रदान करना था। शुक्ल जी ने लिखा है :

'इन उपन्यासों का लक्ष्य घटना वैचित्र्य रहा रस संचार या चरित्र निर्माण नहीं। ये वास्तव में घटनाप्रधान कथानक या क़िस्से हैं जिनमें जीवन के विभिन्न पक्षों के चित्रण का कोई प्रयत्न नहीं किया गया। इससे वे साहित्य की उच्च कोटि में नहीं आते।'[11]

उपन्यास के क्षेत्र में स्त्रियों ने कम अभिरुचि दिखाई, हालाँकि कुछ लेखिकाओं ने इस ओर सराहनीय प्रयास भी किये। इन सभी लेखिकाओं ने संक्षिप्त रचनाएँ लिखीं। इनके उपन्यासों को 'लम्बी कहानी' की संज्ञा न देने का कारण है कथावस्तु की सम्भावनाओं और परिच्छेद विभाजन का औपन्यासिक होना। मल्लिका देवी प्रारम्भिक काल की स्त्री उपन्यासकारों में पहली उपन्यासकार हैं जिनका *कुमुदिनी* उपन्यास 1877 से 1881 के बीच की अवधि में लिखा गया। भारतेन्दु हरिश्चन्द्र की धर्म गृहीता द्वारा लिखा गया यह अप्रकाशित उपन्यास है। यह उपन्यास उस समाज में फैली कुरीतियों को दर्शाता है। लेखिका की बोली और संस्कृति का चित्रण प्रधान है। हिन्दी विभक्ति चिह्नों का प्रयोग, विशेषणों का लिंग निर्धारण, चन्द्र बिन्दु एवं विराम चिह्नों के उपयोग में सावधानी आदि बांग्ला हिन्दी के ऐसे प्रसंगों को दर्शाते हैं जो अन्यत्र शायद ही किसी और रचना में मिले।

मौलिक उपन्यास–लेखिकाओं के नाम–साध्वी सती प्रतिप्राणा अबला, सरस्वती गुप्ता, प्रियम्वदा देवी, हेमन्तकुमारी चौधरानी, यशोदा देवी, ब्रह्मकुमारी, हुक्म देवी गुप्ता, लीलावती देवी। यह जिज्ञासा भी होती है कि इन्हें 'बड़ी कहानी की संज्ञा क्यों न दी जाये, किन्तु कथावस्तु की सम्भावनाओं और परिच्छेद–विभाजन पर ध्यान देने पर ये उपन्यास की श्रेणी में ही आती हैं। *सुहासिनी* (1890) उपन्यास का आरम्भ अंग्रेज़ी और अन्त संस्कृत के श्लोक द्वारा किया गया है। भाषा के स्तर पर अनेक त्रुटियाँ होने के बावजूद इस लघु उपन्यास की रचना कर हिन्दी लेखिकाओं का ध्यान इस ओर आकृष्ट कर इस लेखिका ने हिन्दी साहित्य के स्त्री–लेखन में अपना महत्त्वपूर्ण योगदान दिया। प्रियम्वदा देवी ने हिन्दी साहित्य में ऐसे उपन्यासों की पृष्ठभूमि तैयार की जो स्त्री–शिक्षा को केन्द्र में रखकर लिखे जाये। कथानक में देशकाल का चित्रण आरम्भ में ही हुआ है।

'नेपाल राज्य से थोड़ी दूरी पर उत्तर की ओर एक सुहावनी हरी–भरी घाटी है जहाँ पर कई पहाड़ी गृहस्थियों ने अपने रहने के लिए छप्पर डाल दिये हैं जिससे यह साफ़ मालूम होता है कि अपने जीवन के दिन वह यहीं व्यतीत करना चाहते हैं इन झोंपड़ियों के पास–पास होने से यह जगह छोटे से गाँव की न्याई दिखाई पड़ती है।'[12]

श्रीमती कुन्ती देवी का उपन्यास *पार्वती* (1909) में यह सन्देश देने की कोशिश की है कि पार्वती की तरह अपने स्त्री–धर्म का पालन करने और घर रूपी राज्य का काम किस प्रकार सुधरे कि घर स्वर्ग बन जाये। लेखिका ने विभिन्न उदाहरण देकर नारी शक्ति को दिखाया है। हमारे देश में हज़ारों स्त्रियाँ ऐसी हैं जिन्होंने अपने धर्म का पालन करते हुए अपने प्राण गँवा दिये। उपन्यास की रचना लोक कथाओं की शैली पर हुई है, इसलिए भाषा में प्रसाद गुण का अन्तर्भाव है।

श्रीमती हेमन्तकुमारी चौधरानी ने अपने उपन्यास *'आदर्श माता'* में अनेक समकालीन सामाजिक कुरीतियों का चित्रण किया है जैसे–स्त्री शिक्षा की कमी, बाल–विवाह तथा पुरुषों की अधीनता के कारण स्त्रियों के व्यक्तित्व का अविकसित रहना, स्त्रियों को घर से बाहर न जाने देना, अशिक्षित स्त्रियों की सन्तान का भी अशिक्षित रह जाना आदि। लाला रामनारायण की टिप्पणी भी गौर करने लायक है–

'हमारे देश के अधिकांश शिक्षित युवक भी जो नीति ज्ञान शून्य होते हैं सत्य–असत्य का विचार नहीं करते, जरा से लोभ के वश में होकर झूठ–झूठी गवाही दे देते हैं और अपनी माता, बहिन और धर्मपत्नी की मर्यादा नहीं करते, इसका क्या कारण है।'[12] तत्कालीन समाज में स्त्रियों की स्थिति भी दयनीय थी। बाल–विवाह के कारण विधवाओं की संख्या बहुत ज़्यादा बढ़ रही थी और समाज की ओर से उनके लिए जीविकोपार्जन का कोई प्रबन्ध न था। यदि वे स्वयं इस दिशा में कोई प्रयास करतीं तो समाज उन पर भी उंगली उठाता था। लेखिका ने देश की समस्याओं को भलीभाँति समझा और सुधारवादी मनोवृत्ति का परिचय दिया। उपन्यास का प्रतिपाद्य अगर लिखा जाये तो उसका अर्थ यही होगा कि जहाँ विदेश में शिक्षित माताओं की सन्तान उन्नतगामिनी होती है वहीं दूसरी ओर भारत में बाल–विवाह, अशिक्षा आदि के कारण वह उतनी परिपक्व नहीं हो पाती जितना एक माँ के रूप में उसे होना चाहिए।

यह उल्लेखनीय है कि अन्य समकालीन रचनाओं की भाँति प्रस्तुत कृति में भी स्त्रियों के मार्गदर्शन के लिए इन उपन्यासों की रचना हुई। वहीं पुरुष साहित्य में जासूसी खोज पाठकों के बीच आकर्षण का केन्द्र बना। उपन्यास तिलस्मी हो या जासूसी उसका प्रमुख उद्देश्य ऐसा साहित्य प्रस्तुत करना है जो पाठक वर्ग के चरित्र का निर्माण न कर केवल मनोरंजन करता था। प्रेमचन्द–पूर्व काल में हिन्दी उपन्यास लगभग 25 वर्ष तक एकरसता की स्थिति में रहा। हिन्दी उपन्यासकारों ने स्त्रियों की समस्याओं को प्रमुखता दी तथा उनके बारे में लिखा। कमला प्रसाद (कुंतक्लकिंनी, 1905), गोस्वामी लक्ष्मणाचार्य (भीषण भविष्य 1909), शालिग्राम (आदर्श रमणी, 1911) आदि उपन्यासों में विधवा विवाह और स्त्री स्वतन्त्रता पर विचार किया गया है। इस दौर में यथार्थ चित्रण के साथ–साथ आंचलिक उपन्यासों का भी रूप देखा गया। प्रेमचन्द के आने से पहले हिन्दी साहित्य का स्वरूप पूरी तरह विकसित नहीं हो पाय था। प्रेमचन्द के आगमन के साथ ही हिन्दी में उपन्यास के क्षेत्र में ऐतिहासिक उपलब्धियाँ सामने आयीं।

स्त्री–पुरुष साहित्य का तुलनात्मक अध्ययन अन्तर्वस्तु के परिप्रेक्ष्य में किया जाये तो यदि पुरुषों ने जीवन और समाज के व्यापक क्षेत्रों को अपनी रचनाओं में शामिल कर विविधता का समावेश किया है तो वहीं लेखिकाओं ने भी अपने कार्यक्षेत्र के सूक्ष्म एवं सहज चित्र प्रस्तुत करके कथा–साहित्य को समृद्ध करने में सहयोग दिया।

आरम्भिक युग में हमें कहानी का जो रूप मिलता है, उसकी पृष्ठभूमि में कथा की कई परम्पराएँ हैं। वैदिक युग में ऋग्वेद की ऐसी कथाएँ सूक्त रूप में मिलती हैं जो संवादपरक हैं और इसी कारण इन्हें संवाद–सूक्त भी कहा गया। भारत में कथा–साहित्य में कथाओं को लेकर एक दूसरी परम्परा भी मिलती है जिसमें अपभ्रंशकालीन वीर कथाओं का उल्लेख है। इन कथाओं में राजा अथवा राजकुमार के शौर्य, वीरता और उदात्तता का बढ़–चढ़कर वर्णन किया जाता था। साधारण जन के समक्ष इनके चरित्रों को प्रमाण के रूप में रखकर नैतिक शिक्षा दी जाती थी। अपभ्रंश कवियों में पुष्पदंत द्वारा लिखित नागकुमार, चरितधाहिल द्वारा लिखित पद्मश्रीचरित, सोमप्रभ द्वारा कुमारपाल प्रतिबोध, अब्दुर्रहमान द्वारा लिखित सन्देश रासक आदि के नाम विशेष रूप में उल्लेखनीय है। समयानुसार साहित्य में बदलाव हो रहे थे। मध्ययुग तक आते–आते सूफ़ी संस्कृति के कारण हिन्दी साहित्य के क्षेत्र में प्रेमाख्यानों की परम्परा का आरम्भ हुआ। हिन्दी साहित्य पर इन प्रेमाख्यानों का वैचारिकता की दृष्टि से देखने पर प्रभाव नज़र आया। रीतिकाल में घटनाओं को ही सम्पूर्ण जीवन में जोड़कर कथा रूप में प्रस्तुत कर क्रमबद्धता दी गयी जिससे उनमें वर्णनात्मकता का समावेश हुआ।

1800 में अंग्रेज़ों ने फोर्ट विलियम कॉलेज की स्थापना की जिसने खड़ी बोली के विकास में अपना महत्त्वपूर्ण योगदान दिया। कम्पनी सरकार ने अंग्रेज़ी भाषा के बाद फ़ारसी और हिन्दुस्तानी भाषा को अपनाया।

'हिन्दुस्तानी भाषा से तात्पर्य उस भाषा है से जिसमें ठेठ (हिन्दी) शब्दों का अत्यधिक प्रयोग होता था जो न तो शुद्ध संस्कृत की शब्दावली से आक्रांत रहती थी और न अरबी फ़ारसी के शब्दों से लदी हुई।'[13]

कॉलेज के संरक्षण में लल्लूलाल, सदलमिश्र, मुंशी सदासुखलाल और इंशा अल्ला खाँ जैसे लेखक भी सामने आये। जहाँ मुंशी जी की भाषा में संस्कृत के सुन्दर तत्सम शब्दों के साथ पण्डिताऊपन भी नज़र आया, वहीं इंशा अल्ला खाँ की भाषा में अरबी–फ़ारसी के साधारण शब्द समुदाय के साथ वाक्य रचना का ढंग भी मुस्लिम संस्कृति से प्रभावित था। मुंशी सदासुखलाल ने *सुखसागर* एक प्राचीन ग्रन्थ के आधार पर लिखा जिसमें संस्कृत शब्दों के साथ खड़ी बोली, क्रिया, संज्ञा और सर्वनाम तथा कारकों की विभक्तियों को भी अपनाने का सफल प्रयास किया। इंशा अल्ला खाँ द्वारा लिखी गयी *रानी केतकी की कहानी* (1800–1808) पुराने–धुराने,

डाँग–बूढ़े की चुनौती को स्वीकार करते हुए लिखी। इसकी भाषा–शैली उस समय के सभी लेखकों की भाषा से सबसे चटकीली, मुहावरेदार है इस कहानी के माध्यम से खड़ी बोली गद्य साहित्य में पहली बार लौकिक शृंगारमय प्रेमाख्यान परम्परा का सूत्रपात देखने को मिला।

1875 में जब स्वामी दयानन्द सरस्वती द्वारा आर्य समाज की स्थापना हुई तो वहीं पंजाब में नवीनचन्द्र राय हिन्दी का प्रचार प्रसार कर रहे थे। हिन्दी का ज़ोरदार समर्थन ब्रह्मसमाज और आर्यसमाज ने किया। गद्य अब विविध विषयों की ओर ले जाने के साथ ही पूर्ववर्ती कमियों का परिहार करते हुए नये विचारों के साथ लिखा जाने लगा। 1870 में *देवरानी जेठानी की कहानी* लिखी गयी जिसकी सबसे प्रमुख विशेषता यह है कि इसमें पहली बार परम्परा से हटकर कथा कहने का प्रयास किया। यह कहानी केवल स्त्री–शिक्षा की कहानी नहीं है, वरन् 19वीं शताब्दी के मध्यवर्गीय बनिया समाज के जीवन का प्रतिनिधि, यथार्थ चित्र भी है। कथ्य की दृष्टि से यह कहानी उपन्यास की शर्त को पूरा नहीं करती है। किसी भी उपन्यास की विशेषताएँ होती हैं–चरित्रांकन, शिल्प और भाषा, जिसकी इसमें कमी है। इसकी भाषा सर्जनात्मक दृष्टि से बहुत साधारण कोटि और विराम चिह्नों, हिन्दी के परिनिष्ठित व्याकरण, वर्तनी में भिन्नता है। यह कहानी पुनर्जागरण की चेतना से सीधे जुड़ी हुई रचना थी।

देवरानी जेठानी की कहानी के ढंग की दो और कथाएँ लिखीं गयीं–ईश्वरप्रसाद और कल्याण राय कृत *वामा शिक्षक* (1872), जो 1883 में प्रकाशित हुई और श्रद्धाराम फिल्लौरी रचित *भाग्यवती* (1877) जिसका प्रकाशन 1887 में हुआ। इनकी कथाओं में स्त्रियों के झगड़ालूपन, अन्धविश्वास, बच्चों के पालन–पोषण में अरुचि, उन्हें चेचक का टीका न लगवाने तथा गहने आदि की आलोचना की गयी है।

'शिल्प की दृष्टि से *वामा शिक्षक* भी उपन्यास की अपेक्षाओं को पूरा नहीं करता। इसमें भी देवरानी जेठानी की कहानी की तरह कथा ऐतिहासिक काल में अग्रसर होती है और समयानुक्रम में हेरफेर, काल स्थगन आदि नाटकीय विशेषताएँ नहीं है पर देवरानी जेठानी की कहानी की तरह *वामा शिक्षक* की कथा इकहरी नहीं है इसमें कई कथाएँ एक दूसरे से गुँथी हुई हैं, पात्र भी लगभग दो दर्जन हैं, जो कथासंसार को तनिक वैविध्य प्रदान करते हैं।'[14]

भाषा की दृष्टि से *वामा शिक्षक, देवरानी जेठानी की कहानी* के समकक्ष ही है। 1881 में राधाकृष्ण दास ने *निस्सहाय हिन्दू* नामक उपन्यास की रचना की जो 1890 ई. में प्रकाशित हुआ प्रकाशन देर से होने के कारण और 1882 में लिखित उपन्यास *परीक्षा गुरु* को आचार्य रामचन्द्र शुक्ल द्वारा हिन्दी का प्रथम उपन्यास मान लिया गया। कथ्य की दृष्टि से *निस्सहाय हिन्दू* में अद्‌भुत नवीनता है। इसके मुख्य विषय के साथ–साथ समकालीन राष्ट्रीय भावना और नवजागरण की चेतना भी अभिव्यक्त हुई है। शिल्प की दृष्टि से यह पूर्ण उपन्यास है जिसमें नाटकीय पद्धति पर प्रसंगों के निर्माण तथा कथाओं के युगपात की प्रविधि अपनायी गयी है। इसकी भाषा उपन्यास की प्रकृति के अनुरूप है। कथा की भाषा बोलचाल की भाषा के निकट है।

बीसवीं सदी के नवजागरण का साहित्य–सौध बहुत कुछ अनुवादों की जमीन पर बनाया गया। कहानी में उपन्यास की उपस्थिति बीसवीं सदी के आरम्भिक वर्षों तक बनी रही। इस सन्दर्भ में श्यामसुन्दर दास ने लिखा है–

'आरम्भ में जब आख्यायिका का व्यक्तित्व विकसित नहीं था, उसकी गणना छोटे उपन्यासों की कोटि में की जा सकती थी। उस समय उपन्यास और छोटी कहानी में केवल आकार का ही भेद था।'[15] किशोरीलाल गोस्वामी के *गुलबहार* (1902), जिसे गोस्वामी जी ने उपन्यास कहा था परन्तु रामचन्द्र शुक्ल ने इसे कहानी कोटि में ही रखा। जिसका कारण कथ्य संयोजन की दृष्टि, विन्यास की कला, प्रस्तुति तथा प्रभाव था। इस समय ज़्यादातर लोग कहानी की सृजनात्मक अवधारणा और उसके विन्यास कौशल से परिचित नहीं थे। हिन्दी कहानी के शुरुआती दौर में लेखकों ने दो दर्जन से अधिक कहानियाँ लिखीं जिनमें बांग्ला, मराठी, अंग्रेज़ी, फ़ारसी और संस्कृत भाषाओं के छायानुवाद रूप में प्रस्तुत की गयीं। आधा दर्जन आख्यायिकाएँ लोककथा शैली के शिल्प में लिखी गयीं। लगभग आधा दर्जन कहानियाँ ऐसी थीं जिन्हें साहित्य समीक्षा के योग्य माना गया। इन कहानियों में किशोरीलाल गोस्वामी की *इन्दुमती* (1900), *गुलबहार* (1902), गिरिजाकुमार घोष की *प्रेम का फुहारा* (1901), *ग्यारह वर्ष का समय* (1903), गिरिजादत्त वाजपेयी की *पण्डित और पण्डितानी* (1903), लक्ष्मीदत्त वाजपेयी की *तीक्ष्ण धुरी* (1905) थी। इन कहानियों के कथ्य और शिल्प में वैचारिक अनुप्रवेशन द्वारा नयी

सामाजिकता के नये छोरों का फैलाव करना चाहते थे। माधवप्रसाद मिश्र की *सब मिट्टी हो गया* (1900), *बीबी वर्णमाला की अनूठा स्वप्न* (1900), माधवप्रसाद मिश्र की *विश्वास का फल* (1902), बंग महिला की *चन्द्रदेव से बातें* (1904) विचारोत्तेजक, कसी हुई और व्यंग्य प्रधान कहानियाँ हैं।

चन्द्रदेव से मेरी बातें हिन्दी साहित्य की पहली कहानी थी जिसने अपने समय की राजनीति और अर्थनीति को केन्द्रीय कथ्य बनाया। उन्होंने लिखा–

'मैं विश्वास करती हूँ कि जब लार्ड कर्जन हमारे भारत के स्थायी भाग्य विधाता बनकर आवेंगे तब आपको किसी कमीशन का मेम्बर, नही तो किसी मिशन में भरती करके वे अवश्य ही भेज देवेंगे। क्योंकि उनको कमीशन और मिशन दोनों ही अत्यन्त प्रिय हैं।'[16]

बंग महिला ने उस भारत की बदहाल आर्थिक दशा और देश में फैली बेरोज़गारी, सामाजिक कुरीतियों, समाज में स्त्रियों की स्थिति आदि का यथार्थ चित्रांकन किया। उनकी कहानियों का कथ्य एवं शिल्प बेजोड़ है। भाषा लालित्यपूर्ण परन्तु तीखे प्रहारों के बड़े विस्मयकारक थे।

'ओ हो! देवता भी अपनी जाति के कैसे पक्षपाती होते हैं। अच्छा, यदि आपको अंग्रेज़ जाति की सेवा करना स्वीकार हो तो एक 'एप्लिकेशन' हमारे आधुनिक प्रभु लार्ड कर्जन के पास भेज देवें।" आप ढेर दिन के पुराने बूढ़े...पर काम सदा से एक ही और एक ही स्थान में करते आये हैं। क्या आपके डिपार्टमेंट में ट्रांसफ़र होने का नियम नहीं है? पराये घर में आश्रित नारियाँ...क्या करें? बेचारी के भाग्य में विधाता ने दासी–वृत्ति ही लिखा था।'[17]

1911 से 1915 की अवधि कहानी रचना के लिए काफ़ी उर्वर साबित हुई। इस सर्जनात्मक उछाल के कई कारण थे। इस अवधि में लेखकीय बहुलता तो हुई ही वस्तु–विधान और शिल्प विधि में वैविध्य उपस्थित हुआ। इस समय पत्रिकाओं का ज़ोर था। प्रेमचन्द, जयशंकर प्रसाद, चन्द्रधर शर्मा गुलेरी, विश्वम्भरनाथ शर्मा 'कौशिक', ईश्वरी प्रसाद शर्मा, बनारसी दास चतुर्वेदी जैसे दो दर्जन कहानी क्षेत्र में आये। भाषाओं में विकसित रचना काल हिन्दी में भी अपनायी जाने लगी। कहानी के कथ्य, शिल्प, आकृति–प्रकृति सृजन दृष्टि और भाषिक संवेदना में भी विकास हुआ। उपन्यास में भी 1900–1930 तक का सनय कथालेखन की कतिपय उल्लेखनीय उपलब्धियाँ लेकर सामने आया।

किशोरीलाल गोस्वामी *स्वर्गीय कुसुम* (1889), *लखनऊ की कब्र* (1906), *माधवी माधव* (1909), चन्द्रशेखर पाठक *वीरांगना रहस्य* (1914), देवकीनन्दन खत्री *भूतनाथ* (1907), प्रेमचन्द *सेवासदन* (1918), *प्रेमाश्रम* (1922), *रंगभूमि* (1923), *कायाकल्प* (1926) जैसे उपन्यास आये। *सेवासदन* में प्रेमचन्द ने पहली बार पति से विद्रोह करने वाली और प्रतिक्रिया में वेश्यावृत्ति अपना लेने वाली स्त्री के प्रति सहानुभूति व्यक्त की। भाषा की दृष्टि से इस समय के लेखन में अद्‌भुत परिवर्तन दिखाई पड़ता है। शिल्प की दृष्टि से इन रचनाओं में पहले की तुलना में पात्रों के मनोजगत में प्रवेश करने के लिए क़िस्सागोई की सहायता की आवश्यकता नहीं रह गयी थी।

भारतीय जीवन के यथार्थ का एक महत्त्वपूर्ण पक्ष समाज और परिवार में स्त्री की स्थिति से सम्बन्धित था। हिन्दी नवजागरण स्त्री की परम्परागत स्थिति में सुधार में अभिन्न रूप से जुड़ा हुआ था। प्रेमचन्द के पूर्ववर्ती उपन्यासकारों ने स्त्री सुधार के प्रति अपनी प्रतिबद्धता का भरपूर परिचय दिया था। प्रेमचन्द पूर्व हिन्दी उपन्यास में दो तरह की भाषिक शैलियाँ प्रचलित थीं। इनमें से एक भाषाशैली गद्यकाव्य का अनुकरण करती और दूसरी बोलचाल की भाषा का।

1890 से 1930 तक महिलाओं ने भी कहानियाँ एवं उपन्यासों की रचना की थी। यह दुर्भाग्य ही है कि हिन्दी के पुरुषवादी साहित्यकारों ने निषेधवादी दृष्टि के कारण स्त्रियों की रचनाओं की पहचान नहीं की। हालाँकि सदी के प्रारम्भिक दो दशकों में महिलाओं द्वारा लिखी कहानियाँ शिल्प–विधान की दृष्टि से अवश्य उपेक्षणीय थीं परन्तु उनमें कुछ मुद्‌दे इस कदर गौरतलब थे कि उनकी उपेक्षा करना आलोचना और इतिहास को पुरुषवादी समाज का प्रवक्ता स्थापित करना था। उन कहानियों में नारियों के प्रति मर्दों की नाइन्साफ़ी, बलात्कार प्रवृत्ति, परिवार में दासी की तरह बने रहने की नियति, अशिक्षित बने रहने की मजबूरियों और इसी प्रकार की दूसरी समस्याओं के सवाल उठाये गये थे। वे बेहद पिछड़े शिल्प की लिखी हितोपदोशिनी वृत्ति के कहानियाँ भी पुरुष समाज के चेहरों पर प्रश्नचिह्न की तरह उभरी हुई थीं। आरम्भिक स्त्री कथा–साहित्य की पहली कहानी *'मर्द औरत का क़िस्सा'* अपने विषय के अनुरूप स्त्री–पुरुष वार्ता से पुरुष कल्पित स्त्री के दोषों को सामने लाती है। शिल्प की दृष्टि से देखें तो भाषा शैली में हिन्दी के साथ उर्दू मिश्रित बोली का प्रयोग किया गया है।

कहानी में वर्णनात्मकता इतनी अधिक है कि कहानी उलझाऊ बन गयी है। आरम्भिक काल की लेखिकाओं में बहुत सी ऐसी थीं जिन्होंने अपना नाम गुप्त रखा। श्रीमती बावली बहू जिन्होंने अपना नाम गुप्त रखा। शिक्षा की कमी और पारिवारिक दायित्वों के कारण इस काल की अधिकतर लेखिकाओं की रचना में उस कारण को देखा जा सकता है। बावजूद इसके लेखिकाओं ने अपनी रचनाओं के माध्यम से समाज और अपनी अनुभूति को पूरी तरह उकेरने का प्रयास किया। लोककथाओं की परम्परा जिस तरह पुरुष साहित्य में देखने को मिली, वहीं स्त्री साहित्य में मिलती है। कुन्ती देवी की लघु आख्यायिका *'पार्वती'* (1909) की रचना लोककथाओं की शैली पर हुई है। कथा पर समकालीन देशकाल पर उसका गहरा प्रभाव देखा जा सकता है। उस समय तत्कालीन पत्र–पत्रिकाओं में शिक्षा की आवश्कता पर विशेष बल दिया जा रहा था। लेखिका ने भूमिका के अन्त में सन्देश दिया है–

'आप अपनी प्राण प्यारी पुत्रियों, बहिनों और देवियों को धार्मिक शिक्षा प्रदान कराकर आत्मलाभ का यश लीजिए।'[18]

शिल्पगत विशेषताएँ इसमें कम देखने को मिली। श्रीमती श्यामप्यारी सेठ की कहानी *'परदा'* शिल्प की दृष्टि से महत्त्वपूर्ण मानी जा सकती है इसका कथ्य रूढ़िवादी विचारधारा को सामने लाता है, रामप्यारी द्वारा स्त्री की जन्मजात परतन्त्रता का समर्थन कराकर लेखिका ने स्वयं भी मानो इससे सहमति प्रकट की है–

'यह मिथ्या है कि परदा मुसलमानों के समय से प्रचलित हुआ। मनुस्मृति के नवें अध्याय के पाँचवें श्लोक से साबित होता है कि स्त्री को अपने पति को छोड़ अन्य पुरुष को देखना तक न चाहिए। रहा स्त्री–पुरुष का समान हक, यह हो नहीं सकता। स्त्री–पुरुष में बड़ा भेद है। ईश्वर ही ने बराबर हक नहीं दिया। पुरुषों के दाढ़ी मूँछ निकलती है, स्त्री के नहीं! स्त्रियों के स्तन होते हैं, पुरुषों के नहीं! तुम पाजामा पहनते हो, मैं लहँगा साड़ी।'[19]

तत्कालीन समाज में ऐसी धारणाएँ बहुत थीं। अभिव्यंजन शिल्प की दृष्टि से लेखिका ने उर्दू मिश्रित व्यवहारिक भाषा का प्रयोग किया गया है और कहीं–कहीं, 'धूप रोगी स्त्री की भाँति पीली पड़ गयी।'[20] जैसी आलंकारिक उक्तियाँ भी प्रस्तुत की हैं।

श्रीमती गायत्री देवी की कहानी *'सास नहीं जनरल डायर की माँ'* एक ऐसी कहानी है जिसमें लेखिका का उद्देश्य (स्त्री–शिक्षा, पारस्परिक सद्भाव की आवश्यकता पर बल देना है। लेखिका के अनुसार यह यथार्थ पर आधारित है, जिससे उसके शिल्प में भाषा–शैली, शुद्ध बोधगम्य एवं वर्णनात्मकता साफ़ देखी जा सकती है। उदाहरणस्वरूप–

'यह सब अशिक्षा का फल है। भारत का वह शान्त पूर्ण गृह विग्रह–स्थल बना हुआ है, और ऐसी दुष्ट स्त्रियाँ जगत को कलंकित किये रहती हैं। उपर्युक्त घटना अक्षरशः सत्य है केवल लज्जा के कारण नामान्तर करके उल्लेख किया है।'[21]

पुरुष साहित्य लेखन का मुख्य उद्देश्य अपनी रचनाओं द्वारा पाठकों का मनोरंजन करना था, जबकि स्त्री साहित्य का उद्देश्य किसी भी प्रकार की रचनाओं से समाज एवं स्त्री की स्थिति को पाठकवर्ग के सामने लाना था।। मनोरंजन की प्रवृत्ति आरम्भिक स्त्री–साहित्य में देखने को नहीं मिलती। श्री चित्रकूट की बुढ़िया (लेखिका) की दृष्टि मुख्यतः धार्मिक एवं अलौकिक तत्त्वों की उपदेशात्मक अभिव्यक्ति पर केन्द्रित रही है। उन्होंने देशकाल के प्रति सजगता का परिचय दिया है, जिससे उनकी कहानियों का शिल्प पक्ष मजबूत हुआ है।

'बंगाल में गंगासागर प्राचीन तीर्थ है। यहाँ गंगा और समुद्र का संगम है। बड़ा ही रमणीक स्थल है। पास ही सुन्दर वन है जो प्राकृतिक दृश्यों का भण्डार है। बड़ा ही पुनीत तीर्थ है। सुन्दर वन वास्तव में सुन्दर वन है।'[22]

लेखिका की भाषा परिमार्जित तथा तत्सम बहुल है और शैली अनुप्रासात्मक एवं कहीं कहीं दीर्घ वाक्य संयुक्त भी है। सूक्ति–वाक्यों को प्रयोग किया गया है।

श्रीमती विशनपति की कहानियाँ ऐतिहासिक एवं पौराणिक कहानियों की श्रेणी में आती है क्योंकि इन्होंने इतिहास प्रसिद्ध चरित्रों का चित्रण किया है। ऐतिहासिक घटनाओं को आधार बनाया गया है। जिससे घटना नियोजन में रोचकता को स्थान दिया गया है। शिल्पगत विशेषताओं में कहानी की भाषा सरल, सजीव एवं प्रवाहपूर्ण है। लेखिका ने 'हाथ पाँव फूलना', 'छाती पर रखकर ले जाना' जैसे मुहावरों के प्रसंगानुकूल प्रयोग से भाषा को मजबूत रखा है। कहानी में आदर्शोन्मुख यथार्थवाद देखा जा सकता है, मंजु के चरित्र–विकास तथा भोज के आदर्श व्यक्तित्व के निरूपण द्वारा लेखिका का उद्दिष्ट यही रहा है।

श्रीमती भगवती देवी ने अपनी कहानी में पात्रों के भावों को स्पष्ट करने के लिए सरल भाषा का प्रयोग किया है। लेखिका ने इस बात का ध्यान रखा है कि पात्रों के सांस्कृतिक एवं शैक्षिक स्तर के अनुकूल भाषा का प्रयोग हो। इन कहानियों में कुत्सित मनोवृत्तियों के पात्रों को स्थान दे जहाँ एक ओर लेखिका ने सामाजिक यथार्थ का चित्रण किया है, वहीं दूसरी ओर आदर्श पात्रों द्वारा कराया गया विरोध सुधार की प्रेरणा भी देता है। लेखिका की भाषा शुद्ध, मुहावरेदार एवं आलंकारिक है और शैली उपदेशात्मक है। जैसे–

'चन्द्रशेखर तुम धन्य हो और धन्य है तुम्हारी उच्चकोटि की आत्मा को। हे स्वर्ग सौरभ। तू स्वर्ग में सर्वदा निवास कर। हाय तेरी मनोहारिणी सुगन्ध को पहचानने वाला इस मृत्यु लोक में कोई नहीं।'[23]

समाज के यथार्थ को स्पष्ट रूप से अभिव्यक्त करना उनके शिल्प की सबसे बड़ी विशेषता रही है।

आरम्भिक स्त्री लेखिकाओं में उपन्यासों के लेखन की बड़ी समस्या उसके विस्तृत कलेवर को लेकर थी। साथ ही पहला *कुमुदिनी* (1877–1881), *सुहासिनी* (1890), *राजकुमार* (1898) ये मुख्य उपन्यास हैं। इन उपन्यासों के शिल्प पर अगर ध्यान दें तो कथ्य, भाषा, वर्तनी सम्बन्धी अनेक कमियाँ हैं और इसका मुख्य कारण था साहित्य के क्षेत्र में स्त्रियों का आगमन। उपन्यासों की रचना बहुत साधारण तरीके से की गयी जिसमें कल्पना, आदर्शवादिता, जिज्ञासा पैदा करना जैसे तत्त्व शामिल थे। जिनसे उनके शिल्प में कमज़ोरी आयी। प्रियम्वदा देवी का *'लक्ष्मी'* उपन्यास भाषा के स्तर पर तो उतना महत्त्वपूर्ण नहीं क्योंकि उसमें हिन्दी की अपेक्षा उर्दू तथा प्रान्तीय भाषाओं के शब्दों का मिश्रण है, आलंकारिक भाषा–शैली तथा मुहावरों के मिश्रण ने अच्छा समा बाँध दिया है–

'सौतन के मुँह से ऐसी मीठी–मीठी बातें सुनकर और ख़ासकर पिछली बात ने लक्ष्मी के दिल पर मनिन्द धुरी ने काट दिया क्योंकि उसको फिर गयी गुजरी शमशेर बहादुर की याद ने एक बार तलमता दिया और मन में अन्दर ही अन्दर चुटकियाँ भरने लगी।'[24]

श्रीमती हेमन्तकुमारी चौधरानी के *'जागरण'* उपन्यास में आदर्शोन्मुख यथार्थवाद की शैली को अपनाया गया है। इस उपन्यास की अपनी शिल्पगत विशेषताएँ हैं जिससे समकालीन परिस्थितियों के अनेक चित्र उपलब्ध होते हैं, भारतीय समाज की प्रचलित कुरीतियों तथा उनके

दुष्परिणामों का चित्रण उसे एक आदर्शोन्मुख उपन्यास बनाता है। लेखिका ने समकालीन स्त्री–समाज की अवस्था के यथातथ्य चित्रण पर बल दिया है।

'पाश्चात्य हो अथवा पौर्वात्य, प्रत्येक संस्कृति के अपने गुण तथा अवगुण होते हैं। व्यक्ति के पूर्वाग्रहों से मुक्त रहकर विभिन्न संस्कृतियों के गुणों को ग्रहण करना चाहिए, यही इस उपन्यास का उद्देश्य है।'[25]

इसमें भाषा का बहुत अधिक ध्यान रखा गया है।

यशोदा देवी ने ऐतिहासिक, पौराणिक तथा सामाजिक नारी–रत्नों की विश्रुत अथवा कल्पित चारित्रिक विशेषताओं को कथाबद्ध रूप में अंकित करके स्त्री जाति के समक्ष कुछ अनुकरणीय आदर्श प्रस्तुत किये हैं। इनकी कथा–शैली वर्णनात्मक है, जो इतिवृत्तात्मकता का स्पर्श करती है। धारावाहिक रूप में प्रकाशित इनकी कहानियों में कथोपकथन देखा जा सकता है। इनकी रचनाओं का शिल्प बहुत मजबूत है, *'सती भूषण'* कृति की भूमिका में लिखा है–

'प्रायः देखा जाता है कि स्त्रियों के पढ़ने और मनन करने योग्य पुस्तकों की संख्या बहुत कम है और उपन्यास तथा क़िस्सा–कहानियों की संख्या अधिक है जिससे व्यर्थ ही उनके पढ़ने में समय नष्ट होता है।'[26]

रचना शिल्प की दृष्टि से इनकी कहानियाँ हमारा मनसन्तोष भले ही न करती हों, उनमें रोचकता, संक्षिप्तता, स्वाभाविकता और विविधता की सहज स्थिति रही है।

प्रियम्वदा देवी अपने युग की प्रचलित कुप्रवृत्तियों के सुधार की भावना से कथा–रचना में प्रवृत्त हुई थीं। उनकी रचनाएँ उपदेश प्रधान हो गयी हैं। विषय–प्रतिपादन तथा शैली की दृष्टि से इनकी रचनाएँ समकालीन स्त्री वर्ग ने निश्चय ही इनसे प्रेरणा ग्रहण की होगी। इनकी पृष्ठभूमि में स्त्री कल्याण की प्रवृत्ति विद्यमान थी, इनका अध्ययन करते समय कथा–शिल्प की अपेक्षा उद्देश्य के सजग निर्वाह को प्रमाण माना जा सकता है।

शिल्प की दृष्टि से इस युग की कुछ कृतियों में त्रुटियाँ भी हैं। शैली में इतिवृत्तात्मकता एवं उपदेशात्मकता अधिक है। वर्णन एवं विवरण की शैली प्रमुख है। संवादों एवं कथोपकथन में नाटकीयता की अपेक्षा वर्णन अथवा विवरण की प्रवृत्ति ही सर्वोपरि है। यथार्थ को केन्द्र में रखा। जो प्रेमचन्द युग तक आते–आते सभी उनकी रचनाओं में देखा जा सकता है।

लेकिन इतनी कमियों के बावजूद भविष्य की लेखिकाओं के लिए साहित्य में आगे बढ़ने की प्रेरणा दी।

वस्तुतः आरम्भिक काल का स्त्री लेखन परवर्ती दौर के हिन्दी साहित्य के नवोत्थान की नींव को दृढ़ता से स्थापित करने के लिहाज से महत्त्वपूर्ण है। स्त्री–लेखन के योगदान और उनके प्रयासों पर मुंशी देवीप्रसाद की लिखी गयी ये पंक्तियाँ बिल्कुल सटीक लगती हैं–

भारतवर्ष की पुण्य भूमि में अकेले पुरुष ही चौदह विधि–विधान नहीं हुए हैं वरन् स्त्रियाँ भी समय–समय में ऐसी होती रही हैं जो सोने, चाँदी और रत्नजड़ित आभूषणों के अतिरिक्त विद्या–बुद्धि और काव्य–कला के दिव्य भूषणों से भी भूषित थी और अब भी है।[27]

वास्तव में आज हिन्दी साहित्य और उसके इतिहास की कोई भी चर्चा तब तक अधूरी मानी जायेगी, जब तक आरम्भिक काल की इन लेखिकाओं का उसमें उल्लेख न किया जाये।

सन्दर्भ

1. *स्त्री संघर्ष का इतिहास,* पृ. 40
2. *सीमन्तनी उपदेश,* सं. डॉ. धर्मवीर, पृ. 25
3. *ज्ञान का स्त्रीवादी पाठ,* सुधा सिंह, पृ. 274
4. *हिन्दी की श्रेष्ठ लेखिकाएँ,* व्यथित हृदय, दो शब्द से उद्धृत
5. *बीसवीं सदी की हिन्दी कहानियाँ,* महेश दर्पण (सं.), पृ. 14
6. *ऋतुएँ मन की,* सुधा कुमारी चौहान, पृ. 191
7. *हिन्दी उपन्यास का इतिहास,* प्रो. गोपाल राय, पृ. 13
8. *स्त्रीवादी साहित्य विमर्श,* जगदीश्वर चतुर्वेदी, पृ. 159
9. *हिन्दी उपन्यास का इतिहास,* प्रो. गोपाल राय, पृ. 24
10. *साहित्य के समाजशास्त्र की भूमिका,* प्रो. मैनेजर पाण्डेय, पृ. 229
11. *हिन्दी साहित्य का इतिहास,* आचार्य रामचन्द्र शुक्ल, पृ. 273
12. *लक्ष्मी,* प्रियम्वदा देवी, पृ. 38
13. *आदर्श माता,* श्रीमती हेमन्तकुमारी चौधरानी, पृ. 71
14. *आधुनिक हिन्दी साहित्य की भूमिका,* लक्ष्मीसागर वार्ष्णेय, पृ. 265
15. *हिन्दी उपन्यास का इतिहास,* प्रो. गोपाल राय, पृ. 31
16. *साहित्यालोचन,* डॉ. श्यामसुन्दर, पृ. 183
17. *बंग महिला ग्रन्थावली,* सुधाकर पाण्डेय (सं.), पृ. 441
18. वही, पृ. 441
19. *पार्वती, कुन्ती देवी,* सन् 1909, भूमिका, पृ. 2

20. *स्त्री दर्पण*, मार्च 1920, पृ. 167
21. वही
22. *स्त्री दर्पण*, मार्च 1921, पृ. 421
23. *ज्ञानशक्ति*, जनवरी 1921, पृ. 363
24. *विद्यार्थी* (पत्रिका), पृ. 192
25. *लक्ष्मी*, प्रियम्वदा देवी, 1905, पृ. 41
26. *हिन्दी कथा साहित्य के विकास में महिलाओं का योग*, उर्मिला गुप्ता, पृ. 121
27. *सती भूषण*, पृ. 3
28. *हिन्दी कथा–साहित्य के विकास में महिलाओं का योग*, डॉ. उर्मिला गुप्ता, पृ. 404

परिशिष्ट

एक

मर्द औरत का क़िस्सा[1] (1895)

(मूल कहानी अंश)

लेखिका : एक कुलीन जैनमती स्त्री[2]

पहले से हिन्दुस्तान में एक मसल चली आती है कि ज़बरदस्त के बीस बिसवे यह मसल बहुत सच है।

जोरावर कमज़ोरों को हमेशा बुरा और अपने आपको अच्छा कहते चले आये हैं चाहे कमज़ोर कैसा ही अच्छा हो तारीख हिन्दू मुसलमानों की इस बात की गवाह है।

जब मुसलमानों ने हिन्दुस्तान पर चढ़ाई की उनमें सिवाय तलवार के ज़ोर के और कोई भी उम्मीद न ही थी और हिन्दुस्तान में हम एक इल्म हुनर की पूरी–पूरी तरक्की थी।

मगर जब मुसलमानों ने हिन्दू फतह कर लिए तब हिन्दुओं की हर एक बात हेठी गयी मुसलमानों की हर एक बात की तारीख होने लगी ऐसे ही मर्द जबर्दस्त औरत कमज़ोर हैं मर्दों ने औरतों में जो जी चाहा ऐब लगाया और अपने को सब बात में अच्छा जाहिर किया।

हालाँकि जितने ऐब मर्दों में भरे हुए हैं औरतों में उसका दसवाँ हिस्सा भी नहीं है। हज़ारों ऐसी दास्तान हैं जिनसे औरतों की भलाई और मर्दों की बेवफाई जाहिर होती है मगर मर्दों ने जब कोई किताब लिखी है उसमें औरतों ही को बुरा कहा है इस वास्ते में एक दास्तान मर्द औरत की लिखती हूँ उसके देखने से मर्द अपने दिल में इन्साफ़ करें कि कौन बुरा और कौन अच्छा है वह दास्तान यह है।

एक शहर में एक हिन्दू रामरछपाल नामी रहता था जवानी में बहुत बना–ठना रहा करता था कुछ तो जवानी का जोबन था उस पर उजता

रंग नख शिख से दुरूस्त पतला–पतला छरेरा बदन जब अच्छे कपड़े पहनकर माँग पट्टी दुरूस्त करके निकलता था...

सन्दर्भ

1. साभार : *गृहलक्ष्मी* (पत्रिका), सम्पादक : श्रीमती गोयलदेवी, 8 फरवरी, 1895
2. लेखिका ने अपना असली नाम गुप्त रखा।

दो

चारुशीला[1] (भाद्रपद, 1914)

(मूल कहानी अंश)

लेखिका : श्रीमती राजरानी देवी

बाबू सूर्यचन्द्र जी बड़े भारी ज़मींदार हैं। ज़मींदार बाबू के एक पुत्र और एक कन्या है। पुत्र की अवस्था इस समय चौबीस वर्ष की है। वह (एम.एससी.) की परीक्षा दे चुका है और दो लड़के उनके छोटे भाई के हैं जिनका देहान्त हो चुका है। भतीजे भतीजी सब इन्हीं को माता–पिता समझते हैं। क्योंकि उनको अपने माता–पिता का स्मरण भी नहीं है।

ज़मींदार बाबू के लड़के का नाम मदन कुमार है। प्रायः इकलौते लड़के हठीले निकलते हैं। यह बात ठीक मदन कुमार में भी पायी जा रही है। मदन का विवाह एक बैरिस्टर की कन्या से हुआ है उसका नाम चारुशील है। यह अत्यन्त सुन्दरी है, यह उसके नाम से ही झलक रहा है। पर मदन की हठ से उसकी सारो सुन्दरता मिट्टी में मिली जा रही है। आज विवाह को हुए छः महीने हो गये, किन्तु मदन भूलकर भी अपनी स्त्री के सामने नहीं गया है। इस कारण सारा घर चिन्ताकुल दिखता है। मदन का सारा क्रोध बालिका चारुशीला की भूल पर है, सो भी अधिक नहीं। इनको माता–पिता समझा–बुझाकर हार गये, मदन एक नहीं सुनते, छोटी बहन ने भी बार–बार प्रार्थना की किन्तु सब निष्फल रहे।

बेचारी तेरह वर्ष की चारू दुख से भर गयी। माता–पिता की एक मात्र कन्या सास ससुर के हृदय की कली चारु को कोई सुख नहीं। यह खेलने खाने का समय है पर वह अभी से चिन्ता में डूब हुई है।

जब चारू व्याह कर आयी थी, तब सब ले जाकर उसे एक कमरे में सोने के लिए कर आये थे, वह इस डर से कि कोई मुझे सोया हुआ न देख ले, किवाड़ की जंजीर लगाकर सो रही।

सन्दर्भ

1. *गृहलक्ष्मी* (पत्रिका), सं. श्रीमती गोपाल देवी, प्रयाग।

तीन

छोट के चोर[1] (1915)

(मूल कहानी अंश)

लेखिका : श्रीमती मोहिनी चमारिन

एक दाँव बहुत दिन भवा चोर बहुत दिन भवा चोर बहुत उधरान रहैं, कहुँ। आज ओकर लोटा थरिया उठगा, कहुँ ओकर टाठी कहुँ फलनवाँ खियां सेन्ध होयगै। सब बिन बटौर लैगा पानी पिये का लुअिया तक न बची—जहाँ देखौ उधरै यही सुनाय—बजार माँ जेब माँ पैसा रखके हाथे से दबाये जाऊ औ तनीसा गाफिल भयो कि पैसा नदारत। चोर का कि आँखी के काजर काढ़ लेल रहै—हाकिमों पुलिस आरी रहें—बहुत तलाशो तहकियात करें मुदा कुछ पता चलै न—चोरी दुइ चार छः रोजै होय—जब बहुत उतपात होय लाग तो हाकिम ई हुकुम निकारेस कि जो कौनौ एक चोर या गिरह कट पकड़ के लै आवै ओ का 100 इनाम मिलै।

एक विचारी अहिरिन रहै। ओकर मनई पाँच छः बरिस भवा मरगा रहै। मेहनत मजूरी कैके तीन लड़कन का पालत पोसत रही लड़कवन छोट—छोट रहैं उनका खवावै पियावै कपड़ा लता का अकेले मेहरारू के कमाई में कहाँ अटै। तौन बिचारी दिन भर मजूरी करै औ रात के पिसौनी। इतना मेहनत करत—करत औके देहीं के बल बिलकुल टूट गया औ बेराम रहै लाग। महतारी का बेराग देख के बड़का और मझिलका का लड़का दुइनौ कौनों खियाँ काम करै लागै। पै कहुँ थूकन सतुआ सनात है। नान—नान लड़कन के कमाई से चार—चार जने के गिरिस्ती के खरचा चल सकत है? बिचारी अहिरिनया बेरामिऊँ माँ काम थोडा बहुत करतै जाय। ए हियाँ तक भा कि एक दम्मैं खटिया लै लिहिस।

अब कर कीन जाय महतारी बेराम, घर माँ खाय का नहीं, मझिलका और छुटका लड़का मनावें लागे कि हे राम एक ठो चोर कहूँ से मिल जाये तो बहुत अच्छा।

छोटा लड़का—आऔ जी चली कहूँ चोर ढूँढ़ी काजानी मिलन जाय तौ। नारायन दैं दें। चोर केह तरह के होते हैं।

सन्दर्भ

1. साभार : *कन्या मनोरंजन* (पत्रिका), सम्पादक : ओंकारनाथ वाजपेयी, अंक 11

चार

सुहासिनी[1] (1890)

(मूल उपन्यास का प्रथम परिच्छेद)

लेखिका : साध्वी सती पतिप्राणा अबला[2]

सुहासिनी की अवस्था कुल तेरह वर्ष की थी, देखने में अति सुन्दरी,–जो सब सौंदर्य रहने से रमणी अतुलनीया सुन्दरियों में गिनी जाती है। सुहासिनी को उनमें से किसी का अभाव नहीं था; अर्थात उसकी सुन्दरताई की सीमा नहीं थी। सुहासिनी का ससुराल हरिपुर में था, विवाह के समय से वहीं पर रहती थी। सुहासिनी के स्वामी का नाम देवी प्रसाद, जात का ब्राह्मण था, पाँच बरस हुए अपने थोड़े बहुत जायदाद को बेचकर सुहासिनी को ब्याह आया। सुहासिनी केवल सुन्दरी ही नहीं थी, उसमें और भी बहुत से गुण थे जो स्त्री में रहने से स्वामी के सुख की वृद्धि करते हैं। स्वामी को जिससे संसार सुख का स्थान मालूम हो, संसार के माया में वह अधिक फँस जावें, ये सब अमूल्य गुण से हमारी सुहासिनी भूषित थीं।

सुहासिनी की बाल्यावस्था में ही माता–पिता का वियोग हुआ, उसके केवल एक चाचा रह गये, उनका भी सुहासिनी के विवाह हो जाने पर ही परलोक हुआ। उनके स्वामी के घर में भी मात्र स्वामी को छोड़कर और कोई दूसरा नहीं था।

विवाह के बाद से ही देवी प्रसाद का भयानक दरिद्रता ने छेंक लिया, बड़े ही कष्ट से दिन बीतते थे। देवी प्रसाद अच्छे विद्यावान नहीं थे, न तो उनका कुछ विषय आदि था, केवल दस बारह घर यजमान के ऊपर उनका भरोसा था, सो इससे एक गृहस्थ का गुजरा कैसे हो सकता है?

परन्तु सुहासिनी गुणवती भार्या थी, वह सब तरह के क्लेश अपने ऊपर लेकर अपने स्वामी की जहाँ तक बन पड़े सुखी रखने की चेष्टा करती थी, आप अर्द्ध भोजन करके अपने स्वामी को भोजन कराती थी, इसी तरह दिन बीतने लगा।

सन्दर्भ

1. *सुहासिनी* (उपन्यास), प्रकाशक : श्रीराधिकानाथ बन्दोपाध्याय, प्रकाशन वर्ष : 1890 पृ. 52, मूल्य : अप्राप्य।
2. लेखिका ने अपने असली नाम को गुप्त रखा।

पाँच

राजकुमार[1] (1898)

(मूल उपन्यास का अंश)

लेखिका : श्रीमती सरस्वती गुप्ता

काचननगर सुवर्णाप्रभा नदी के किनारे था। सुवर्णप्रभा नदी बहुत सुन्दर थी और उसका जल निर्मल था और शहर की तरफ बीच–बीच में बँधा घाट था। वह नदी शहर के उत्तर पश्चिम में बहती हुई दक्षिण पूरब की तरफ चलि गयी थी उस नदी के किनारे हर वक्त आदमि दिखलाई देते थे। नदी में नाव और छुआंकस बगैरह चलति थी।

नदी के किनारे पर नीम, पीपल, बड़, झाड़, बबूल, सुपारी और नारियल, वगैरह के वृक्ष थे। इन वृक्षों पर हर तरह की चिड़िया रहती थी और बहुत सी चिड़ियों का खेंताबि उन वृक्षों पर था। बीच में चिड़ियां चुंहुक उठति थीं, उनकी आवाज से मुशाफिरों का मन बहोतहि खुसी होता था। कांचन नगर के दक्षिण और पश्छिम के कोने में नदी के किनारे एक मुशाफिर खाना था। मुशाफिर खाने का बन्दोबस्त ऐसा सुन्दर था के वहाँ जाके मुशाफिरों को किसि वातकि तकलिफ नहिं होति। मुशाफिर खाने के पूरब से एक सड़क शहर में गइ थि, और वह सड़क और सड़कों से मिल गयी थि। सड़क के दोनों किनारे में हर तरह के फल फूलों का बड़ा–बड़ा वृक्ष था, उस वृक्ष से गरमि के दिनों में आदमौयों को बड़ा फायदा होता क्योंकि सूर्य्य का तेज़ बहुत–सा उन वृक्षों के डाल पत्तों से ढक जाता और जाड़े के दिनों में उन वृक्षों कि डालों को छाँटने के सबब में उनमें फुल, फल बहोत अच्छे और बड़े–बड़े होते थे। मुशाफिर खाने के पास से हि हर तरह कि दुकानें लगि थिं।

मुशाफिर खाने के उत्तर पूरब कोने में और सड़क के पूरब में मणिराम शिल्पीराज का घर और उनकि जगे थि। मणिराम शिल्पिराज का घर नदी के किनारे था। उस घर के उत्तर में उनका अपना कारखाना था।

सन्दर्भ

1. *राजकुमार* (उपन्यास), प्रकाशक : श्री कृष्णानंद शर्मा, महेन्द्र गोस्वामी लेन, शिमला।

छह

लक्ष्मी[1] (1905)

(मूल उपन्यास का प्रथम परिच्छेद)

लेखिका : श्रीमती प्रियंवदा देवी

नेपाल राज्य से थोड़ी दूरी पर उत्तर की ओर एक सुहावनी हरी भरी घाटी है। जहाँ पर कई पहाड़ी गृहस्थियों ने अपने रहने के लिए छप्पर डाल दिये हैं जिससे यह साफ़ मालूम होता है कि अपने जीवन के दिन यह यहीं व्यतीत करना चाहते हैं। इन झोंपड़ियों के पास–पास होने से यह जगह एक छोटे से गाँव की न्याई दीख पड़ती है। यह बात किसी से छिपी नहीं कि नेपाल राज्य की सीमा सारे भारतवर्ष में सबसे अधिक है और पर्वतों की श्रेणी जो सौ मील तक बराबर–बराबर चली गयी ऐसी शोभामान प्रतीत होती है कि मानो विश्वकर्मा का बनाया स्वर्ग यही है चारों ओर से घिरे हुए बड़े–बड़े पहाड़ किले का काम देते हैं और इनके ऊपर की हरियाली अपनी बहार अलग ही झलका रही है। यहाँ का जलवायु ऐसा उत्तम है कि मनुष्य स्त्रियाँ बड़े हृष्ट पुष्ट बलवान और सबकी न्यांई सुख दीख पड़ते हैं सामने की ओर आँख उठाकर जहाँ तक देखें यहाँ तक एक घाटी ही सी नज़र आती है जिस पर सृष्टि ने हरी–हरी दूब और रंग बिरंगे जंगली फूलों का गलीचा बिछा दिया है। पर्वतों की चोटियाँ अद्‌भुत प्रकार से एक दूसरे से ऊँची हो गयी हैं बहुत सी चोटियाँ पुराने बने पेड़ों से और बहुत ही छोटे पौधे और कुदरती बेलों से इस तरह ढंकी हुई हैं कि यदि हम इनको पेड़ों का पहाड़ कहें तो बुरा न होगा। इस पहाड़ी हरियाली को यदि हम मनुष्य जीवन पर घटायें तो हमारा मतलब पूरा हो सकता है यानी पहले हिस्से में छोटे–छोटे कुदरती पौधों का झूमना बच्चा का झोलापन

जतलाना है दूसरे हिस्से में लम्बे मजबूत पेड़ों का झुण्ड युवा पुरुषों की न्यांई उन के दृढ़ चित्त तथा सन्तोष की बानगी दिखलाता है तीसरे हिस्से में सबसे ऊँची ओर आकाश से बातें करने वाली चोटियाँ जो बर्फ़ से सफ़ेद हो रही हैं शुद्ध पुरुषों का सअजरुवा सन्तोष कार्य कुशलता बतलाती है।

सन्दर्भ

1. *लक्ष्मी* (उपन्यास), प्रकाशक : क्षोत्रियच शंकरलाल, दीनबन्धु प्रेस, बरेली।

सात

पार्वती[1] (1909)

(मूल उपन्यास का अंश)

लेखिका : कुन्ती देवी

आजकल सामाजिक उन्नति के विचार में प्रायः प्रत्येक भारतवासी की जान से लगा दिखाई देता है। जिधर देखो उन्नति की ही चर्चा हो रही है अपनी—अपनी धुन में सब ही लगे हैं, परन्तु यथोचित फल प्राप्त नहीं होता। विद्वानों की विचार शैली निराली है, परन्तु मुझ अबला को तो यही प्रतीत होता है कि उन्नति ही मुख्य कारण स्वरूप स्त्री जाति की व्यवस्था का उत्तम रीति से जब तक सुधार न हो तब तक अभीष्ट सिद्धि तनिक दुर्लभ ही समझना चाहिए। स्त्री समाज का प्रभाव पुरुष समाज पर जिस प्रकार पड़ सकता है वह निम्नलिखित आख्यायका से भली भाँति हृदयगत होता है।

उन्नीसवीं शताब्दी की सभ्यता से कई शताब्दियों के पहले जब आजकल के विद्वान पुरुषों के विचारों के प्रकाश का चिह्न मात्र भी न था—आर्यावर्त के किसी प्रान्त में एक राजा राज्य करता था। राजा का बहुत समय शिकार और खेल में जाता था। राजकार्य की ओर ध्यान न था। राज्य के कार्य जिनकी ओर उसका ध्यान देना मुख्य धर्म था कर्मचाारियों के हाथ में थे कई स्वार्थी अपने टके सीधे कर रहे थे। राज्य हितैषीगण उद्विग्न थे। राजा का विवाह न हुआ था इस कारण वह डरते थे कि ऐसा न हो कि यह राज्य किसी अन्य व्यक्ति के हाथ आ जाये और देश में अशान्ति आदि फैल जाये इसलिए वर्तमान कष्ट का कुछ ख्याल न करके उन्होंने यह सलाह की कि राजा का विवाह किसी श्रेष्ठ धर्मात्मा स्त्री से किया जाये। एक तो वह राजा के आचार पर प्रभाव डालेगी दूसरे

यह भी सम्भव है कि राजा के पीछे राज्य किसी श्रेष्ठ और योग पुरुष के हाथ आ जाये। यह विचार करके सब राज्य हितैषी और अधिकारी पुरुष, राजा के समीप गये और कहा कि, हे महाराज! शास्त्रों में प्रत्येक गृहस्थ के लिए विवाह करने की आज्ञा है हम सबने आपके लिए एक योग्य कन्या तलाश की है यदि आज्ञा हो तो विवाह का प्रबन्ध किया जाये।

सन्दर्भ

1. *पार्वती* (उपन्यास), प्रकाशक : पं. काशीनाथ वाजपेयी, ओंकार प्रेस, इलाहाबाद।

आठ

सौन्दर्य कुमारी[1] (1914)

(मूल उपन्यास का प्रथम परिच्छेद)

लेखिका : श्रीमती ब्रह्मकुमारी भगवानदेवी दुबे

सूर्य अस्त हो गया है, इधर–उधर से ठण्डी हवा सनसना रही है. कहीं कहीं पक्षीगण बसेरा लेने को आश्रय ढूँढ़ रहे हैं, बालकगण आँख मिचौनी खेल रहे हैं, कितने ही मनुष्य हवा खाने जा रहे हैं, कोई–कोई अपने मित्रों से वार्तालाप करने आये हैं, बहुत सी राज कन्याएँ अपनी सखियों सहित बागों में पुष्पों के हार गूँध–गूँध कर एक–दूसरे को बड़े प्रेम सहित पहिन रही हैं, ब्रह्मचारिणी और ब्रह्मचारीगण अपनी–अपनी सन्ध्या करने को आसन मारे नेत्र बन्द किये वेदमन्त्र ध्वनि से पढ़ रहे हैं, उनके अग्निहोत्र से आकाश गूँज उठा है। अनेक जीव दिनभर के भूखे प्यासे, धूप के तपे हुए, श्रीगंगा के जी तट पर जल पीने आये हैं। पक्षीगण नाना प्रकार के शब्दों में कलरव कर रहे हैं। श्री गंगा जी के तट पर एक दरिद्री ब्राह्मण का घर था, जिसकी छत पर एक कोठरी के कोने में एक दश वर्श की अवस्था वाली सुन्दर कन्या नेत्र बन्द किये केश खोले हुए आकाश की ओर मुख किये खड़ी है, और कभी उच्च स्वर से रो उठती है, मानों वह महान दुख में पड़ी हुई कोई अद्भुत विचार कर रही है। पाठकगण। अब आप यह अवश्य ही पूछेंगे कि यह कन्या कौन है? यह श्रीगंगा जी के तट पर एक ब्राह्मण गंगाराम की सौंन्दर्य कुमारी नामक कन्या है, माता के देहान्त होने के शोक में इस दशा को पहुँच गयी है, इसके एक सूर्य कुमारी बहिन और चन्द्रकुमार नामक छोटा भाई है। इनकी माता श्रीमती सुखरानी आवश्यकता पूर्ण करने योग्य विद्या जानती थीं, परन्तु गृह सम्बन्धी काम

काजों में बहुत निपुण थीं, और गाने बजाने की बड़ी रसिक थीं। इनके ये दो कन्याएँ और एक ही पुत्र है। चन्द्रकुमार की आयु अभी चार वर्ष की भी नहीं हो पायी थी, कि उनकी माता का स्वर्गवास हो गया।

पाठकगण! आज श्रीमती सुखरानी को बुखार आ गया है।

गंगाराम–देवी जी! क्या आपने अधिक परिश्रम किया है?

सन्दर्भ

1. *सौन्दर्य कुमारी* (उपन्यास), प्रकाशक : ओंकार वाजपेयी, ओंकार प्रेस, प्रयाग।

सन्दर्भ सूची

आधार ग्रन्थ

उपन्यास

1. कुन्ती देवी, ***पार्वती***, ओंकार, प्रेस, इलाहाबाद, प्रथम संस्करण 1909
2. प्रियम्वदा देवी, ***लक्ष्मी***, दीनबन्धु प्रेस, बरेली, प्रथम संस्करण 1905
3. ब्रह्मकुमारी भगवानदेवी 'दुबे', ***सौन्दर्यकुमारी***, ओंकार प्रेस, इलाहाबाद, प्रथम संस्करण 1914
4. मल्लिका देवी, ***कुमुदिनी*** (अप्रकाशित), 1877–1881
5. यशोदा देवी, ***वीर पत्नी***, लेखिका द्वारा प्रकाशित, प्रथम संस्करण 1912
6. सरस्वती गुप्ता, ***राजकुमार***, महेन्द्रगोस्वामी लेन, शिमला, प्रथम संस्करण 1898
7. साध्वी सती पतिप्राणा अबला, ***सुहासिनी***, धर्म्मामृत प्रेस, बनारस, प्रथम संस्करण 1890
8. हेमन्तकुमारी चौधरानी, ***आदर्श माता***, पटियाला, प्रथम संस्करण 1911
9. उर्मिला गुप्ता, ***कारागार***, रावी फाइन आर्ट प्रिंटिंग वर्क्स, मोहन लाल रोड, लाहौर, 1931
10. चन्द्रप्रभा देवी, ***कमला की सास***, चाँद कार्यालय, इलाहाबाद, 1927
11. एक हिन्दी सेवी, ***लाल चिट्ठी, उपन्यास बहार*** (ऐतिहासिक), ***आफ़िस***, काशी, 1920
12. गोपाल देवी, ***दयावती***, गृहलक्ष्मी कार्यालय, प्रयाग, 1920
13. गोपाल देवी, ***लक्ष्मी***, गृहलक्ष्मी कार्यालय, प्रयाग, 1922
14. तेजरानी दीक्षित, ***हृदय का काँटा,*** तरुण भारत ग्रन्थावली, दारागंज, प्रयाग 1928
15. प्रियम्वदा देवी, ***विधवा की आत्मकथा,*** आदर्श हिन्दी पुस्तकालय, कलकत्ता, 1930

16. मानदा देवी, ***पतित की आत्मकथा***, आर. चक्रवर्ती एंड कम्पनी, हरिसर रोड, कलकत्ता, 1916
17. शैलकुमारी देवी, ***उमा सुन्दरी***, चाँद कार्यालय, इलाहाबाद, 1926
18. शिवकुमारी देवी, ***सावित्री***, हिन्दी पुस्तक भंडार, लहेरिया सराय, 1925
19. विंध्येश्वरी दत्त, ***अपूर्व व्रतचारी***, ग्रन्थकार, सीवान, छपरा, 1912
20. प्रियम्वदा देवी, ***कलयुगी परिवार का दृश्य***, राजकिशन यंत्रालय दिल्ली, 1916
21. हेमन्तकुमारी चौधरानी, ***जागरण***, पटियाला, 1916
22. रूक्मिणी देवी, ***मेम और साहब***, लहरी प्रेस, काशी, 1919
23. हुक्म देवी गुप्ता, ***गूढ़ भाव प्रकाश***, भास्कर प्रेस, मेरठ, 1919
24. लीलावती देवी, ***सती दमयन्ती***, आर. एल. बर्मन एंड कम्पनी, कलकत्ता, 1923
25. लीलावती देवी, *सती सावित्री*, आर. एल. बर्मन एंड कम्पनी, कलकत्ता, 1926

कहानियाँ

1. एक अग्रवाल कुल की जैनमती स्त्री, ***मर्द औरत का क़िस्सा***, नवलकिशोर प्रेस, लखनऊ, 1895
2. एक अबला, ***पतिव्रता का दृष्टान्त***, हिन्दी प्रदीप* (सं. बालकृष्ण भट्ट), इलाहाबाद, अक्टूबर 1907, पृ. 22
3. कृष्ण कुमारी, ***रामदीन की कहानी***, कन्या मनोरंजन, इलाहाबाद (सं. ओंकार नाथ वाजपेयी), मार्च 1914, पृ. 167
4. कृष्ण कला, ***कथा कहानी***, स्त्री धर्म्म शिक्षक (सं. यशोदा देवी), इलाहाबाद, जून 1914
5. जवन्द कौर, ***घण्टी बज गयी***, ज्योति*, कार्तिक–1978, पृ. 387
6. जमुना देवी, ***लज्जा***, स्त्री धर्म्म शिक्षक (वही), इलाहाबाद, फागुन–1967, पृ. 326
7. जानकी देवी, ***वीर रमणी***, स्त्री धर्म्म शिक्षक (वही), इलाहाबाद, जुलाई 1914
8. ज्वाला देवी, ***स्त्री का साहस***, स्त्री धर्म्म शिक्षक (वही), इलाहाबाद, 1910, पृ. 337

9. ठकुरानी शिवमोहिनी, ***सुशीला और ललिता***, इन्दु (सं. अम्बिका प्रसाद गुप्त), वाराणसी, सितम्बर 1914
10. तोरन देवी शुक्ल 'लली', ***किशोरी का प्रश्न***, कान्यकुब्ज हितकारी*, अक्टूबर 1916, पृ. 173
11. धर्मपत्नी पं. रामगोपाल, ***महारानी दुर्गावती***, नवजीवन (सं. केशव देव), काशी, नवम्बर 1913
12. पंची देवी, ***कृतघ्न की निंदा***, कन्या मनोरंजन (वही), अक्टूबर 1916
13. बावली बहू, ***स्वामी का हृदय***, इन्दु (वही), अगस्त 1915, पृ. 187
14. भगवती देवी, ***अध्यापिका का सन्देश***, विद्यार्थी (संवत् 1980 के स्फुट अंक), पृ. 192
15. मिश्र महिला, ***वसीयतनामा***, स्त्री दर्पण (सं. रामेश्वरी नेहरू), इलाहाबाद, अप्रैल–मई 1916, पृ. 308
16. मोहनी चमारिन, ***छोट के चोर***, कन्या मनोरंजन (वही), अगस्त 1915
17. राजेन्द्र बाला घोष, ***दुलाईवाली***, सरस्वती (सं. महावीर प्रसाद द्विवेदी), 1907, इलाहाबाद, भाग–8
18. रामप्यारी देवी, ***चतुर बहू***, स्त्री धर्म्म शिक्षक (वही), वैशाख 1969 पृ. 19
19. राजरानी देवी, ***चारूशीला***, गृहलक्ष्मी, (सं. श्रीमती गोपाल देवी), प्रयाग, इलाहाबाद, 1914
20. ललिता देवी, ***चतुर बहु***, स्त्री धर्म्म शिक्षक (वही), श्रावण 1969, पृ. 78
21. विद्यावती, ***लीलावती***, चाँद (सं. भुवनेश्वर नाथ मिश्र माधव), दिसम्बर 1923, पृ. 187
22. विद्यादेवी, ***सत्यता***, कन्या मनोरंजन (वही), जून 1916, पृ. 290
23. शान्ता देवी, ***कन्या की पिता को सहायता***, कन्या मनोरंजन (वही), दिसम्बर 1916, पृ. 85
24. शारदा कुमारी, ***नारी इतिहास***, स्त्री धर्म्म शिक्षक (वही), 1915, पृ 145
25. सुवीरा, ***उत्तम क्या है***, पांचाल पण्डिता, (सं. लाला देव राजा, जालन्धर), अप्रैल 1911, पृ. 15
26. सुशीला देवी, ***गुण की कथा***, कायस्थ महिला हितैषी*, 1915, पृ. 6
27. हेमन्तकुमारी चौधरानी, ***घूँघटवाली***, पांचाल पण्डिता (वही), फरवरी 1907, पृ. 20–22

28. तोरन देवी शुक्ल 'लली', ***उमा का त्याग***, कान्यकुब्ज हितकारी, सितम्बर 1922, पृ. 3
29. सुन्दर रानी, ***परिवार***, कुमारी दर्पण*, अप्रैल 1917, पृ. 260
30. सुभद्रा देवी, ***मियाँ साहब***, स्त्री दर्पण (वही), अक्टूबर 1917, पृ. 186
31. सम्प्रिया देवी, ***एक अनपढ़ स्त्री की यात्रा***, स्त्री दर्पण, आर्य पुस्तकालय, (वही), 1917
32. हुक्मदेवी 'गुप्ता', ***पुरुष जाति में सच्चे प्रेम और पत्नीव्रत का अभाव***, स्त्री दर्पण (वही), मार्च 1918, पृ. 127
33. विश्वेश्री देवी, ***लक्ष्मी का जीवन***, स्त्री दर्पण, मई 1918, पृ. 263
34. गुलाब देवी 'चतुर्वेदी', ***आदर्श सखी***, स्त्री दर्पण (वही), जुलाई 1918, पृ. 18
35. इन्द्रकला देवी, ***अभागी नारायणी***, स्त्री दर्पण (वही), नवम्बर 1918, पृ. 278
36. कुमायूं महिला, ***अवसान***, प्रतिभा*, नवम्बर 1918, पृ. 237
37. देववती देवी तिवारी, ***माता की अज्ञता***, कन्या मनोरंजन (वही), नवम्बर 1918, पृ. 45
38. धनवती देवी, ***उदारहृदया***, स्त्री दर्पण*, जनवरी 1919, पृ. 84
39. देवता देवी, ***चुटिया क्या हुई***, महिला दर्पण, जनवरी 1920, पृ. 17—18
40. गिरजा देवी, ***एक हिन्दू कुल रहस्य***, महिला दर्पण, जून 1920, पृ. 254
41. रामप्यारी सेठ, ***परदा***, स्त्री दर्पण*, मार्च 1920, पृ. 164
42. जवन्द कौर, ***अब पिछले दिन भूल जाओ***, ज्योति*, ज्येष्ठ 1978, पृ. 87
43. गायत्री देवी, ***सास नहीं जनरल डायर की माँ***, महिला दर्पण, नवम्बर 1921, पृ. 421
44. गौरी देवी, ***एकता न होने का फल***, कन्या मनोरंजन (वही), मई 1918, पृ. 249
45. गार्गी बाई, ***उचित न्याय***, कन्या मनोरंजन*, 1918, पृ. 14
46. सुभद्राकुमारी, ***श्री चित्रकूट की बुढ़िया***, कथामुखी*, मार्च 1921, पृ. 409

47. सुभद्राकुमारी, ***मेरी ओर मत देखो***, ज्ञानशक्ति*, जनवरी 1921, पृ. 363
48. बनलतादेवी, ***नवीन नेता***, मर्यादा* (वही), जून 1921, पृ. 228
49. सरस्वती देवी, ***विमला और कमला की बातचीत***, ज्योति*, आश्विन 1979, पृ. 328
50. हेमन्तकुमारी चौधरानी, ***हिन्दी माता का विलाप***, मनोरमा*, मई 1927, पृ. 157
51. कृष्णा देवी, ***साहसिक कन्या***, कन्या सर्वस्व*, आश्विन 1971, पृ. 22
52. विद्यादेवी, ***बसन्तबाला***, कन्या मनोरंजन (वही), जुलाई 1917, पृ. 290
53. सरस्वती देवी, ***सुनीति***, कन्या मनोरंजन, अगस्त 1917, पृ. 2
54. गुलाबदेवी चतुर्वेदी, ***कुमारी प्रभावती***, स्त्री दर्पण (वही), फरवरी 1918, पृ. 91
55. गौरी देवी, ***मानधाता की रानी***, कन्या मनोरंजन, जून 1918, पृ. 258
56. रानी खांगोरोत जी, ***सुजानसिंह जी***, चन्द्रप्रभा*, सितम्बर 1918, पृ. 27
57. मिश्र महिला, ***राजकन्या, विजया***, स्त्री दर्पण, सितम्बर–अक्टूबर 1918, पृ. 155
58. महामाया देवी, ***वीर–धात्री पन्ना***, आर्य महिला*, अगस्त 1913, पृ. 138
59. केशरकुंवरि देवी, ***विमला देवी, कृष्ण कुमारी***, स्त्री दर्पण (वही), मार्च 1919, पृ. 151
60. स्वर्णलता देवी, ***आत्महत्या, ऊषा आवरा, भीषण पाप***, द्विजराज*, अप्रैल 1927, पृ. 7–14
61. एक देवी, ***दो सखियों का संवाद***, ज्योति*, 1921, पृ. 337
62. प्रियम्वददेवी, ***आनन्दमयी रात्रि का स्वप्न***, चिम्मनलाल, वैश्य तिलहर, जिला शाहजहाँपुर, 1917

सहायक ग्रन्थ

1. आचार्य रामचन्द्र शुक्ल, ***हिन्दी साहित्य का इतिहास***, नागरी प्रचारिणी सभा, वाराणसी, तृतीय संस्करण 2060 वि.

* पत्रिका के सम्पादक की जानकारी उपलब्ध नहीं।

2. उर्मिला गुप्ता, ***हिन्दी कथा साहित्य के विकास में महिलाओं का योग***, राधाकृष्ण प्रकाशन, दिल्ली, प्रथम संस्करण 1966
3. कृष्णा कुमारी (सं.) ***स्त्री शिक्षा के विरोधी तकार्क का खण्डन***, महिला मोक्ष, लखनऊ, संस्करण 1925
4. कृष्णलाल, ***आधुनिक हिन्दी साहित्य का विकास***, हिन्दी परिषद, प्रयाग, संस्करण 1952
5. गोपाल राय, ***उपन्यास की संरचना***, राजकमल प्रकाशन, नयी दिल्ली, संस्करण 2006
6. गोपाल राय, ***हिन्दी उपन्यास का इतिहास***, राजकमल प्रकाशन, नयी दिल्ली, प्रथम संस्करण 2002
7. जगदीश्वर चतुर्वेदी, ***स्त्रीवादी साहित्य विमर्श***, अनामिका पब्लिशर्स, नयी दिल्ली, प्रथम संस्करण, 2002
8. डॉ. नगेन्द्र (सं.), ***हिन्दी साहित्य का इतिहास***, मयूर पेपर बैक्स, दिल्ली, तीसरा संस्करण 2004
9. डॉ. सुमन राजे, ***हिन्दी साहित्य का आधा इतिहास***, भारतीय ज्ञानपीठ, नयी दिल्ली, दूसरा संस्करण 2004
10. देवेश ठाकुर, ***हिन्दी कहानी का विकास***, राधाकृष्ण प्रकाशन, नयी दिल्ली, द्वितीय संस्करण 1992
11. डॉ. धर्मवीर (सं.), ***सीमन्तनी उपदेश***, वाणी प्रकाशन, नयी दिल्ली, प्रथम संस्करण 2004
12. प्रतापनारायण टंडन, ***हिन्दी उपन्यास का उद्‌भव और विकास***, हिन्दी साहित्य भण्डार, लखनऊ, प्रथम संस्करण 1960
13. प्रतापनारायण टंडन, ***हिन्दी कहानी कला***, हिन्दी समिति सूचना विभाग, उत्तर प्रदेश, लखनऊ
14. प्रेमनारायण टंडन, ***बीसवीं शताब्दी से पूर्व हिन्दी*** *गद्य का विकास*, विद्यामंदिर रानी कटरा, लखनऊ
15. प्रो. मैनेजर पाण्डेय, ***साहित्य के समाजशास्त्र की भूमिका***, हरियाणा साहित्य अकादमी, पंचकूला, तृतीय संस्करण 2006
16. बच्चन सिंह, ***हिन्दी साहित्य का दूसरा इतिहास***, राधाकृष्ण प्रकाशन, नयी दिल्ली, द्वितीय संस्करण 2002
17. भवदेव पाण्डेय (सं.), ***हिन्दी कहानी का पहला दशक***, रेमाधव पब्लिकेशन प्रा. लि. गाजियाबाद, पेपरबैक संस्करण 2006

18. भारत यायावर (सं.), ***महावीर प्रसाद द्विवेदी का महत्त्व***, किताबघर प्रकाशन, नयी दिल्ली, संस्करण 2003
19. महेश दर्पण (सं.), ***बीसवीं शताब्दी की हिन्दी कहानियाँ***, सामयिक प्रकाशन, नयी दिल्ली, संस्करण 2003
20. राधा कुमार, ***स्त्री संघर्ष का इतिहास (1800–1900)***, वाणी प्रकाशन, नयी दिल्ली, द्वितीय संस्करण 2005
21. रामदरश मिश्र (सं) ***हिन्दी उपन्यास के सौ वर्ष***, गिरनार प्रकाशन, गुजरात, संस्करण 1984
22. रामविलास शर्मा, ***महावीर प्रसाद द्विवेदी और हिन्दी नवजागरण***, राजकमल प्रकाशन, नयी दिल्ली, प्रथम संस्करण 1977
23. रामविलास शर्मा, ***भारतेन्दु हरिश्चन्द्र और हिन्दी नवजागरण की समस्याएँ***, राजकमल प्रकाशन, नयी दिल्ली, पाँचवाँ संस्करण 1999
24. रामचन्द्र तिवारी, ***हिन्दी का गद्य इतिहास***, विश्वविद्यालय प्रकाशन, वाराणसी, तृतीय संस्करण 2000
25. लक्ष्मीसागर वार्ष्णेय, ***आधुनिक हिन्दी साहित्य की भूमिका***, लोकभारती प्रकाशन, इलाहाबाद, द्वितीय संस्करण 1971
26. वीरभारत तलवार, ***रस्साकशी : उन्नीसवीं सदी का नवजागरण और पश्चिमोत्तर प्रान्त***, सारांश प्रकाशन, दिल्ली, पेपरबैक संस्करण 2006
27. वीरभारत तलवार (सं.), ***हिन्दी नवजागरण के अग्रदूत : राजा शिप्रसाद सितारेहिन्द'***, नेशनल बुक ट्रस्ट, नयी दिल्ली, प्रथम संस्करण 2004
28. विश्वनाथ प्रसाद मिश्र, ***हिन्दी का सामयिक साहित्य***, वाणी वितान प्रकाशन, वाराणसी, संस्करण 2007 विक्रमी
29. विभूतिनारायण राय (सं.), ***कथा साहित्य के सौ बरस***, शिल्पायन प्रकाशन, दिल्ली, संस्करण 2001
30. शम्भुनाथ, ***हिन्दी नवजागरण और संस्कृति***, आनन्द प्रकाशन, कोलकाता, संस्करण 2007
31. शम्भुनाथ, अशोक जोशी (सं.), ***भारतेन्दु और भारतीय नवजागरण***, आनेवाला कल प्रकाशन, कलकत्ता, प्रथम संस्करण 1986
32. सुधाकर पाण्डेय (सं.), ***बंग महिला ग्रन्थावली,*** नागरी प्रचारिणी सभा, वाराणसी, संस्करण 1989

33. सुधाकुमारी चौहान, ***ऋतुएँ मन की,*** हंस प्रकाशन, इलाहाबाद, संस्करण 1994
34. सुधा सिंह, ***आधुनिक साहित्य और रामविलास शर्मा***, स्वराज प्रकाशन, दिल्ली, प्रथम संस्करण 2002
35. सुधा सिंह, ***राष्ट्रीय नवजागरण और साहित्य (कुछ प्रसंग : कुछ प्रवृत्तियाँ)***, हिमाचल पुस्तक भण्डार, दिल्ली, संस्करण 1993
36. सुधा सिंह, ***स्त्री कथा यात्रा***, अनामिका पब्लिशर्स, नयी दिल्ली, प्रथम संस्करण 2006
37. सुधा सिंह, ***ज्ञान का स्त्रीवादी पाठ***, ग्रन्थशिल्पी प्रकाशन, दिल्ली, प्रथम संस्करण 2008
38. सुधा सिंह, जगदीश्वर चतुर्वेदी (सं.), ***स्त्री अस्मिता, साहित्य और विचारधारा***, आनन्द प्रकाशन कोलकाता, प्रथम संस्करण 2004
39. श्रीपति शर्मा त्रिपाठी, ***कहानी कला, विकास और इतिहास***, नन्दकिशोर प्रकाशन, वाराणसी, संस्करण 1962
40. ओरियाना फलासी, अनुवाद–स्वर्णकान्ता, ***एक खत अजन्मे बच्चे के नाम***, संवाद प्रकाशन, मुम्बई, पंचम सं. जनवरी 2006
41. ताराबाई शिन्दे, ***स्त्री–पुरुष तुलना***, संवाद प्रकाशन मुम्बई, पहला संस्करण, फरवरी 2002
42. जर्मेन ग्रीयर, अनुवाद मधु बी. जोशी, ***विद्रोही स्त्री***, राजकमल प्रकाशन प्रथम संस्करण 2001
43. भवदेव पाण्डेय, ***बंग महिला : नारी मुक्ति का संघर्ष***, वाणी प्रकाशन, नयी दिल्ली, प्रथम संस्करण, 1999
44. कल्पना वर्मा (सं.) ***स्त्री विमर्श : विविध पहलू***, लोक भारती पुस्तक विक्रेता तथा वितरक, इलाहाबाद, प्रथम संस्करण 2009
45. जान स्टुअर्ट मिल, ***स्त्रियों की पराधीनता***, राजकमल प्रकाशन, नयी दिल्ली, प्रथम संस्करण, 2002
46. अरविंद जैन, ***औरत होने की सजा***, राजकमल प्रकाशन, नयी दिल्ली, प्रथम संस्करण 2006
47. प्रगति सक्सेना, ***स्त्री की पराधीनता***, राजकमल प्रकाशन, प्रथम सं. 2002
48. ***ऋग्वेद***, वेद, दयानन्द संस्थान, नयी दिल्ली, 1973
49. मनुस्मृति, ***मनु***, आर्य साहित्य प्रचार ट्रस्ट, दिल्ली, 1985

50. राजकिशोर (सं.) ***स्त्री, परम्परा और आधुनिकता***, वाणी प्रकाशन, दरियागंज, नयी दिल्ली, प्रथम संस्करण 2004
51. गणपतिचन्द्र गुप्त, ***हिन्दी साहित्य का वैज्ञानिक इतिहास***, लोकभारती प्रकाशन, प्रथम संस्करण 1989
52. लक्ष्मीसागर वार्ष्णेय, ***हिन्दी साहित्य का इतिहास***, लोकभारती प्रकाशन इलाहाबाद, संस्करण 2009
53. रामकुमार वर्मा, ***हिन्दी साहित्य का आलोचनात्मक इतिहास***, साहित्यभवन इलाहाबाद, प्रथम संस्करण, 1992
54. प्रभा खेतान, ***स्त्री विमर्श के अन्तर्विरोध, स्त्री अस्मिता***, साहित्य और विचारधारा, (सं.) जगदीश चतुर्वेदी, सुधा सिंह, आनन्द प्रकाशन, कोलकाता, 2004
55. बली सिंह, ***नवजागरण और आचार्य रामचन्द्र शुक्ल***, शंकर पब्लिकेशन, प्रथम संस्करण 2002
56. अमरनाथ, ***हिन्दी आलोचना की परिभाषिक शब्दावली***, राजकमल प्रकाशन, दिल्ली, प्रथम संस्करण 2009
57. शम्भुनाथ, ***दूसरे नवजागरण की ओर***, ज्ञान भारती दिल्ली, प्रथम संस्करण 1992
58. रामविलास शर्मा, ***स्वाधीनता संग्राम : बदलते परिप्रेक्ष्य***, निबन्ध, हिन्दी माध्यम कार्यान्वय निदेशालय दिल्ली, 1992
59. नजीर अहमद, ***मिरात–उल–उरुस***, साहित्य अकादेमी, नयी दिल्ली, द्वितीय संस्करण 1982
60. सुमन राजे, ***हिन्दी साहित्य का आधा इतिहास***, भारतीय ज्ञानपीठ दिल्ली, दूसरा संस्करण 2004
61. रामविलास शर्मा, ***भारतीय नवजागरण और यूरोप***, हिन्दी माध्यम कार्यान्वय निदेशालय, दिल्ली, प्रथम संस्करण 1996
62. हेमन्त शर्मा (सं.) ***भारतेन्दु समग्र, हिन्दी प्रचारक संस्थान***, वाराणसी, संस्करण 1978
63. ज्ञानेन्द्र पाण्डेय, ***हिन्दूज एण्ड अदर्स***, विकिंग पब्लिशिंग हाऊस, नयी दिल्ली, 1993
64. ***दि एनसाइक्लोपीडिया आफ फिलास्फी***, कैलियर मैकमिलन, लन्दन, 1967

65. तिलक, ***गीता रहस्य***, द्वारा का प्रसाद रोचिरम (अनुवाद), चन्दन पब्लिशिंग प्रेस, हैदराबाद, संस्करण 1938
66. ***विवेकानन्द : कम्पलीट वर्क्स***, ***विवेकानन्द***, भारती भाषा प्रकाशन दिल्ली, 1999
67. विपिन चन्द्र, ***आधुनिक भारत***, अनामिका पब्लिशर्स एण्ड डिस्ट्रीब्यूटर्स, नयी दिल्ली, 2006
68. सुधाकर पाण्डेय (सम्पा), ***हिन्दी साहित्य का वृहत इतिहास***, नवम् भाग नागरी प्रचारिणी सभा, वाराणसी, प्रथम संस्करण 1977
69. के. दामोदरन्, ***भारतीय चिन्तन परम्परा***, केन्द्रीय हिन्दी निदेशालय, दिल्ली, प्रथम संस्करण 1982
70. Rajenderlal Mitre, ***TheAsiatic Society***, Calcutta, 1978
71. इलियट व डाउसन, ***भारत का इतिहास***, शिवलाल अग्रवाल एण्ड कम्पनी, आगरा, प्रगति प्रकाशन, मास्को, 1981
72. उमा चक्रवर्ती, ***रिकास्टिंग वुमेन, एसेज इन द कोलोनियल हिस्ट्री***, काली फोर वूमेन, नयी दिल्ली, प्रथम संस्करण, 1989
73. विजयशंकर मल्ल (सं.) ***प्रतापनारायण मिश्र : प्रतापनारायण ग्रन्थावली***, नागरी प्रचारिणी सभा वाराणसी, 1992
74. सत्यप्रकाश मिश्र (सं.) ***बालकृष्ण भट्ट : श्रेष्ठ निबन्ध***, लोकभारती प्रकाशन इलाहाबाद, 1998
75. कार्तिक प्रसाद खत्री, ***शिवाजी का जीवन चरित***, लहरी प्रेस, काशी संस्करण 1901
76. डाबरमल्ल शर्मा (सं.), ***बालमुकुन्द गुप्त : बालमुकुन्द ग्रन्थावली***, नागरी प्रचारिणी सभा काशी, 2006
77. सौमित्र मोहन (अनुवाद), ***राष्ट्रवाद***, नेशनल बुक ट्रस्ट इंडिया, प्रथम संस्करण 2005
78. रामविलास शर्मा, ***भारत में अंग्रेज़ी राज और मार्क्सवादी***, राजकमल प्रकाशन, नयी दिल्ली, प्रथम संस्करण 1982
79. वैभव सिंह, ***इतिहास और राष्ट्रवाद***, आधार प्रकाशन, हरियाणा, प्रथम संस्करण 2007
80. कपिल द्विवेदी, ***वेदों में नारी***, विश्वभारती अनुसंधान परिषद्, वाराणसी, प्रथम संस्करण 1986

81. रामचन्द्र तिवारी, ***पार्वती***, विश्वविद्यालय प्रकाशन, वाराणसी, संस्करण 1992
82. श्यामसुन्दर दास, ***साहित्यालोचन***, तक्षशिला प्रकाशन, नयी दिल्ली, प्रथम संस्करण 2008
83. बच्चन सिंह, ***आधुनिक हिन्दी साहित्य का इतिहास***, लोकभारती प्रकाशन, प्रथम संस्करण 1992
84. रामस्वरूप चतुर्वेदी, *हिन्दी गद्य*–***विन्यास और विकास***, लोकभारती प्रकाशन, इलाहाबाद, चतुर्थ संस्करण 2008
85. आचार्य रामचन्द्र शुक्ल, ***चिन्तामणि भाग–2***, नागरी प्रचारिणी सभा, वाराणासी, संस्करण 1978
86. भारत यायावर (सं.), ***महावीर प्रसाद द्विवेदी रचनावली***, किताब घर प्रकाशन, नयी दिल्ली, प्रथम संस्करण 1995
87. व्यथित हृदय, ***हिन्दी की श्रेष्ठ लेखिकाएँ***, ग्रन्थमाला कार्यालय, बांकीपुर, प्रथम संस्करण, 1941
88. शम्भु जोशी (अनु.) ***हिन्दी स्त्री का जीवन–पण्डिता रमाबाई***, संवाद प्रकाशन, मेरठ, प्रथम संस्करण 2006
89. द्विजेन्द्र नारायण झा, कृष्ण मोहन श्रीमाली, ***प्राचीन भारत का इतिहास***, मनोहर पब्लिशर्स एण्ड स्ट्रिीब्यूटर्स, नयी दिल्ली, 1997
90. पं. गौरीदत्त, ***देवरानी जेठानी की कहानी***, रेमाधव पब्लिकेशन, नोएडा, प्रथम संस्करण 2006
91. देवेन्द्र इस्सर, ***स्त्री मुक्ति के प्रश्न***, संवाद प्रकाशन, मुम्बई, प्रथम संस्करण 2009
92. एम. एन दास, ***भारत का सामाजिक, सांस्कृतिक और आर्थिक इतिहास***, मैकमिलन इंडिया लिमिटेड, प्रथम संस्करण 1975
93. शशिकला त्रिपाठी, ***उत्तरशती के उपन्यासों में स्त्री***, विश्वविद्यालय प्रकाशन, वाराणसी, प्रथम संस्करण 2006
94. नैया (सं.), ***अबलाओं का इन्साफ़***, स्फुरना देवी, आधुनिक हिन्दी की प्रथम स्त्री–आत्मकथा, राधाकृष्ण प्रकाशन, दिल्ली, प्रथम संस्करण 2013
95. बच्चन सिंह, ***आधुनिक हिन्दी आलोचना के बीच शब्द***, वाणी प्रकाशन, नयी दिल्ली, प्रथम संस्करण 2010